« Comme l'antichambre du Ciel »
*Edith Stein et Beuron*

Jakobus Kaffanke/Katharina Oost (éd.)

# « Comme l'antichambre du Ciel »
## *Edith Stein et Beuron*

Traduit de l'allemand par Marie-Dominique Richard
(Chargée de recherche au CNRS, Laboratoire d'études
sur les monothéismes, Paris)

WEGSCHRITTE

Comptes rendus du Congrès de Beuron pour la Spiritualité et la Mystique
Maison d'Édition d'art de Beuron
2003

ATF France
Paris

2016

Reproductions sur la couverture :

Première de couverture :
Edith Stein (1891-1942) enseignante à Spire, vers 1928

Imprimatur
Beuronae, le 31 août 2003
Theodor Hogg†, archiabbé

Copyright : archiabbaye S$^t$ Martin
88631 Beuron
Beuron 2009 (2$^e$ édition augmentée et complétée)
1$^{re}$ édition 2003
Tous droits réservés.
Fabrication : Maison d'édition d'art de Beuron,
D-88631 Beuron

ISBN 978-3- 87071-199-3

Livraison par :
Maison d'édition d'art de Beuron,
D-88631 Beuron
Tél. 0 74 66/17-222 ; télécopie : 0 74 66/17-209
Internet : www.erzabtei-beuron.de
E-mail : kunstverlag@erzabtei-beuron.de

**À soeur Amata Neyer,**
directrice des archives Edith Stein au carmel de Cologne,
en remerciement
pour les nombreuses heures d'entretien
dans une atmosphère chaleureuse

# Préface

*Sœur Amata Neyer ocd*

Comme chacun sait, il se produisit en Allemagne avec l'avènement du Troisième Reich en janvier 1933 quelque chose d'effroyable. Edith Stein subit elle aussi ce que de nombreux concitoyens — notamment ceux d'origine juive — endurèrent alors. Il lui fallut — on le lui avait fait comprendre — quitter son poste de maître de conférences à l'Institut Allemand de Pédagogie Scientifique à Münster. Alors commença pour elle une nouvelle tranche de vie. Elle écrit à ce sujet : « J'étais presque soulagée d'être à présent réellement touchée par le sort commun, mais je dus naturellement réfléchir à ce que j'allais devoir faire. »

Cette réflexion s'acheva lors d'une heure d'adoration devant le Saint-Sacrement, qu'elle passa dans l'église Ludger à Münster par une fin d'après-midi du mois d'avril 1933. C'est là qu'elle eut l'intime conviction qu'elle pourrait désormais réaliser le vœu qu'elle avait formé depuis longtemps : entrer au Carmel. Depuis près de douze ans, Edith Stein avait déployé une activité dans l'enseignement. Elle était une pédagogue hors pair, totalement imprégnée de la foi catholique, à laquelle elle s'était convertie par le baptême le 1er janvier 1922.

Mais cela ne constituait pas sa vocation. Depuis qu'elle avait connu la grande sainte Thérèse d'Avila par ses écrits, son vœu était d'entrer dans l'ordre des Carmes déchaux. C'est en 1928, dans l'archiabbaye de Beuron — située à proximité de Sigmaringen sur le Danube supérieur — qu'elle avait appris à connaître et à aimer la vie monastique contemplative. Là-bas, écrit-elle, elle avait acquis « une sorte de patrie monastique », elle avait prononcé des vœux privés et voyait dans l'archiabbé dom Raphael Walzer « son abbé ». Chaque fois qu'elle en avait la possibilité, elle se rendait de Spire, et par la suite de Münster, dans cette abbaye ; elle avait en particulier coutume de participer là-bas aux grandes fêtes liturgiques. De fait, cet endroit monastique s'apparentait pour elle à « l'antichambre du Ciel ».

C'est là — entre autres — ce que le lecteur apprendra dans ce livre sur les rapports d'Edith Stein avec Beuron. Je me réjouis de ce qu'un moine de Beuron et une auteure vivant à Beuron aient approfondi ce sujet et en aient fait un beau livre. Je souhaite maintenant que cette lecture incite de nombreuses personnes à aimer la liturgie, à s'adonner à la lecture silencieuse des saintes Écritures, à engager un dialogue intérieur avec Dieu et à trouver de la sorte la paix et la plénitude de vie.

Maria Amata Neyer ocd, Cologne

# Préface

*Theodor Hogg osb*
*archiabbé*

« Lorsque Edith Stein se rendit pour la première fois à Beuron, elle n'était vraiment plus une novice. Elle apportait tellement de choses précieuses avec elle qu'elle découvrit aussitôt dans l'atmosphère monastique de ce coin caché du Danube sa véritable patrie[1]... » Ces paroles de mon prédécesseur dom Raphael Walzer indiquent deux choses : d'une part, la grande Église priante, l'*ecclesia orans*, qu'Edith Stein trouva dans l'archiabbaye bénédictine, est là. D'autre part, ce sont la figure et l'esprit de l'archiabbé beuronois d'alors qu'elle choisit comme directeur spirituel et conseiller. De 1928 à 1933 la silencieuse vallée du Danube et la prière des moines furent pour la disciple de Husserl, enseignante à l'école des dominicaines à Spire et maître de conférences à l'Institut Allemand de Pédagogie

---

1. Traduction d'un texte en anglais que rédigea l'archiabbé dom Raphael Walzer osb à New York en 1952 ; carmel de Cologne, archives Edith Stein E 1 141.

scientifique à Münster, une patrie où elle se rendit fidèlement de nombreuses fois pour participer aux grandes fêtes liturgiques. De nos jours aussi nous connaissons, nous moines, de nombreuses personnes à l'intérieur et à l'extérieur de l'Église, qui viennent à Beuron pour y trouver une orientation et y puiser de la force pour leur vie quotidienne, pour leurs devoirs au sein de leurs familles et dans leur travail, mais aussi dans les temps de crise existentielle. Le monastère ne manque jamais d'hôtes. En eux, en particulier dans les pauvres et dans les pèlerins, c'est le Christ lui-même qui est accueilli[2]. Nos monastères abritent aujourd'hui aussi cette sagesse et y voient un service pour l'être humain en chemin, pour l'Église et pour la société.

Edith Stein est comparable à une étoile dont la lumière jaillit de l'obscurité d'une époque, qui s'était répandue il y a deux bonnes générations sur notre patrie allemande et sur toute l'Europe. Plus les monstruosités et plus les crimes du régime illégitime de l'époque devenaient manifestes, plus rayonnaient ces êtres qui professaient à cette époque leur foi et leur humanité sans partage. Outre sœur Thérèse Bénédicte de la Croix ocd – Mlle le Dr Edith Stein —, il faut aussi nommer l'archiabbé dom Raphael Walzer qui fut contraint de partir en exil en 1935 et qui, poussé par un esprit prophétique, institua un séminaire de théologie pour les prisonniers de guerre allemands à Rivet près d'Alger (1943-1946) et fonda plus tard en terre d'Islam à Tlemcen, en Algérie de l'Ouest, un monastère de bénédictins (1952-1964).

Je me réjouis de ce qu'avec ce livre l'esprit d'Edith Stein s'élève en éclairant la vallée du Danube à Beuron et accompagne par là même ceux qui prient et qui sont en quête d'orientation et de clarté sur leur chemin souvent ardu de nos jours.

Theodor Hogg † osb
archiabbé de Beuron

---

2. Règle de saint Benoît. Règle-Beuron : 1995. — Chap. 53.

# Avant-propos à la 1ʳᵉ édition

*Edith Stein et Beuron*

Le lecteur qui y sera attentif et qui s'y intéressera tombera à diverses reprises dans les lettres qu'a écrites Edith Stein sur ses propos relatifs à l'archiabbaye bénédictine de Sᵗ Martin dans la vallée du Danube. Ces propos lui permettront aussi de se faire une idée du lien émotionnel qui existait entre Edith Stein et cet endroit, et qu'elle avait tissé avec les personnes qui y vivaient. Tantôt Edith Stein recourt à l'image de « l'antichambre du Ciel », tantôt elle évoque l'archiabbé dom Raphael Walzer comme « son abbé », ou se qualifie encore de « moine heureux ». Si l'on rassemble tous les passages accessibles que nous livre la transmission écrite, on peut noter le profond enracinement d'Edith Stein dans la religiosité bénédictine telle qu'elle est vécue à Beuron jusque de nos jours. Mais même par-delà l'horizon étroit du monastère situé dans la vallée du Danube, elle entretenait des relations avec des bénédictines et des bénédictins de différentes abbayes [1]. À cet égard, l'amitié qu'elle avait nouée avec sœur Dr Adelgundis Jaegerschmid et avec sœur Placida Laubhardt (toutes deux bénédictines à Sainte-Lioba, Fribourg-Günterstal) revêt une importance particulière.

À Beuron même, Edith Stein fait la connaissance dans les années 1928-1933 de plusieurs bénédictins et les tient en haute estime, en particulier l'archiabbé dom Raphael Walzer et le père Prof. Dr Daniel Feuling. Des prises de position biographiques sur la personne d'Edith Stein de ces deux moines, l'un son directeur spirituel, l'autre son interlocuteur dans le domaine de la philosophie, se trouvent à la fin de ce volume [2]. Le volume réunit par ailleurs les conférences et les

---

1. Nous trouvons des remarques ainsi qu'un échange de correspondance avec des moines des abbayes de Beuron, Maria Laach, Gerleve, Neubourg, ainsi qu'avec des moniales des monastères Sᵗ Gabriel, Fribourg-Günterstal, etc.
2. Nous remercions sœur M. Amata Neyer ocd, directrice des archives Edith Stein du carmel de Cologne, pour les photocopies ainsi que pour l'autorisation de reproduire ces documents ; nous tenons tout autant à exprimer toute notre gratitude à sœur Amata pour toutes les indications qu'elle nous a livrées lors de nos entretiens dans

articles d'Edith Stein, qui furent publiés dans la *Revue bénédictine mensuelle* (intitulée plus tard *Erbe und Auftrag, Héritage et Mission*), ainsi que les contributions sur Edith Stein, qui sont parues ces dernières années dans cette revue [3].

Dans les notes biographiques d'Edith Stein, le nom de Beuron apparaît pour la première fois l'été 1921 quand elle s'achète un SCHOTT[4] pour s'initier à la liturgie catholique romaine.

Plus tard, elle fait la connaissance du père Dr Erich Przywara qui l'encouragera sur le plan scientifique. C'est également lui, qui, après la mort de son directeur spirituel, Joseph Schwind, vicaire général à Spire, attire son attention sur le monastère bénédictin situé dans la vallée du Danube, ainsi que sur son archiabbé, dom Raphael Walzer.

C'est en 1928, pour Pâques, qu'Edith Stein, venue de Spire, se rend à Beuron. D'après les lettres conservées et les autres documents, Edith Stein est allée une vingtaine de fois environ à Beuron. Ce faisant, l'on doit distinguer deux modes de séjour : d'une part, il y a ses venues lors des grandes fêtes ecclésiales. Et puis, Edith Stein passe une semaine ou deux dans la vallée du Danube, habite dans « la maison située près du pont en bois », participe à des exercices spirituels privés et se tait beaucoup. On a parfois mal interprété ce silence et on l'a de ce fait tenue pour une personne difficile.

---

les quinze dernières années, ainsi que pour le bon travail de collaboration dans la préparation des congrès Edith Stein à Beuron, et en particulier du septième, qui eut lieu en 2001 à Breslau. Voir la publication suivante : Septième congrès Edith Stein, 12-16 septembre 2001–Wroclaw, 2002, que l'on ne peut se procurer en Allemagne que dans la librairie du monastère à Beuron (88631).

3. Pour les différentes autorisations de reproduction, nous remercions la Maison d'édition d'art de Beuron et les Éditions Herder. Nous devons dans ce contexte renvoyer particulièrement aux œuvres complètes d'Edith Stein (citées dans le présent volume sous l'abréviation *ESGA*), lesquelles paraissent depuis l'année 2000 à une forte cadence dans la Maison d'édition Herder à Fribourg-en-Brisgau et dont il existe jusqu'ici neuf volumes.

4. C'est en 1884 que paraît pour la première fois ce qu'il est convenu d'appeler le SCHOTT, le « Missel de la Sainte Église », édité par Anselm Schott osb (1843-1896), moine de l'abbaye de Beuron. Le SCHOTT est de nos jours encore l'édition qui fait autorité pour l'édition allemande du missel ; il est doté d'introductions rédigées par les bénédictins de l'archiabbaye de Beuron.

D'autres visites en revanche sont de courte durée ; un jour ou deux ou quelques heures seulement pour s'entretenir avec dom Raphael Walzer sur des questions importantes. À ces occasions, elle loge dans différentes maisons, souvent dans la « Villa Joseph », située directement en face de la gare.

Nous devons encore mentionner ici deux documents particuliers relatifs à Edith Stein, qui se rattachent de manière intéressante à Beuron : ainsi, dans le livre de messe, le *Schott* de 1928, il y a une traduction du *Lauda Sion* qui, d'après la préface du père Pius Bihlmeyer, a été composé par « le Dr E. St. ». Ces initiales renvoient à coup sûr à Edith Stein. – Un texte d'Edith Stein, de toute beauté et fort lu, le « mystère de Noël » (préparation à une conférence qu'elle tint à Ludwigshafen en janvier 1932) a certainement vu le jour pendant son séjour dans la vallée du Danube pour les fêtes de Noël en 1931. Lorsqu'on lit ce texte, on a l'impression d'avoir la vieille crèche de Beuron ou l'image de l'autel sous les yeux [5].

Pour mieux rendre l'atmosphère qui régnait à Beuron pendant l'entre-deux-guerres, nous avons disséminé une série de photos dans le texte [6].

Dans les quinze dernières années, l'Église romaine a rendu hommage à Edith Stein et a reconnu son chemin existentiel hors pair. Elle fut très rapidement béatifiée, puis canonisée, en dernier lieu déclarée patronne de l'Europe aux côtés de Bénédicte de Nursia. Si l'on se demande cependant ce qu'il est advenu de son interlocuteur spirituel à Beuron, l'archiabbé dom Raphael Walzer, ce sont alors l'ignorance et les haussements d'épaules qui prévalent. En 1935, l'archiabbé de Beuron dut quitter l'Allemagne et émigrer en raison de son attitude anti-national-socialiste, laquelle peut être prouvée dès 1933 par les lettres [7], publiées récemment, qu'il échangea avec le cardinal à la secrétairie d'État, Eugenio Pacelli. Jusqu'en 1940-1941,

---

5. Nous renvoyons ici particulièrement à la contribution suivante dans le présent volume : Katharina Oost, « Un moine heureux », p. 127.
6. Je remercie le père Dr Placidus Kuhlkamp osb, l'archiviste de Beuron, pour les nombreuses indications qu'il m'a livrées ainsi que pour toute la peine qu'il s'est donné.
7. Voir la contribution de Katharina Oost dans le présent volume : « Ceux qui se taisent sont pareillement responsables », pp. 221-233.

dom Raphael Walzer vécut en France, puis en Algérie. De 1943 à 1946, il organisa un séminaire de théologie pour les prisonniers de guerre allemands qui appartenaient au contingent d'Afrique à Rivet près d'Alger. Il dirigea ce séminaire avec beaucoup de succès. À son instigation et suite à ses expériences positives, un grand séminaire fut ensuite institué en 1946 à Chartres dont la direction fut confiée à l'abbé Franz Stock. Cette institution passe aujourd'hui pour avoir constitué la cellule germinale de la réconciliation franco-allemande et, depuis 2002, elle est érigée en un haut lieu de rencontre. À la fin de la guerre, dom Raphael Walzer ne put revenir à Beuron. Un nouveau prieur y résidait depuis 1938 en la personne de l'archiabbé Dr Benoît Baur. Il demeura tout d'abord dans l'abbaye bénédictine St Vandrille en Normandie, mais il retourna en 1950 en Afrique du Nord à la demande de l'évêque d'Oran (Algérie de l'Ouest), pour fonder un monastère bénédictin près de l'ancienne cité royale Tlemcen, située à proximité de la frontière marocaine. Avec un grand esprit de sacrifice, il fit construire un monastère en style maure et y attira beaucoup de moines, pour la plupart français. En 1964, lors des troubles engendrés par la guerre civile algérienne, il dut abandonner sa fondation, alors qu'il avait atteint un âge avancé. Il mourut en 1966 dans sa fondation de Neuburg près de Heidelberg et repose à présent dans la crypte de l'église abbatiale de Beuron[8].

L'archiabbé dom Raphael Walzer entretint une relation épistolaire avec Edith Stein non seulement pendant la période où elle était au carmel de Cologne, mais aussi – ainsi que cela devient de plus en plus certain – dans les années quarante encore, alors qu'elle était à Echt et que lui-même séjournait à Meudon (près de Paris)[9]. Le dernier contact personnel entre ces deux religieux se produisit à Cologne-Lindenthal à l'occasion de la prise d'habit d'Edith Stein. Dom Raphael Walzer fit à cette occasion une homélie festive, qui ne put malheureusement pas être retrouvée jusqu'ici.

---

8. Une publication exhaustive sur l'archiabbé dom Raphael Walzer est en préparation et doit paraître à Beuron en 2006-2007.
9. Voir les lettres adressées à Edith Stein dans le présent volume.

Le volume *Comme l'antichambre du Ciel. Edith Stein et Beuron* doit fournir à tous les amis d'Edith Stein, mais aussi de Beuron, le témoignage d'une profonde amitié, celui de l'amitié d'Edith Stein pour la nature de la vallée supérieure du Danube, pour l'état monastique bénédictin et pour l'archiabbé dom Raphael Walzer. Ce témoignage rayonne jusqu'à nous et conduit de nombreux pèlerins ainsi que toutes les personnes intéressées à prier et à méditer dans l'église abbatiale de Beuron. Puisse ce volume aller au-devant de leur quête, faire trouver quelques pistes et donner des réponses à certains.

Ma collaboratrice et moi-même remercions soeur Amata Neyer et l'archiabbé Theodor Hogg osb pour leurs préfaces. Nos remerciements s'adressent également à la Maison d'édition d'art de Beuron pour son soigneux travail d'impression.

Beuron, août 2003<br>Frère Jakobus Kaffanke osb

# Avant-propos
## à la 2ᵉ édition augmentée et complétée

La première édition de cet ouvrage est épuisée depuis quelque temps, si bien que se posait la question d'une nouvelle édition. L'intérêt persistant pour Edith Stein en tant que penseur, carmélitaine et martyre de même que sa vénération sans cesse grandissante en tant que sainte de l'Église font que c'est un devoir joyeux d'oser une deuxième édition et de l'adresser aux amis de Beuron et d'Edith Stein. En quelques années, il y eut de nombreuses parutions sur Edith Stein, et l'édition des œuvres d'Edith Stein a continué à augmenter considérablement[1]. Un grand pas a également été fait dans les recherches menées sur l'accompagnateur spirituel d'Edith Stein, Dr Raphael Walzer, l'archiabbé de l'abbaye bénédictine de Beuron. L'ouvrage collectif annoncé dès 2003 et ayant trait à la vie ainsi qu'à l'œuvre du quatrième archiabbé de Beuron put être publié en 2008[2]. C'est dans ce contexte que Katharina Oost a actualisé ses recherches sur Edith Stein et Beuron. Son article constitue dans la présente édition une entrée appropriée dans la thématique « Edith Stein et Beuron »[3] et a été mis au début des contributions. — Étant donné que les publications relatives à la thématique « le Vatican et le national-socialisme » ont également progressé, notamment par un nouvel accès aux archives s'y rapportant[4], la visite d'Eugenio Pacelli en 1929 dans la vallée du Danube a été documentée. Une nouvelle contribution a été ajoutée à la nouvelle édition ; Jakobus Kaffanke y relate la visite du nonce berlinois à Beuron[5], et recourt ce faisant aux

---

1. Éditions Herder, Fribourg-en-Brisgau ; voir annotation 3 dans l'avant-propos à l'édition de 2003.
2. Jakobus Kaffanke-Joachim Köhler : « Mehr nützen als herrschen ! Dom Raphael Walzer osb, archiabbé de Beuron 1918-1937 », 421 pages, dans : *Beiträge zu Theologie, Kirche und Gesellschaft im 20. Jahrhundert*, vol. 17, Münster, Éditions LIT, 2008.
3. Katharina Oost, « In caritate Dei — Raphael Walzer und Edith Stein », dans : Jakobus Kaffanke - Joachim Köhler, *op. cit. supra* note 13, pp. 333-360.
4. En dernier lieu : Hubert Wolf, *Papst und Teufel. Die Archive des Vatikans und das dritte Reich*, Munich, Beck, 2008.
5. Jakobus Kaffanke, « "… mit meinen innigen Wünschen für die ganze Erzabtei".

sources — textes et photos — empruntées aux archives principales de Beuron⁶. Les éditeurs remercient la maison d'édition d'art de Beuron pour son accompagnement constructif lors de la réalisation de la nouvelle édition et espèrent que ce volume trouvera à son tour un bon accueil auprès du public adéquat et l'envoient avec confiance faire son chemin.

Frère Jakobus Kaffanke osb  
Fête solennelle de la Nativité du Christ  
Beuron, Noël 2008

---

Eugenio Pacelli und Beuron », voir *infra* dans ce volume, pp. 237-242.

6. Que le père Dr Placidus Kuhlkamp osb, archiviste de Beuron, soit vivement remercié ici pour son généreux appui !

*Portrait de Saint Benoît, 1487 — de nos jours au Musée de Florence — réalisé par Hans Memling (né en 1435 à Seligenstadt et décédé le 11 août 1494 à Bruges). Le portrait était accroché à la porte du monastère où vivait Edith Stein — Sœur Thérèse Bénédicte de la Croix ocd à Cologne et à Echt.*

# I.
## IN CARITATE DEI
**Dom Raphael Walzer et Edith Stein**
*Katharina Oost*

# I. IN CARITATE DEI[1]
## Dom Raphael Walzer et Edith Stein
*Katharina Oost*

## 1918

*Jam hiems transiit, imber abiit et recessit.* L'hiver est passé, il s'est arrêté de pleuvoir, la pluie a cessé » (Hld 2, 11) — c'est en ces termes, dans lesquels on ne peut pas ne pas voir aussi une allusion à l'atmosphère qui régnait au sein de la congrégation, que le chroniqueur de Beuron commence sa contribution sur l'ordination de dom Raphael Walzer en tant qu'abbé[2]. C'était le 3 février de l'année de guerre 1918. Après son élection en tant qu'archiabbé le 25 janvier, élection pour laquelle certains frères durent revenir du front à Beuron et qui ne put se confirmer, en raison de l'âge juvénile de dom Raphael Walzer (il n'avait pas encore trente ans), qu'après la réception d'une dispense de la part de Rome.

Lorsque la dispense accordée par Rome arrive le 1er février, les festivités sont préparées. L'abbé Primas lui-même était venu de Rome pour procéder à l'ordination. Le prieur de Beuron compare « l'élection du jeune archiabbé à l'appel de David qui, en tant que le benjamin, avait été choisi par Dieu pour être oint et être fait roi au-dessus de ses frères[3] ».

---

1. « Immer in caritate Dei » (toujours dans l'amour de Dieu), c'est ainsi que dom Raphael Walzer signa une carte postale qu'il adressa à Edith Stein le 25 avril 1930 : voir *ESGA* 2, Lettre n° 91 (= *Correspondance* I, trad. par C. Rastoin, p. 432).
2. *Chronik*, ordination de l'abbé le 11 février 1918, p. 1.
3. *Ibidem*, p. 5.

## 1928

Jusqu'à la première rencontre de dom Raphael Walzer et d'Edith Stein, dix ans exactement vont encore s'écouler. Dix années d'entre-deux-guerres, comme nous le savons aujourd'hui. Car lorsque Edith Stein se rendit pour la première fois à Beuron pour la fête de Pâques en 1928, un nouveau fléau s'apprêtait de nouveau à sévir. En Italie où Mussolini abolit en 1928 le droit général de vote, levant le masque avant l'Allemagne. En tout cas, « il ne manquait pas d'indices pour le fait que la conjoncture économique favorable arrivait à son terme. Le capital étranger devenait rare. Le nombre des chômeurs augmentait, avec lui le fardeau financier de l'allocation chômage ; les recettes fiscales diminuaient. Dans l'industrie du fer et de l'acier, on en vint à fermer temporairement les usines, à se battre pour les salaires[1]... »

Edith Stein avait du pain et du travail. Depuis 1923, elle était engagée à Spire comme enseignante d'allemand et d'histoire dans l'institution de formation des enseignantes dirigée par les dominicaines. « Selon le cœur, je suis en droit de dire sans prétention que je vis comme une véritable moniale, même si je ne porte pas le voile et que je ne suis pas liée par des vœux et par la clôture et que je n'ai pas non plus le droit d'y songer pour le moment[2]. » L'archiabbé beuronois voyait les choses de la même façon.

Il est souvent difficile pour les intellectuels fort doués de trouver des êtres humains qui satisfassent à leurs prétentions intellectuelles. Pour les prétentions spirituelles ce n'était probablement pas plus facile. Ce fut donc une aubaine lorsque Erich Przywara sj[3], qui avait accompagné une retraite pour la congrégation en 1925 à Beuron, proposa en 1928 à Edith Stein de passer les fêtes pascales à Beuron. Dom Raphael Walzer était de quatre ans son aîné, pareillement très

---

1. G. Mann, p. 73.
2. A. U. Müller / M. A. Neyer, p. 165.
3. Erich Przywara (1889-1972), philosophe et jésuite, incita Edith Stein à traduire Newmann ainsi que Thomas d'Aquin. — En 1928 parurent les lettres et les textes de Newmann dans la traduction d'Edith Stein dans la maison d'édition Dietrich von Hildebrand à Téate. Les traductions de Thomas parurent chez Borgmeyer à Breslau en 1931 sous le titre *Des hl. Thomas von Aquino über die Wahrheit*.

doué, plein d'énergie et occupé par toutes sortes de projets d'avenir pour le monastère, et, une demi-année plus tôt, en sus de ses deux titres de docteur en philosophie et en théologie, il avait été élevé à la dignité de docteur *honoris causa* de l'université de Tübingen. Quelques semaines avant la première visite d'Edith Stein à Beuron, dom Raphael Walzer avait prononcé une conférence dans la paroisse voisine sur le voyage qu'il avait fait en Amérique de l'année précédente et durant lequel, arpentant trois mois durant le pays, il avait visité non seulement de nombreux monastères, mais où il avait même été reçu par le président des États-Unis, Calvin Coolidge. Pour l'organisation de son séjour aux U.S.A. s'était constitué là-bas un "Beuron Art Comittee" qui, de concert avec les Unions catholiques, organisait les réceptions solennelles, les conférences et les festivités. Dans ce prolongement, une exposition d'objets d'art beuronois particulièrement choisis avait lieu chaque fois ; ces expositions suscitaient un grand intérêt. Il est frappant que des représentations particulièrement populaires telles que le bon berger, la Sainte Famille et thèmes du même genre aient eu le plus grand écho. La « Madone à la pomme » fut accueillie avec un grand enthousiasme [4].

L'archiabbé de Beuron, issu d'une famille d'artisans de Ravensbourg, avait parcouru le monde, était l'abbé d'un monastère qui rayonnait comme centre spirituel bien au-delà de l'aire linguistique germanique. L'ouverture au monde et l'aisance dans le monde ne constituèrent certainement pas un obstacle pour la rencontre de ces deux figures chrétiennes dont les chemins existentiels se croisèrent pour la première fois à Beuron à Pâques 1928.

Rien n'est conservé. Dans le registre d'hôtes de la chronique du monastère, le nom Edith Stein n'est pas mentionné une seule fois. (Pas davantage le nom de quelque autre femme). Beuron était une affaire d'hommes. *Secretum meum mihi* — mon secret m'appartient. Ce que l'on a dit d'Edith Stein au début quant à sa conversion au catholicisme vaut aussi pour sa relation avec dom Raphael Walzer. Ce qui nous a été transmis sont quelques cartes postales de dom Raphael Walzer à Edith Stein. On les a trouvées dans son *Nachlass*

---

4. *Chronik*, 1er semestre, 1927, p. 2.

sauvé de manière aventureuse[5]. Et quelques lettres dans lesquelles Edith Stein fait mention de Beuron.

À Spire, outre son activité d'enseignante et, partant, parallèlement à son activité de correctrice de nombreuses copies, Edith Stein a travaillé dans les derniers temps de manière intense à sa traduction de saint Thomas (publiée en 1932). De plus, elle commence à répondre aux premières demandes de conférences. Les conférences demandent elles aussi à être préparées. En avril 1928, elle quitte Spire.

« Le climat pendant les mois d'hiver fut relativement doux. Au mois de janvier, il y eut beaucoup de neige, ce qui eut pour conséquence un froid moins glacial jusqu'à la fin du mois. En février commença le dégel qui provoqua une forte inondation de notre "petit courant du Danube". Le mois de mars… fut assez froid. Nous fêtâmes le dimanche de Pâques par un temps magnifique[6]. »

L'état d'âme d'Edith Stein était certainement aussi à l'avenant. *Laetatus sum in his quae dicta sunt mihi : in domo domini ibimus.* Quelle joie quand on m'a dit : allons à la maison du Seigneur [7].

« Lorsque Edith Stein vint la première fois à Beuron », écrivit dom Raphael Walzer[8] après sa mort, elle n'était vraiment plus une novice. Elle apportait tellement de choses précieuses avec elle qu'elle découvrit aussitôt dans l'atmosphère monastique de ce coin caché du Danube sa véritable patrie, sans avoir à opérer de métamorphose ou à apprendre quelque chose de radicalement nouveau. C'était une sorte de récolte de ce que d'autres avaient semé et qui avait été assimilé dans le meilleur terreau[9]. » « Ce fait, poursuit dom Raphael

---

5. Lorsque les Alliés débarquèrent en Normandie, Echt, l'endroit où se trouvait le couvent des carmélites où vivait alors Edith Stein, fut totalement évacué. Une partie de son *Nachlass* avait déjà été entreposée dès ce moment-là dans une cave emmurée du carmel d'Echt, une autre partie fut emportée lors de l'évacuation dans deux sacs et cachée en cours de route dans une ferme.
6. *Chronik*, 1er semestre 1928, p. 8.
7. Inscription d'Edith Stein dans le livre d'hôtes de la famille Mayer, Beuron, Lundi de Pâques 1928, *ESGA* 2, Lettre n° 62 (= *Correspondance* I, trad. par C. Rastoin, p. 372).
8. E. Endres, p. 313.
9. Six ans avant sa première visite à Beuron, Edith Stein s'était convertie le 1er janvier 1922 à Bergzabern, passant du judaïsme à la religion catholique.

Walzer, « peut être traité dans chaque biographie comme l'un des mieux établis sans que la vérité historique soit tronquée. Mais pour quelle raison Beuron et ses offices exerçaient-ils sur elle une telle force d'attraction ? »

C'est avant tout, selon lui, la forme liturgique au sein de la vie monastique qui fit trouver en Beuron une patrie à Edith Stein en tant qu'enfant d'une famille juive habituée très tôt à la tradition liturgique. Dom Raphael Walzer a fortement apprécié, voire vénéré Edith Stein en tant que personne mûre et foncièrement pure. Il la dénommait la *virgo sapiens*… Elle était pour lui la comblée de Dieu, celle qui demeurait entièrement dans la vérité qu'elle chérissait, la philosophe orante, la prière en personne — des expressions qu'il lui est arrivé d'employer, se rappelle P. Mauritius Schurr[10].

Ce fut une façon de montrer à quel point l'on estimait à Beuron Edith Stein d'une manière générale que de laisser paraître provisoirement dans ce qu'il est convenu d'appeler le « Schott » la séquence *Lauda Sion* de Thomas d'Aquin dans une nouvelle traduction, celle de Mlle « Dr E. St. »[11]. Elle est maintenant reconnue avec certitude comme étant l'auteur de la traduction, depuis la découverte d'une lettre adressée à Adelgundis Jaegerschmid du 28 avril 1929, qui n'est pas encore publiée dans les volumes de correspondance d'*ESGA* et dans laquelle Edith Stein écrit : « Le père Pius veut publier le *Lauda Sion* dans la prochaine édition du Schott[12]. » À peine était-elle à Beuron, le centre du renouveau liturgique, qu'Edith Stein nota de manière critique que les frères convers ne pouvaient pas participer à la prière du chœur. C'est pourquoi elle conseilla à l'archiabbé d'initier ces frères également au latin et au choral, afin qu'ils pussent prendre pleinement part à la prière du chœur. Elle était en avance sur son temps. Ce n'est que Vatican II qui remédia à cet inconvénient.

---

10. K. Oost dans : J. Kaffanke/K. Oost, *Antichambre*, p. 85.
11. En 1884 parut la première édition du « missel de la sainte Église », publiée par Anselm Schott osb (1843-1896), moine de l'abbaye de Beuron. Dans la 34ᵉ édition, publiée en 1928 par Pius Bihlmeyer osb, paraît la séquence de Thomas d'Aquin dans la nouvelle traduction d'Edith Stein. Dans l'avant-propos, on lit ceci : « La présentation de la nouvelle traduction de la séquence *Lauda Sion* (p. 545) est du Dr E. St. »
12. Brochure commémorative pour le 75ᵉ jubilé de Sainte-Lioba à Fribourg-en-Brisgau. 2002, p. 203.

Cinq ans durant, dom Raphael Walzer déconseillera à Edith Stein d'entrer au couvent. Il considérait que trop de tâches l'attendaient dans le monde[13]. Il la soutient en revanche dans son activité publique. L'Église catholique a besoin d'un rattrapage intellectuel. Les conférences se multiplient dès lors.

Le 13 mai[14], elle écrit à son ami Roman Ingarden (1893-1970) qui appartenait au cercle phénoménologique de Göttingen : « J'ai passé la semaine sainte et le jour de Pâques à Beuron et j'ai trouvé là, dans l'abbaye, ce qui avait servi de modèle au "ciel sur terre" de Bahr (s'agit-il réellement de celle-là ? Je ne sais, car il y a beaucoup d'autres abbayes bénédictines où l'on peut sûrement retrouver le même esprit)[15]. »

« J'ai dû immédiatement après faire une intervention au congrès général de l'Association des enseignantes bavaroises cath[oliques] à Ludwigshafen[16]. » Le changement dut être difficile. C'est d'une manière toute personnelle, une manière que nous ne lui connaissons pas d'habitude en raison de sa réserve coutumière, qu'elle commence le 12 avril cette conférence qui avait pour thème « La valeur spécifique de la femme dans sa signification pour la vie du peuple » en ces

---

13. Voir *infra* dans la présente contribution la prise de position de dom Raphael Walzer à la demande d'Edith Stein d'entrer au carmel de Cologne.
14. *ESGA* 4, *Lettre* n° 122 (= *Correspondance* I, trad. par C. Rastoin, p. 373).
15. En 1927, pour Noël, Edith Stein avait offert à Roman Ingarden un petit livre de Bahr intitulé *Ciel sur terre*. Ce livre est dédié au moine-peintre beuronois Willibrord Verkade pour le 25ᵉ jubilé de son ordination sacerdotale. L'auteur, Hermann Bahr (1863-1934), appartenait au cercle des impressionnistes autour de Arthur Schnitzler, Stefan Zweig, Karl Kraus, etc. Une époque de grands voyages l'avait conduit en 1888 pour une longue période à Paris où il a probablement fait la connaissance du peintre néerlandais Jan Verkade, devenu plus tard le moine Willibrord. Ce dernier appartenait alors au groupe des nabis (de l'hébreu nabi : illuminé, prophète), lesquels, après l'entrée de Verkade au monastère de Beuron et sa participation aux peintures de l'école d'art de Beuron, furent aussi influencés par l'art beuronois. Dans le public, l'art de Beuron se fit connaître surtout par sa participation à l'exposition « Art religieux » à la Sécession de Vienne (1905) pour laquelle ce sont surtout des tableaux du père Willibrord qui avaient été choisis. — Il y a donc tout lieu de supposer qu'Edith Stein avait « effectivement » raison de penser que le dialogue fictif dans le livre de H. Bahr entre un abbé bénédictin et son ancien élève, un célèbre helléniste, s'était déroulé au monastère de Beuron.
16. *ESGA* 4, *Lettre* n° 122 (= *Correspondance* I, trad. française C. Rastoin, p. 373).

termes : « Permettez-moi de commencer par une petite remarque personnelle. Il y a deux jours, j'ai quitté Beuron, où il m'a été donné de passer la Semaine sainte ainsi que les jours pascals, pour arriver ici [...] au beau milieu des préparatifs de cette session. On ne saurait guère imaginer de contraste plus saisissant : là-bas, la silencieuse vallée de la paix, où [...] on chante jour après jour et année après année la louange au Seigneur, [...] — ét, ici, ce congrès qui se tient pour agiter les questions brûlantes d'actualité. Ce fut presque une chute brutale du ciel sur la terre[17]. »

Dix jours plus tard, le 22 avril, dom Raphael Walzer fut appelé auprès de sa mère alitée. Succède alors une série compacte de rendez-vous, pas inhabituelle pour un archiabbé, à savoir : en mai, un voyage d'affaires à Stuttgart, une messe pontificale à Fribourg-en-Brisgau pour le cinquantenaire de l'Association mariale des jeunes filles ; en août : la participation à la session des universitaires à Constance, l'élévation du couvent de Neuburg en abbaye ; le jubilé de la cathédrale de Salzbourg en septembre ; la fête pour le jubilé du diocèse à Ravensbourg en octobre, à laquelle suivirent des déplacements à Weingarten et à Neubourg. Ensuite, en décembre, une fois encore un voyage à Neubourg pour l'inauguration des cloches, après quoi une visite auprès de la nouvelle abbesse de Lichtenthal. Et pour presque tous les rendez-vous, des discours ou des homélies. Il ne manquait donc ni travail ni rendez-vous, ni à Beuron ni à Spire.

« En ce qui concerne maintenant ma relecture de votre travail », écrit Edith Stein dans sa première lettre après son séjour à Beuron à Roman Ingarden, qui l'avait priée de vérifier son livre intitulé *L'œuvre d'art littéraire*, « je voudrais vous proposer de me réitérer votre demande quand vous l'aurez terminé. Il m'est en ce moment vraiment difficile de dire si ce sera possible. Simplement, comme je vous l'ai déjà écrit dans ma dernière lettre, c'est presque exclu entre septembre et Pâques, car la plus grande partie du travail scolaire tombe au second trimestre, surtout les corrections de copies, et au

---

17. *ESGA* 13, p. 1 (= *La Femme*. Introduction, traduction, annotations et appendices par Marie-Dominique Richard, Paris, Éditions du Cerf, janvier 2009, 512 pages, p. 40).

troisième les examens. Je ne peux guère me faire déjà une idée de ce qui se passera pour les vacances. J'espère avoir terminé *d'ici-là* ma traduction en cours de saint Thomas et avancer ensuite *pendant* les vacances la grosse élaboration de la terminologie de l'ensemble, que je dois faire d'un trait — mais j'ai été ces derniers mois si dérangée que je ne peux guère attendre beaucoup des quelques semaines d'ici à juillet. Mais je le ferai volontiers si la moindre possibilité apparaît[18]. » Voilà ce qu'elle écrit bien que sa charge de travail à Spire soit si lourde qu'elle trouve à peine le temps de se consacrer à ses propres travaux. Et elle exauce même la prière de Roman Ingarden dont elle vérifie l'important ouvrage et veille à l'impression[19].

Du 5 au 7 octobre, les dominicaines fêtent à Spire les sept cents ans d'existence du couvent. Le nonce apostolique rend visite à cette occasion au couvent. Edith Stein est choisie pour saluer Eugenio Pacelli.

À Noël 1928, Edith Stein se rend pour la deuxième fois à Beuron pour assister à une fête solennelle. Elle adresse à Roman Ingarden[20] une carte sur laquelle figure la photo du maître-autel de Beuron à l'époque de Noël. À Pâques elle est de nouveau là. Les séjours à Beuron lui font du bien, l'aident à prendre du recul vis-à-vis de ses exigences professionnelles et de sa vie de conférencière : « Ce que l'on en emporte demeure. Et en douze jours on peut y amasser un trésor qui nourrit longtemps et aide à assimiler tout ce qui vient de l'extérieur. C'est la réponse à la question sur ce que je deviens[21]. »

## 1929

Lorsque Edith Stein écrit ces lignes, dom Raphael Walzer est déjà de retour d'un voyage qui l'avait conduit en avril de l'année 1929 au 1400e jubilé de Montecassino. Sur son chemin par Milan, Florence, Assise, il avait fait une halte à Rome : le pape fêtait le jubilé d'or de son sacerdoce. Ce fut là pour dom Raphael Walzer — à la différence

---

18. E. Stein, *ESGA* 4, *Lettre* n° 122 (= *Correspondance* I, trad. par C. Rastoin, p. 373).
19. Cet ouvrage est paru chez Max Niemeyer, Halle, 1931.
20. E. Stein, *ESGA* 4, *Lettre* n° 124.
21. E. Stein, *ESGA* 2, *Lettre* n° 70 (= *Correspondance* I, trad. par C. Rastoin, p. 385).

d'Edith Stein quatre ans plus tard — l'occasion d'une audience. Après les solennités à Montecassino — qui se transformerait pendant la Deuxième Guerre mondiale en un effroyable champ de bataille — et fut complètement détruite, le voyage le ramena par Marienberg et Gries à Beuron pour le 11ᵉ chapitre général qui commença à siéger le 23 avril.

Le chroniqueur du couvent de Beuron de la seconde moitié de 1929 annonce avec fierté la visite du nonce apostolique Eugenio Pacelli, le futur pape Pie XII, qui avait profité de sa présence à la journée des catholiques à Fribourg-en-Brisgau le 29 août pour faire une visite à Beuron. « Lors de son entrée dans l'église illuminée de façon festive, le 5ᵉ archiabbé le salua par un brève allocution et indiqua qu'en tant que Romain il n'était pas un étranger ici, mais qu'il se trouvait en quelque sorte sur un sol romain : nos fondateurs[22] étaient en effet partis de Rome jadis, et nous continuons à être liés d'une manière particulière avec l'abbaye romaine Sᵗ Paul, le couvent où ils avaient fait leurs vœux. »

« C'était le 24 novembre 1929, un magnifique dimanche après-midi à 14 h 30, ce qu'il est convenu d'appeler le dimanche des morts », rapporte dom Raphael Walzer[23], « un étrange étranger sonna pour la première fois à la porte du couvent de Beuron : la radio allemande du Sud… pria qu'on la fît entrer… Le père voulut conduire comme chaque hôte la personne de la radio dans l'église, étant donné que les vêpres venaient de commencer. Mais en raison d'un décret pastoral[24], l'entrée dans l'église ne pouvait lui être accordée. Mais il ne put être évité que le chant des psaumes des moines pénétrât dans les airs par le cloître de l'abbaye, dans lequel il y avait le microphone. Cela émut au

---

22. Les deux frères Wolter, originaires de Bonn, Maurus (Rudolf, 1825-1890) et Placidus (Ernst, 1828-1908), appartinrent d'abord au couvent Sᵗ Paul hors les murs à Rome, aspirèrent cependant à ce que l'autorisation soit donnée aux Bénédictins de revenir en Allemagne après la sécularisation. En 1863, le prieuré de Beuron fut édifié, le premier prieur (plus tard abbé, à partir de 1885 archiabbé) fut Maurus Wolter, le deuxième archiabbé (de 1890 à 1908) fut Placidus Wolter.
23. Dom Raphael Walzer, *Les heures de radio de Beuron* 1, p. 5 sq.
24. Pour la transmission à la radio des fêtes liturgiques, une dispense épiscopale était manifestement nécessaire à cette époque et, dans le cas présent, elle faisait défaut.

plus profond de son être l'abbé ce dimanche quand le solennel Notre-Père des vêpres devait cette fois-là ne pas être chanté simplement au sein de l'étroite famille conventuelle et pour elle seulement, mais, pour ainsi dire, pour les milliers d'auditeurs qui assistaient à la retransmission dans les régions les plus différentes. En raison de la proximité du microphone avec les cloches, on ne put les empêcher de les entendre comme nous. Et, depuis, les cloches de Beuron ont conquis les auditeurs de la radio. Tous les mots de remerciements renferment sans cesse la demande de laisser retentir plus souvent les cloches. Vers la fin de la visite après deux heures de radio, l'homme au microphone exprima le souhait qui coulait de source de faire la connaissance du maître de céans. On acquiesça volontiers à cette demande[25]… » L'archiabbé de Beuron pensait en termes de progrès. La technique de la radio était nouvelle. Jusqu'à présent, elle n'avait pas encore franchi les murs du couvent. « Nous n'avons pas une seule radio dans tout le couvent », confesse-t-il, dans la conversation qui s'ensuit avec « l'étrange étranger » de la radio du Sud de l'Allemagne, à Monsieur Struve. « Ne considérez pas cela comme un manque d'intérêt. Je ne sais pas pour l'instant comment notre rigoureux ordre du jour pourrait être maintenu si nous avions la radio dans la maison… », mais « je ne vois pas d'inconvénient, j'éprouve même sincèrement de la joie à faire une alliance sainte… avec un nouveau phénomène culturel et une grande puissance en devenir, la radio[26]. » Dans la préface aux « premières heures de radio de Beuron », l'archiabbé précise sa position :

« […] Il est apparu dès maintenant que l'ancienne vie monastique et la technique moderne peuvent être tout à fait compatibles, que ce phénomène culturel acquiert une haute importance en se mettant au service de la chose catholique, que nous ne devons pas pour notre part rester oisifs, mais que nous devons au contraire mettre nos meilleures forces au service de la radio[27]. »

---

25. Dom Raphael Walzer, *Les heures de radio de Beuron 1*, p. 5 *sq.*
26. *Idem, ibidem.*
27. *Id., ibid.*

L'année dans laquelle Beuron fait connaissance et lie amitié avec la radio est l'année au cours de laquelle furent conclus les traités de Latran, lesquels valurent jusqu'en 1984 puis furent remplacés par un nouveau concordat, et au cours de laquelle l'Italie reconnaît le Vatican comme un État souverain avec le pape à la tête de cet État. C'est aussi l'année où en Allemagne Himmler est nommé chef des SS (Sections de Sûreté) dont il fera une troupe paramilitaire du NSDAP. C'est l'année où Thomas Mann obtient le prix Nobel de littérature et où paraît le roman à succès de Erich Maria Remarque intitulé *Im Westen nichts Neues (À l'Ouest rien de nouveau)*. C'est l'année durant laquelle Hugo von Hofmannsthal et Heinrich Zilles décédèrent. C'est l'année où Edmund Husserl fête son 70ᵉ anniversaire à Fribourg. C'est l'année du Vendredi noir à la Bourse de New York. « La foi générale en un effet miracle produit par le capitalisme et à l'enrichissement rapide donna lieu à une spéculation de très grande ampleur. Des actions furent distribuées dont la valeur fut multipliée. En octobre et en novembre, cette spéculation aboutit à un effondrement qui provoqua plusieurs vagues. À Wall Street à New York, la bourse mondiale, certaines actions perdirent jusqu'à 90% de leur valeur. Cela obligea un nombre croissant de fabricants à cesser leur activité. Cela entraîna des pertes d'emplois en masse, d'abord aux U.S.A. De nombreuses personnes ne purent rembourser les crédits avec lesquels elles avaient financé leur niveau de vie. Cela entraîna la banqueroute d'un tiers des banques. On alla chercher rapidement l'argent prêté à court terme à l'étranger — surtout en Allemagne. Ce fut pour l'Allemagne le début de cette lourde crise économique à la suite de laquelle Hitler devait accéder au pouvoir[28]. »

Cette année est comme les autres une année disparate. Les années suivantes seront de plus en plus désespérées.

## 1930

La crise économique mondiale faisait maintenant ressentir ses effets en Allemagne également. Fin février 1930, on enregistrait

---

28. A. U. Müller / M. A. Neyer, p. 194.

3,4 millions de chômeurs, et leur nombre ne cessait d'augmenter, si bien que la peur pour l'emploi régnait. Les tensions sociales s'intensifiaient aussi. De nombreuses personnes se détournèrent du système économique capitaliste. Même l'État démocratique avait échoué à leurs yeux. Les votes du 14 septembre débouchèrent sur une montée redoutable des radicaux de droite et de gauche.

Dans sa déclaration devant le tribunal du Reich à Leipzig, qui fut publiée le 26 septembre 1930, Hitler parla ouvertement du fait que le NSDAP visait maintenant à prendre le pouvoir par les voies légales, et il ne laissa pas planer le doute un seul instant que l'on pourrait ensuite « couler l'État dans une forme considérée comme étant la forme appropriée », et que « certaines têtes tomberaient également[29]. » Que personne ne dise qu'il ne pouvait pas savoir ! Les nationaux-socialistes menèrent leur combat électoral sous la direction de leur chef de propagande Joseph Goebbels avec force propagande et manifestations. Lors du dénombrement des voix, on constata que les partisans du national-socialisme s'étaient multipliés par dix. Le national-socialisme était devenu le deuxième plus grand parti de l'Allemagne.

Pour Edith Stein, l'année 1930, durant laquelle elle passa les trois fêtes solennelles à Beuron, fut une année chargée de travail. Une lettre à sœur Adelgundis Jaegerschmid osb est datée du dimanche de Pâques (20/04/1930) : « ... le meilleur de ces jours si riches en bénédictions ne se laisse pas dire, sans parler même d'écrire. « *Praestolari in silentio salutare Dei*[30] » fut le texte du sermon du vendredi saint, que le P[ère] A[bbé] a fait lui-même cette fois-ci encore : silence pour préparer le jeudi saint, silence du combat le vendredi saint, silence de la victoire — jubilation sans voix de la joie pascale. Il faut donc nous en tenir là[31]... »

---

29. *Idem*, p. 198.
30. *Praestolari in silentio salutare Dei* — « Attendre en silence le salut de Dieu » (Lm 3, 26). C'est en ces termes que se termine aussi la lettre de dom Raphael Walzer, qui accompagnait celle qu'Edith Stein rédigea en avril 1933 et adressa à Pie XI. Voir *infra* dans la présente contribution, p. 32.
31. E. Stein, *ESGA 2, Lettre* n° 90 (= *Correspondance* I, trad. par C. Rastoin, p. 430).

Il ressort de la suite de la lettre qu'Edith Stein était bien informée des voyages que devait entreprendre l'archiabbé : « Le Très Révérend Père a quelques projets de voyage pour cet été : les 12 et 13 juillet — écoutez et soyez dans l'admiration ! —, il ira à Spire pour les jours de célébration solennelle des 900 ans de la cathédrale[32] ; dans la seconde moitié d'août, le jubilé d'Emmerich[33] en Hongrie et le jubilé de Neuburg[34]. La première moitié d'août est *a priori* libre[35]... »

On ne cesse désormais de demander à Edith Stein de prononcer des conférences ayant la plupart du temps des thèmes spécifiques aux femmes. La question féminine l'avait toujours occupée. En tant qu'étudiante déjà, elle combattit à Breslau pour les droits des femmes. Et en 1919, alors qu'elle envisageait de préparer l'habilitation, elle intervint avec succès en faveur de l'égalité des droits des femmes au sein de l'université. Elle est à présent de nouveau invitée par les mouvements féministes et les associations universitaires catholiques, et elle disserte dans ses conférences sur l'image qu'elle se fait de la femme, sur sa position dans l'Église et dans la société, sur une éducation conçue pour les femmes. La thématique actuelle sur « le sexe et les genres », sur le genre biologique et social, voire culturel, résonne déjà dans les séminaires qu'elle tint de 1932 à 1933 à Münster.

Le 1er septembre, elle fut la seule femme à prononcer une conférence à Salzbourg lors de la session d'automne de « l'Association des universitaires catholiques » et ce, sur le sujet suivant : « L'éthos des professions féminines ». Cette conférence la fait

---

32. Les neuf cents ans de l'érection de la cathédrale de Spire furent fêtés du 6 au 15 juillet 1930, avec de très nombreux offices et messes, des cycles de conférences, des expositions, des processions. La « chronique de Beuron » (1930-1932, p. 2) atteste que l'abbé fit le sermon à Spire le 13 juillet, alors que le même jour, l'évêque auxiliaire de Fribourg, Mgr Burger, vint à Beuron pour ordonner prêtres quelques jeunes bénédictins (qui n'étaient pas de Beuron).
33. La Hongrie célébrait le millénaire de saint Emmerich (1000 env., 1031), fils du roi Stéphane Ier. Dom Walzer n'y a finalement pas participé.
34. La toute récente fondation bénédictine de Neubourg (issue de Beuron) célébrait les huit cents ans de la première fondation de Neubourg ; dom Walzer y passa le 24 août. Le 13 octobre, il commença un voyage prévu de longue date en Terre sainte, selon la chronique de Beuron.
35. E. Stein, *ESGA* 2, Lettre n° 90 (= *Correspondance* I, trad. par C. Rastoin, p. 431).

connaître d'un plus grand public[36]. À la fin de sa conférence, elle raisonne ainsi : « En guise d'appendice, j'aimerais encore soulever la question qui n'a cessé de me venir à l'esprit lorsque je réfléchissais à mon sujet, à savoir : pourquoi a-t-on juxtaposé dans le programme de la session le groupe des « vocations féminines » aux catégories professionnelles objectivement délimitées [...] Pourquoi est-il d'ailleurs si souvent question de la « vocation de la femme », alors que l'on ne parle quasiment jamais de la « vocation de l'homme » ? [...] Si quelqu'un se donnait un jour la peine d'examiner toutes ces questions sérieusement et à fond, je crois que nous pourrions tous lui en être fort reconnaissants [...] Seule la spécificité masculine *et* féminine purement épanouie permet d'atteindre au plus haut degré possible de ressemblance (*Ebenbildlichkeit*) avec Dieu et à la plus forte imprégnation de l'ensemble de la vie terrestre par la vie divine[37]. » Ce qui n'a de prime abord qu'une tonalité féministe débouche aussi au niveau de la théologie sur des idées hautement modernes et pas du tout familières à la plupart des auditeurs d'alors, idées qui n'ont pas à craindre la réflexion à laquelle se livre la théologie féministe de notre époque.

À Salzbourg, sa conférence eut un grand retentissement. À la joie de la reconnaissance succède un surcroît de travail[38] : « Salzbourg a attiré une audience étonnante », écrit-elle le 10 décembre 1930 aux deux bénédictines à Sainte-Lioba, Adelgundis Jaegerschmid[39] et Placida Laubhardt[40]. « Je dois aller ici ou là comme conférencière.

---

36. Les autres conférenciers furent entre autres : le professeur Dr Aloys Mager osb, Beuron, le professeur Dr Engelbert Krebs, Fribourg-en-Brisgau, l'abbé Dr Ildefons Herwegen osb, Maria Laach, le professeur Dr von Hildebrand.
37. E. Stein, *ESGA* 13, p. 29 (= *La Femme*, trad. par M.-D. Richard, p. 85 *sq.*).
38. Entre autres conférences : en octobre à Spire « Sur l'idée de formation » ; en novembre à Bendorf sur « Les fondements de l'éducation féminine » ; en décembre à l'université de Heidelberg sur le thème suivant : « L'intellect et les intellectuels ».
39. Adelgundis (Amalie) Jaegerschmid osb (1895-1996), historienne, disciple de Husserl, membre du « jardin d'enfants philosophique » d'Edith Stein, un cours d'introduction à la phénoménologie à l'université de Fribourg.
40. Placida (Eva) Laubhardt osb (1904-1996) fit la connaissance d'Edith Stein nouvellement convertie à Breslau. Lorsque Edith Stein alla à Spire en 1923, Eva Laubhardt commença une formation au séminaire de la Charité à Fribourg pour la catéchèse et l'aide paroissiale.

Et je retrouve toujours entre-temps mes montagnes de copies. Je prévois de laisser tomber l'enseignement à Pâques (merci de ne pas en souffler mot pour l'instant) ; je ne sais pas encore la suite[41]. J'ai repoussé toute réflexion [à ce sujet][42] jusqu'aux vacances de Noël, pour ne pas gaspiller de temps. Mais il faudra y réfléchir à fond à Beuron[43] et certainement aussi en débattre[44]. C'est pourquoi j'irai en fin de compte[45] là-bas directement à l'aller. Je pense qu'il sera possible de passer par Fribourg au retour. Je vous l'écrirai depuis B[euron][46]. » Dix jours plus tard, elle est à Beuron[47].

L'archiabbé de Beuron a eu lui aussi une année riche en travail, non seulement en raison des voyages évoqués par Edith Stein, mais également par les visites, les sermons, les interventions à la radio, les fêtes jubilaires, les conférences et toutes les tâches lui incombant au sein du monastère.

Pour la fête de la nativité du Christ, pour la fête solennelle, le Père doit être à la maison. Aussi, lorsque Edith Stein narre dans sa lettre du 10 décembre à destination de Sainte-Lioba ce qu'elle vécut à Salzbourg, dom Raphael Walzer est de retour depuis cinq jours déjà de Terre sainte. Le 13 octobre — après s'être rendu début septembre à la conférence des abbés à Prague[48] —, il avait quitté Beuron et célébré sa fête à Montecassino[49]. Il avait poursuivi sa route vers la Sicile, puis était parti de Brindisi pour l'Égypte où il visita Le Caire

---

41. Annotation de l'auteur : en 1931-1932, Edith Stein put vivre de son activité de conférencière.
42. [Ajout de la traductrice du présent volume].
43. [Modification de la traduction de C. Rastoin en raison de la suite de la phrase consistant en une annotation de l'auteur].
44. < Annotation de l'auteur : « et certainement aussi en débattre » >.
45. [Ajout de la traductrice du présent volume pour suivre plus fidèlement le texte allemand].
46. *ESGA* 2, *Lettre* n° 121 (*Correspondance* I, trad. par C. Rastoin, p. 476 *sq.*).
47. En se rendant à Beuron, elle s'arrêta à Fribourg et s'entretint avec le professeur de théologie catholique Engelbert Krebs. Il s'agissait probablement de ses projets d'habilitation.
48. Une carte de salutation adressée à Edith Stein à Spire partit de là-bas le 9 septembre (*ESGA* 2, *Lettre* n° 103).
49. Fête du saint archange Raphaël, jadis le 24 octobre. De nos jours, l'Église célèbre la fête des archanges Michel, Gabriel et Raphaël le 29 septembre.

et Louksor. À Jérusalem, il visita le monastère de Sion et de là se rendit dans les Balkans et à Vienne en passant par Constantinople et Athènes pour être de retour à Beuron le 5 décembre.

Lorsque dans la nuit du 22 au 23 novembre la croix sur le rocher de St Pierre s'était effondrée dans une tempête, l'archiabbé était en voyage et ne vécut qu'indirectement ce qui avait profondément touché et bouleversé les esprits.

Le dimanche de *gaudete*, le 14 décembre, la prise d'habit de quatre novices a lieu dans la salle du chapitre. L'allocution conclusive de l'archiabbé aux novices est retransmise à la radio du Sud de l'Allemagne[50]. Trois ans plus tard, à l'occasion d'une autre cérémonie de prise d'habit, dom Raphael Walzer prononcera une autre allocution qui n'est malheureusement pas conservée. Le moine heureux[51] qui s'agenouilla là-bas devant lui était Edith Stein.

Mais nous sommes encore à Noël 1930. Edith Stein est arrivée à Beuron le 20 décembre et loge de nouveau dans la pension près du pont de bois tenue par la famille Mayer. Avant et après les fêtes, elle doit préparer une conférence qu'elle intitule tout simplement « Le mystère de Noël ». Dans une lettre adressée au père Ludwig Husse, elle écrit le 2 janvier 1931 : « Vous comprendrez cependant que nul thème ne me soit venu à l'esprit en dehors du "mystère de Noël" lui-même [52]? »

## 1931

Dans cette conférence qu'Edith Stein prononce à Ludwigshafen le 13 janvier, après une brève introduction qui, s'apparentant à un

---

50. Cette allocation fut publiée dans le cadre des *Heures de radio beuronoise*, fascicule 1, Beuron, 1911.
51. Edith Stein écrit qu'à Beuron « elle est un moine heureux pendant presque quinze jours » (*ESGA 2, Lettre* n° 198) ou encore, comme elle le dit dans un autre passage, « j'ai pu fêter la Sainte Nuit dans mon cher Beuron presque comme un vrai moine » (*ESGA 4, Lettre* n° 147).
52. E. Stein, *ESGA 2, Lettre* n° 128. — Le coéditeur du présent volume, Frère Jakobus Kaffanke osb, me raconta il y a des années de cela qu'en lisant la première fois « Le mystère de Noël », il avait pensé que ce texte n'avait pu être écrit qu'à Beuron. Ce n'est que plus tard que son hypothèse s'est avérée exacte. Pour les « initiés », en tout cas, « l'atmosphère de Beuron » est reconnaissable dans ce texte.

choral festif, laisse retentir la magie de Noël, de sombres tonalités rappellent la proximité de la Crèche et de la Croix : « Aujourd'hui encore, l'étoile de Bethléem brille dans une nuit profonde[53]. »Nous ignorons où la parole de Jésus, « Suis-moi », dit un autre passage, « veut nous conduire sur cette terre, et nous n'avons pas à le demander avant le temps. » « Tout ce que nous savons, c'est que pour ceux qui aiment le Seigneur toute chose aboutit au bien, et que les chemins tracés par le Seigneur mènent au-delà de cette terre[54]. »« Celui qui appartient au Christ doit vivre toute la vie du Christ. Il doit mûrir jusqu'à atteindre l'âge adulte du Christ, et un jour entamer son chemin de croix, vers Gethsémani et vers le Golgotha[55]. » La spiritualité de la Croix était pour Edith Stein comme pour dom Raphael Walzer la source de la foi. À Spire, peu après son retour des jours de Noël passés à Beuron, Edith Stein écrit le 18 janvier à Callista Brenzing ocist[56] : « J'ai reçu votre gentille lettre alors que j'étais encore dans mon cher Beuron. Mon cœur y est toujours et n'en reviendra que lorsqu'il le faudra vraiment : en général, il attend là-bas que j'y retourne, probablement pour la semaine sainte[57]. »

Dès le 26 mars, le jeudi avant le dimanche des Rameaux, elle arrive à Beuron. Pâques tombe les 6-7 avril. Edith Stein a certainement entendu en direct le sermon du Vendredi saint de dom Raphael Walzer, retransmis à la radio : « Tant que tu peux encore croire que Dieu t'a racheté, qu'Il t'a guidé dans sa lumière merveilleuse, aucune défaite politique de ton peuple ne viendra troubler ton bonheur spirituel intérieur, tu ne gaspilleras pas tes forces et tes talents en te battant pour un idéal national qui ne sera jamais possible ou seulement aux frais de la paix et aux frais de l'amour chrétien. Ne te laisse pas départir de cette attitude catholique et chrétienne, la seule qui permette de rester fidèle [...] il apparaîtra un jour que tu auras

---

53. T. Benedicta a Cruce, « Le mystère de Noël », voir infra p. 109.
54. *Idem, ibidem*, voir infra p. 109.
55. *Idem, ibidem*.
56. Cistercienne à l'abbaye Seligenthal à Landhut.
57. Edith Stein, *ESGA* 2, *Lettre* n° 134. — Le 8 avril, elle prononce une conférence à Munich à la session de Pâques des « Jeunes enseignantes bavaroises catholiques » sur le thème suivant : « La destination de la femme ».

eu raison d'avoir dirigé ton regard par-delà les étroites frontières de ta patrie vers la Croix de Golgotha et vers le royaume du monde de Jésus-Christ et vers Celui qui est le guide commun et le maître de tous les peuples et de toutes les races, le père de toute la chrétienté... Ah vous pauvres parmi les plus pauvres, vous pères et mères, qui ne savez pas si vous aurez demain de quoi manger, et vous tous qui avez certes le nécessaire et encore davantage, mais qui partagez sincèrement la détresse des larges couches de la société, qui sentez la pression quotidienne dans l'honnête vie des affaires, la pression cauchemardesque de la crise économique actuelle sévissant de toutes parts, venez sous la Croix du Christ ! Ici se trouve le Seigneur du monde[58]... » — Il était courageux l'archiabbé beuronois. Non pas à partir de 1933 seulement, comme le supposèrent les larges cercles publics quand, en 2003, l'on fit connaître en même temps que la lettre d'Edith Stein adressée au pape le contenu de la missive de dom Raphael Walzer, qui y était jointe.

Après les jours pascals, Edith Stein se rend à Breslau en passant par Ulm, Munich et Dresde[59]. L'année qui suit est chargée en conférences. Le 750ᵉ anniversaire de la mort de sainte Elisabeth de Thuringe est l'occasion pour d'autres communications. Elle tient l'une d'elles à Vienne le 30 mai : « Elisabeth de Thuringe. Nature et surnature dans la formation d'une figure sainte ». L'écho de la presse dans le *Wiener Reichspost* : « Mlle Dr Edith Stein (Spire) prononça des paroles aux pensées profondes et parfaites quant à la forme sur sainte Elisabeth... L'oratrice dont les conférences remarquables avaient déjà fait sensation lors de la session des universitaires catholiques à Salzbourg développa son sujet devant un public qui l'écouta avec une attention soutenue[60]. » Une autre communication à Zurich : « L'organisation de la vie dans l'esprit de sainte Elisabeth[61]. » En octobre, elle prononce des conférences dans quinze villes en Rhénanie et dans la région de la Ruhr.

---

58. Dom Raphael Walzer, *Les heures de radio de Beuron* 2, p. 5 *sqq*.
59. *ESGA* 2, n° 147.
60. A. U. Müller / M. A. Neyer, p. 203.
61. Cette conférence put encore être imprimée en 1931 dans le *Bulletin bénédictin mensuel*. Elle se trouve dans ce volume, pp. 64 *sqq*.

Même pour une universitaire aussi disciplinée et assidue qu'Edith Stein, il y a des limites. Pour la nouvelle année scolaire à Pâques 1931, elle quitte son poste d'enseignement à Spire. Car outre son activité de conférencière, elle travaille à son important travail « puissance et acte », avec lequel elle veut passer son habilitation. Les séjours à Breslau servent cette année à se consacrer totalement à ce travail. Les tentatives pour passer l'habilitation à Fribourg échouent cependant : « Honecker[62] s'est donné beaucoup de mal, quoi qu'il ne me connaisse pas du tout. Il s'est efforcé — en vain ! — d'obtenir pour moi une bourse du ministère comme maître de conférences, a passé des heures à délibérer avec Husserl et moi. Comme les personnes sans aucun revenu et âgées ne seront plus admises par la Faculté, il m'a finalement conseillé de ne pas postuler pour m'épargner un refus. Heidegger s'est montré tout à fait amical quand il m'a présenté l'affaire comme vouée à l'échec[63]... »

Dans un premier temps elle continue à travailler à ses très prenantes traductions de Thomas, qui avaient déjà trouvé un éditeur chez Otto Borgmeyer à Breslau[64].

« Plus c'est bruyant dans le monde à l'époque des décrets-lois », c'est en ces termes que le chroniqueur beuronois commence son rapport à la mi-année 1931, « plus nous nous efforçons de déambuler silencieusement à travers les couloirs du monastère, pour faire descendre par la prière et par la fidélité envers le devoir à remplir la miséricorde divine sur les chômeurs, sur les personnes emplies d'amertume et sur les personnes désespérées dont le directeur de la charité, à Fribourg, nous décrivait occasionnellement de manière saisissante les états d'âme. De tout cœur avec ces plus pauvres, nous acceptons volontiers des restrictions pour pouvoir donner davantage. Et de la sorte, l'Enfant Jésus pouvait également apporter de nos jours une salutation de notre part à de nombreuses familles. À notre porte augmente de semaine en semaine l'activité caritative, étant donné

---

62. Martin Honecker, professeur de théologie chrétienne à Fribourg-en-Brisgau.
63. E. Stein, *ESGA* 4, *Lettre* n° 152 (*Correspondance* I, trad. par C. Rastoin, p. 564)
64. Voir *ESGA* 4, *Lettre* n° 147. Les deux volumes de la traduction de Thomas parurent en 1931 et en 1932 chez l'éditeur Otto Borgmeyer à Breslau. « Investigations de saint Thomas d'Aquin sur la vérité » (*Quaestiones disputatae de veritate*).

que ce ne sont plus seulement des compagnons et des chômeurs de passage, qui demandent de la nourriture, des vêtements et tout autre soutien, mais que c'est aussi la détresse — près de nous et plus lointaine — qui frappe à notre porte. Des mères viennent avec leurs enfants, des personnes qui n'auraient peut-être jamais eu besoin de mendier dans leur vie sont poussées par la faim à venir demander l'aumône… »

Tandis que le peuple criait famine, Hitler obtint le soutien du NSDAP grâce aux grands industriels allemands. La puissance nécessite de l'argent. L'argent se lie au pouvoir. Le chômage continue à s'accroître. Le style du gouvernement formé par Brüning est imprégné des décrets-lois. Le navire tangue dans la tempête. Il menace déjà de sombrer.

C'est à cette époque qu'au-dessus de Rio de Janeiro, sur la montagne Corcorada, est hissée une statue du Christ de trente mètres de haut. Et la croix de Beuron, qui s'était effondrée l'année précédente, est de nouveau dressée : « La croix couronne à présent de manière majestueuse le rocher et la vallée[65]… » L'abbé beuronois parle de nouveau, et en des termes que chacun pouvait comprendre : « Une tempête européenne a renversé de son trône la vieille croix […] une nouvelle tempête européenne secoue les fondements de la religion, de la morale et de la civilisation. Pour résister à cette tempête, une nouvelle croix doit être hissée sur le rocher de Pierre […] C'est à la lumière de cette sainte croix que nous trouvons en effet aussi la solution de la brûlante question sociale, d'une manière tout autre que celui qui a osé écrire sérieusement, en janvier de cette année, que l'État devait veiller à ce que […] toutes les personnes faibles et maladives devaient être éliminées de la société et devaient périr […] Ceci au nom d'un parti de notre pays qui veut être pris au sérieux. Cela dans l'année 1931 !Toi (sainte croix) […] tu te tais comme Dieu lui-même face à ces méfaits. Mais aie aussi pitié de ceux-ci, afin qu'ils reconnaissent que c'est uniquement sous ton signe que le salut et la victoire sont possibles[66]. » On croit

---

65. *Chronik*, 2ᵉ semestre, 1930, p. 7.
66. Allocution de Raphael Walzer pour l'inauguration de la nouvelle croix sur le rocher

entendre l'évêque munsterois von Galen. Peu osaient alors prendre si ouvertement position quant aux idées d'euthanasie qui étaient susceptibles de devenir l'objet des « conversations de salon ». *Stat Crux dum volvitur orbis*[67] !

Edith Stein passe les derniers jours de l'Avent au couvent Sainte-Lioba à Fribourg. Mais pour la fête de Noël, pour la *Plenitudo*[68], elle est de nouveau à Beuron : « Dans deux jours, c'est la Sainte Nuit, et je peux la fêter dans mon cher Beuron presque comme un vrai moine[69]. »

## 1932

Au début de l'année, un déménagement est au programme. Edith Stein prend ses fonctions de maître de conférences le 29 février à Münster. Quelques jours plus tard, elle écrit à Roman Ingarden : « ... depuis le 1er mars, j'appartiens à l'Institut allemand de pédagogie scientifique (l'office central catholique pour toute l'Allemagne) et je dois me mettre à ce qui a été publié en psychologie et en pédagogie, dont je me suis très peu occupée depuis près de vingt ans. Au s[emestre] d'é[té] je dois donner des cours sur les problèmes de l'éducation des jeunes filles d'aujourd'hui, et peut-être encore un cours sur la synthèse des disciplines philosophiques dans l'éducation et la formation[70] ... »

Le 20 mars (le jour des Rameaux), elle est de nouveau à Beuron. Elle veut de nouveau passer la Semaine sainte et Pâques dans « l'antichambre du Ciel » : « Évidemment, je me suis posé moi aussi la question de savoir s'il était raisonnable que j'y aille si souvent.

---

de St Pierre le 28 juin 1931, dans : *Les heures de radio de Beuron*, 2 fascicules, Beuron, 1931, pp. 21 *sqq*.

67. « La Croix demeure tandis que le monde tourne. » — *Chronik*, 2e semestre, 1931, Allocution de dom Raphael Walzer pour l'inauguration de la nouvelle Croix sur le rocher de St Pierre le 28 juin 1931.
68. E. Stein, *ESGA* 2, *Lettre* n° 183, (« De la plénitude »). — Allusion à la « plénitude des temps » qui est la venue du Messie, annoncée la nuit de Noël.
69. *Idem, ibidem* 4, *Lettre* n° 147.
70. *Id., ibid.* 4, *Lettre* n° 153 (= *Correspondance* I, trad. par C. Rastoin, p. 573). — Durant le semestre d'hiver 1932-1933, son cours magistral porta sur « l'anthropologie philosophique ».

Mais finalement, on doit octroyer à la vie intérieure la nourriture dont elle a besoin, part[iculièrement] quand on doit aussi, à d'autres moments, beaucoup donner à l'extérieur[71]... » Elle est en route pour aller faire des interventions à la radio bavaroise à Munich[72] : « La radio bavaroise m'a permis de faire le voyage à travers toute l'Allemagne, ce qui m'a permis d'être encore une fois presque deux semaines durant un moine heureux[73]. »

« Lors des élections du président du Reich en avril, Hindenburg fut certes élu pour la seconde fois président du Reich. Mais Hitler, qui s'était présenté comme "la parole rédemptrice" qui donnerait à l'Allemagne l'honneur, la liberté et le pain, obtint avec 36,8 % des voix plus qu'un succès inspirant le respect. Encouragé par les votes, la terreur exercée dans les rues par les SA eut un nouveau moteur[74]. »

Les « faiseurs de bonheur du peuple », qui, sans croix ni soleil pascal, promettaient un avenir meilleur[75], rencontraient des suffrages. Et la vie continuait. Le jour de la fête du Sacré-Cœur, Dr Eugen Bolz[76] tint à Beuron une conférence ayant pour thème « la situation politique de l'Allemagne ». L'amitié avec Eugen Bolz, qui avait refusé à Hitler le 15 février 1933, six semaines, par conséquent, avant la prise du pouvoir, la cour du château à Stuttgart comme tribune de campagne électorale, avait, en outre, aiguisé le sens politique de dom Raphael Walzer.

Martin Heidegger parle lui aussi ces jours-là à Beuron. Lui qui est né et a grandi dans la ville proche, à Meßkirch, connaissait Beuron depuis son enfance. C'est précisément « de l'essence de la vérité[77] »

---

71. Id. ibid., 2, Lettre n° 191 (= Correspondance I, trad. par C. Rastoin, p. 576).
72. « L'heure de la femme », conférence à la radio le 1er avril 1932.
73. E. Stein, ESGA 2, Lettre n° 198.
74. A.U. Müller / M.A. Neyer, p. 207.
75. Dom Raphael Walzer, Les heures de radio de Beuron, 2, p. 6.
76. Eugen Bolz (1881-1945), président du Württemberg de 1928 à 1933, reçut le sacrement du mariage à Beuron en présence de dom Raphael Walzer. Il fut exécuté à Berlin-Plötzensee le 23 janvier 1945.
77. Le titre complet de la conférence était le suivant : « De l'essence de la vérité. Interprétation du mythe de la caverne dans la République de Platon, Livre VII. — Durant son cours magistral sur Platon à Fribourg en 1931-1932, Heidegger s'était

qu'il parle, un an avant de commencer sa célèbre carrière en tant que recteur de l'université de Fribourg[78]. « L'essence de la vérité est la liberté », expliquera-t-il aux moines dans sa conférence.

Le 21 mai c'est un autre natif de MeBkirch qui deviendra l'archiévêque de Fribourg. L'archiabbé beuronois part pour l'intronisation de Conrad Gröbers le 20 juin dans la ville épiscopale qui, douze ans plus tard, le 27 novembre 1944, sera complètement détruite. Seule la cathédrale avec le « plus beau clocher de la chrétienté » restera intacte comme par miracle au milieu des ruines.

Avec les visitations, les sermons, les visites et les interventions, l'année à la fin de laquelle l'archiabbé beuronois fêtera ses 25 ans de vœux[79] est bien remplie. Edith Stein n'est pas à Beuron ce jour-là. Elle passe les fêtes de Noël chez les ursulines à Dorsten[80] en Westphalie.

Avant cela, elle avait été invitée personnellement en tant que la seule femme à la session de la « Société thomiste » à Juvisy près de Paris, qui eut lieu en septembre avec pour thème « la phénoménologie et son rapport au thomisme ». Un thème comme fait pour Edith Stein qui avait de nouveau travaillé durant les vacances d'été à sa traduction de Thomas. Dans les comptes rendus de la session, les interventions d'Edith Stein pendant les discussions qu'elle put mener dans un français courant, sont conservées[81].

Dans l'année 1932, le nombre des chômeurs était passé à six millions. Hindenburg est certes de nouveau élu en avril au second tour en tant que président du Reich, mais Adolf Hitler avait pu réunir dès le premier tour 37% des voix. Brüning démissionne. Franz von Papen devient le chancelier du Reich. Dans un Reich étatique, il dissout le gouvernement prussien par « un décret-loi ». Des élections

---

longuement penché sur le mythe de la caverne dans la *République*.
78. Martin Heidegger est élu en avril 1933 presque à l'unanimité recteur de l'université de Fribourg-en-Brisgau. Parmi les 93 professeurs, 13, il est vrai, avaient été exclus parce que Juifs. 24 autres n'ont pas voté.
79. Le 27 décembre 1932.
80. Voir *ESGA 2, Lettre* n° 234.
81. Voir A.U. Müller / M.A. Neyer, p. 213. — Dans l'annuaire Edith Stein de 2005 et de 2006, sœur Amata Neyer ocd présente une reconstitution précise du voyage au moyen des pense-bêtes d'Edith Stein, qui furent retrouvés.

anticipées pour le Reichstag font du NSDAP le 31 juillet le parti le plus puissant. Hermann Göring est élu président du Reichstag. Il se produit un éclat entre lui et von Papen. Nouvelle dissolution du Reichstag. Nouvelles élections du Reichstag. Le 6 novembre, le NSDAP est confirmé comme le parti le plus puissant. Après la démission du gouvernement de von Papen, Hindenburg charge le général Kurt von Schleicher de la formation du gouvernement. Les négociations avec Hitler relatives à celle-ci avaient échoué. « C'est l'une des bizarreries de cette année effroyable que l'Allemagne, avant de finir par se jeter dans les bras du grand démagogue allemand, essaya encore une fois rapidement et en vain une série de formes de gouvernements du passé — c'était la démocratie catholique conservatrice et le rapport de fidélité entre le roi et le chancelier. Von Papen — c'était un recours à la vieille Prusse moyenne — mécontente avec un peu de « révolution conservatrice ». Schleicher voulait être à présent l'officier démocratique... Mais Schleicher n'était pas un homme fort[82]... »

« Soucieux, nous franchîmes l'an dernier le seuil de la nouvelle année, nous entrons pareillement aujourd'hui aussi dans la nouvelle année, car le ciel politique ne s'est pas encore éclairci, mais plutôt davantage assombri[83] ... », écrit le chroniqueur beuronois.

## 1933

« Tonitruant, impérieux résonne le pas de la nouvelle époque, y compris dans notre solitude monastique. Cependant, alors qu'à l'extérieur se déroulaient la "révolution nationale" et "l'évolution", nous vivions fidèles à la parole de l'Apôtre (Phil 20) : "Mais notre politique est au Ciel." Non pas comme si nous faisions passivement face aux nouveaux événements dans notre patrie. Le 1er mai, le "jour du travail national" nous trouva aussi unis avec la paroisse politique pour prier, lors de la grand-messe et devant le Saint-Sacrement exposé, le Conducteur et le Juge des destinées humaines qu'Il

---

82. G. Mann, p. 104.
83. *Chronik*, 2e semestre, p. 11 *sq*.

donne aux dirigeants de notre pays ce qui sert au Bien et au salut de notre peuple et du monde entier. Sachant bien que ce n'est pas la "grande politique" mais l'*opus divinum* — la louange de Dieu, qui est notre principal devoir et qui doit l'être plus que jamais à notre époque tumultueuse, nous pûmes complètement satisfaire lors de la dernière demi-année, malgré les vagues montantes, à nos devoirs monastiques dans la quiétude et sans être importunés[84]. »

« Le 30 janvier, Hitler prit le pouvoir. Dès le 1er février, le Reichstag fut de nouveau dissous du fait que les partis de droite se promettaient d'obtenir la majorité absolue par une nouvelle élection. Jusqu'au jour de l'élection, le 5 mars, il leur resta du temps pour user à leurs fins de leur avance quant à leur force politique. La première phase de la mise en place de la dictature commença : un décret du 4 février autorisa des limitations rigoureuses de la liberté de la presse et d'opinion. Des interdictions de journaux et de réunion s'ensuivirent. Les troupes de casseurs des SA et du casque d'acier reçurent un brassard blanc avec l'inscription : "police auxiliaire". Le 26 février, le bâtiment du Reichstag brûla, le lendemain les premiers décrets-lois "pour la protection du peuple et de l'État" furent promulgués : il y eut des poursuites policières notamment à l'encontre des communistes. Une vague d'emprisonnement s'ensuivit, les premiers camps de concentration furent construits. Les élections donnèrent de justesse une majorité absolue pour le NSDAP et pour le DNVP. La deuxième phase de mise en place de la dictature fut rapidement mise en place : le 24 mars, "la loi d'habilitation" est abolie avec les voix du parti du centre catholique, loi qui, selon la constitution de Weimar, ne pouvait être appliquée que dans des cas d'urgence, et ce, pour un temps limité. Sous Hitler, elle fut appliquée en permanence. Le 1er avril, des postes étatiques font la première tentative de boycott des commerçants et des actifs en profession libérale tels que les médecins et les avocats juifs. Ce sont surtout les membres des SA, en uniforme ou même en habit civil, qui y participent. Des étoiles des Juifs sont peintes sur les magasins, leurs propriétaires et les

---

84. *Chronik*, 1er semestre, p. 1.

clients de ces derniers sont menacés. L'entreprise Stein à Breslau est elle aussi touchée par le boycott. Le 5 avril, Edith Stein écrit à Hedwig Conrad-Martius : « Pour notre commerce familial, cela ne fait malheureusement depuis longtemps plus grande différence s'il est ouvert ou non[85]. » C'est à ce moment-là qu'Edith Stein prend la décision de demander une audience privée près du Saint-Siège. Certes, elle ne voulait pas faire ce pas sans prendre l'avis de dom Raphael Walzer. Elle part donc à Beuron le 7 avril[86]. »

C'est pareillement le 7 avril que l'archiabbé beuronois rentre d'un voyage de trois mois, qui l'avait conduit au Japon en vue d'une nouvelle fondation.

Le 8 janvier, il avait quitté Beuron, avait pris le bateau à Trieste, était parti de là jusqu'à Kobe en passant par Bombay, Dehli, Columbo, Sumatra, Singapour, Hongkong, Formose, avait passé le mercredi des Cendres à Kyoto, s'était rendu en Corée pour la fête de S$^t$ Benoît le 17 mars[87] ; de là, il avait entrepris le voyage du retour en passant par Mugden dans la Mandchourie alors japonaise et, après un voyage en train de dix jours à travers la Russie, était arrivé à Berlin le 5 avril où il fit une intervention au ministère de l'Extérieur. Le 7 avril, le cellérier de la maison vint le chercher avec la voiture à Offenburg. « Aussitôt après, dom Raphael Walzer célébrait à l'autel des grâces. La cérémonie du II$^e$ ordre[88] fut célébrée en remerciement pour le voyage qui avait pris fin de manière heureuse, et, à la fin de la cérémonie, on chanta le Te Deum… Le père archiabbé dit qu'il s'était réjoui de pouvoir fêter cette Pâques-là précisément avec nous et l'avait ardemment souhaité, qu'il se réjouissait de ce que, malgré les grands bouleversements survenus dans notre patrie, l'édification interne de notre monastère ait continué à prospérer tranquillement et solidement ; qu'il avait laissé une partie de son cœur au Japon, surtout à Susomo[89] où le plus beau monastère de notre congrégation

---

85. E. Stein, *ESGA* 2, n° 250 (= *Correspondance* I, trad. par C. Rastoin, p. 676).
86. A. U. Müller / M.A. Neyer, pp. 214 *sqq*.
87. De nos jours c'est le 21 mars.
88. Il s'agit d'un rang liturgique.
89. Lieu de fondation initialement prévu. Le monastère Tonogaoka fut en fait édifié en 1935 près de Chigasaki, à 60 km au sud de Tokyo.

*L'archiabbé dom Raphael Walzer avec des enfants japonais lors d'une visite au Japon début 1933*

pourrait être édifié un jour ; qu'il lui faudrait bientôt se rendre à Rome pour faire un rapport au Saint-Père sur les perspectives de fondation… Le 24 avril, le père archiabbé se rendit à Rome d'où il revint dès le 29 avril[90]… »

Dans ses souvenirs autobiographiques, Edith Stein relate ceci : « Le jeudi saint, je partis pour Beuron. Chaque année depuis 1928, j'y avais participé aux célébrations de la semaine sainte et de Pâques et j'y passais mon temps de retraite en silence. Cette fois-ci, j'y allais en outre avec une préoccupation particulière. Je n'avais pas cessé au cours des dernières semaines de penser et repenser à la question juive. J'avais finalement arrêté le projet de me rendre à Rome et de demander au Saint-Père, lors d'une audience privée, une encyclique à ce sujet. Mais je ne voulais pas accomplir une telle démarche de ma seule autorité […] Depuis que j'avais trouvé à Beuron une sorte de patrie monastique, il m'était permis de considérer le père abbé dom Raphael Walzer comme "mon abbé" et de lui soumettre toutes les décisions importantes que j'avais à prendre. Mais je n'étais à vrai dire pas sûre de le trouver. Il avait entrepris début janvier un voyage au Japon. Mais je savais qu'il ferait tout pour être de retour pour la semaine sainte[91]… »

« Je continuai mon voyage vers Beuron le lendemain matin. En changeant de train le soir à Immendingen, je me retrouvai avec le père Aloys Mager[92]. Nous avons fait ensemble la dernière partie du trajet. Peu après m'avoir saluée, il m'annonça comme la grande nouvelle à Beuron : « "Le père abbé est rentré ce matin sain et sauf du Japon." De ce côté aussi, tout allait donc bien[93]. »

« Renseignements pris sur Rome, je sus que je ne pouvais en aucun cas escompter une audience privée en raison de la grande affluence.

---

90. *Chronik*, 1ᵉʳ semestre 1933, p. 3.
91. « Comment je suis venue au carmel de Cologne, dans : *Vie d'une famille juive*, trad. par C. et J. Rastoin, p. 491 *sq.*).
92. Aloys Mager (1883-1946) était un moine beuronois, professeur de mystique et d'ascétique à la faculté de théologie de Salzbourg, cofondateur des semaines universitaires de Salzbourg.
93. E. Stein, *ESGA* 1, p. 347 *sq.* (= « Comment je suis venue au carmel de Cologne, dans : *Vie d'une famille juive*, trad. par C. et J. Rastoin, p. 492).

On pouvait seulement m'aider à obtenir une "petite audience" (c'est-à-dire en petit groupe). Cela ne faisait pas mon affaire. Je renonçai donc à faire le voyage et présentai ma requête par écrit[94]. »

Dom Raphael Walzer et Edith Stein paraîtront une seule fois ensemble sur la scène de l'histoire mondiale, quoique dans la clandestinité de rigueur dans les régimes fascistes quand des personnes prennent la parole pour critiquer le système. Soixante-dix ans plus tard (2003), cette « entrée en scène » sera rendue publique et médiatisée selon les règles habituelles par l'art journalistique habituel. Eugène Pacelli, le futur pape Pie XII, fort blâmé en raison de son hésitation quant à son intervention dans la question juive, y jouera un rôle.

Jusqu'à la publication des lettres d'Edith Stein au pape d'alors, Pie XI, et de la lettre d'accompagnement de dom Raphael Walzer en 2003, on était parti de l'idée qu'Edith Stein avait prié dom Raphael Walzer de remettre personnellement sa lettre au Saint-Père. Cette lecture des événements dut être rectifiée, étant donné que la réponse du cardinal à la secrétairie d'État, Eugenio Pacelli[95], dans laquelle la réception de la lettre d'Edith Stein est confirmée, est datée du 20 avril 1933 déjà, alors que dom Raphael Walzer, comme la citation du chroniqueur le montre, n'est parti que le 24 avril pour Rome. Il est probable que l'archiabbé a envoyé par une voie sûre la lettre scellée d'Edith Stein en même temps que sa propre missive du 12 avril.

Dès cette époque, il était très dangereux de porter sur soi un écrit critiquant le système :

Lettre de l'archiabbé beuronois Dr dom Raphael Walzer au cardinal à la secrétairie d'État Eugenio Pacelli du 12 avril 1933[96] :
« Prince éminentissime !

---

94. *Idem, ibidem*, p. 348 (= Correspondance I, trad. par C. Rastoin, pp. 677- 678 ; « Comment je suis venue au carmel de Cologne », dans : Vie d'une famille juive, trad. par C. et J. Rastoin, p. 493).
95. Les trois documents, la lettre d'Edith Stein, la lettre d'accompagnement de dom Raphael Walzer et la réponse d'Eugenio Pacelli sont imprimés dans ce volume comme fac-similé : « Ceux qui se taisent sont également responsables », pp. 230-233.
96. Traduction du latin par C. Rastoin.

Une requérante m'a demandé très instamment de transmettre la lettre ci-jointe, qu'elle m'a remise scellée, à Sa Sainteté. La requérante est connue de moi et de toute l'Allemagne (par plusieurs ouvrages scientifiques) comme une femme qui est très remarquable par sa foi, la sainteté de ses mœurs et sa connaissance de la pensée catholique.

Profitant de cette heureuse occasion, je salue très humblement Votre Éminence révérendissime, et je vous demande dans le même temps de venir à notre aide avec force en ces jours si sombres. En effet, si je ne me trompe, ou si entre-temps des hommes mesurés et prudents n'interviennent pas, notre patrie et donc aussi notre sainte Église en Allemagne se trouvent dans une situation très critique. Et le danger présent me semble d'autant plus redoutable que tant d'hommes sont trompés par des paroles et des actes fallacieux. Mon unique espoir terrestre est le Saint-Siège apostolique.

De notre côté, nous ne cessons de prier et de supplier, et d' « attendre en silence le salut de Dieu [97] ».

Sollicitant très humblement votre bénédiction et baisant la pourpre sacrée,

Je suis de votre Éminence l'indigne serviteur,

†Raphael osb[98]

## Lettre d'Edith Stein au pape Pie XI en date d'avril 1933

**Saint-Père !**

Comme fille du peuple juif, qui suis depuis onze ans, par la grâce de Dieu, fille de l'Église catholique, j'ose exprimer devant le Père de la chrétienté ce qui accable des millions d'Allemands.

Depuis des semaines, nous voyons en Allemagne se produire des agissements qui témoignent d'un total mépris de toute justice et de toute humanité, sans parler de l'amour du prochain. Des années durant, les chefs du national-socialisme ont prêché la haine des Juifs.

---

97. *Praestolari in silentio salutare Dei* (Lm 3, 20), thème du sermon de dom Raphael Walzer le Vendredi saint 1930.
98. *Correspondance* I, trad. C. Rastoin, pp. 679-680.

Après qu'ils ont pris en main le pouvoir et armé leurs partisans, parmi lesquels se trouvent des criminels notoires, cette semence de haine a levé. Le gouvernement n'a reconnu que très récemment que des excès se sont produits. Nous ne pouvons nous faire une juste idée de leur importance, tant l'opinion publique est bâillonnée. Mais à en juger par ce dont j'ai connaissance à travers mes contacts personnels, il ne s'agit en aucun cas de faits isolés. Sous la pression des voix qui s'expriment à l'étranger, le gouvernement est passé à des méthodes « plus douces ». Il a fait passer le mot d'ordre de ne toucher à aucun cheveu des Juifs. Mais, en ayant organisé le boycottage (des magasins et institutions juifs), qui ôte aux personnes leur condition économique, leur honneur de citoyen et leur patrie, il en pousse beaucoup au désespoir : ces dernières semaines, cinq cas de suicide causés par ces mesures hostiles ont été portés à ma connaissance par des personnes de mon entourage. Je suis convaincue qu'il s'agit d'un phénomène général qui va faire encore beaucoup d'autres victimes. On peut regretter que ces malheureux n'aient pas en eux la force intérieure pour porter leur destin. Mais la responsabilité pèse pour une grande part sur ceux qui les ont acculés jusque-là. Et elle retombe aussi sur ceux qui se taisent[99]. »

Sur la réaction décevante du pape à sa lettre[100], Edith Stein écrit elle-même : « Je sais que ma lettre a été remise scellée au Saint-Père ; j'ai reçu au bout de quelque temps sa bénédiction pour moi et pour les miens. Rien d'autre ne s'ensuivit. Plus tard, je me suis pourtant souvent demandé si cette lettre ne lui était pas quelquefois revenue à l'esprit. Ce que je prédisais alors sur l'avenir des catholiques en Allemagne s'est en effet réalisé point par point dans les années qui suivirent.

« Avant de repartir, je demandai au père abbé ce que je devrais faire lorsque je serai contrainte d'abandonner mon activité à Münster. Il était pour lui inconcevable que cela pût se produire. Au cours de mon voyage vers Münster, je lus dans un journal un article sur

---

99. *Correspondance* I, trad., C. Rastoin, p. 680 *sq.*
100. — Sur toute la thématique de cette lettre et de son histoire, voir *infra*, pp. 141-142.

un grand congrès national-socialiste d'enseignants, auquel les associations confessionnelles avaient été obligées de prendre part. Il m'apparut clairement qu'en matière d'éducation moins qu'ailleurs on ne tolérerait d'influences qui soient opposées à la tendance dominante[101]. »

De retour à Münster, celui qui réglait les affaires courantes de l'Institut lui conseille d'arrêter de donner ses cours pendant l'été et de se consacrer à son travail scientifique. « Si cela ne va plus ici, dis-je, il n'y a plus la moindre possibilité pour moi en Allemagne[102]. »

« Environ dix jours après mon retour de Beuron, j'eus la pensée suivante : n'était-il pas temps enfin d'entrer au Carmel ? Le Carmel était mon but depuis près de douze ans [...] L'attente avait fini par devenir très pénible. J'étais devenue une étrangère dans le monde. Avant d'entrer en fonction à Münster, après le premier semestre, j'avais instamment demandé la permission d'entrer au Carmel. On me l'avait refusé en mettant en avant ma mère, ainsi que l'influence de l'activité que j'exerçais dans le monde catholique depuis quelques années. Je m'étais inclinée. Mais les obstacles avaient maintenant disparu. Mon activité avait pris fin. Et ma mère ne préférerait-elle pas me savoir dans un monastère en Allemagne plutôt que dans une école en Amérique du Sud ? »

« Le soir même j'écrivis au père abbé. Mais il était à Rome et je ne voulais pas que ma lettre ait à passer la frontière. Elle dut attendre sur mon bureau jusqu'à ce que je puisse la faire partir vers Beuron. À la mi-mai, j'avais enfin la permission d'entreprendre les premières démarches préparatoires[103]. »

« Quand des amis partent pour toujours, ils pensent encore au plus intime de leur être à ce qui les unit même au loin et les aide à surmonter toute séparation[104]. »

---

101. Edith Stein, *ESGA* 1, p. 350 *sq.* (= *Vie d'une famille juive*, trad. par C. et J. Rastoin, p. 493).
102. *Idem, ibidem* (= *Vie d'une famille juive*, trad. par C. et J. Rastoin, p. 494).
103. *Id., ibid.* (= *Vie d'une famille juive*, trad. par C. et J. Rastoin, p. 495).
104. C'est en ces termes que dom R. Walzer amorce une exégèse des paroles d'adieu de Jésus. — Voir dom R. Walzer, *Jüngerschaft*, p. 21, Beuron, 1937.

Le carmel de Cologne pria le père abbé beuronois de prendre position en tant que l'accompagnateur spirituel de la philosophe postulante. Dom Raphael Walzer répond : « Sur la postulante en question je peux assurément vous faire un rapport propre à vous éclairer. Son talent intellectuel extraordinaire ne fait pas de doute. On en est persuadé dans de larges cercles en Allemagne [...] Les seules difficultés qui rendent son entrée au Carmel difficile sont les égards pour sa mère et sa position dans la vie publique catholique. Je ne voudrais pas assumer la responsabilité de faire perdre à l'Église « combattante » ce bras précieux [...] Le Carmel était depuis longtemps son idéal, et je ne me suis jamais efforcé de la persuader d'un autre idéal lorsque l'idée d'entrée au couvent devint brûlante. Jusqu'à peu j'étais, il est vrai, contre son entrée au couvent en raison de sa vocation à la vie active[105]... »

Avant d'entrer au carmel de Cologne, Edith Stein se rend à Breslau pour faire ses adieux à sa famille, surtout à sa mère Augusta Stein[106]. Pour demander à son accompagnateur spirituel de la conseiller et de lui donner sa bénédiction pour ce devoir difficile, Edith Stein prie manifestement dom Raphael Walzer de lui accorder un entretien. La réponse de ce dernier en date du 3 août 1933 est conservée[107] : « L'archiabbé beuronois a à faire à Trieste et prie Edith Stein, étant donné qu'il est pressé, "de venir ici". Le 14 août, elle quitte enfin Maria Laach pour se rendre à Breslau. Rétrospectivement elle écrit sur ces jours douloureux : "J'ai souvent pensé ces semaines-là : qui de nous deux s'effondrera, ma mère ou moi ? Mais nous tînmes bon toutes les deux jusqu'au dernier jour"[108]. »

Le 14 octobre, le jour de la fête de sainte Thérèse d'Avila, Edith Stein entre au carmel de Cologne. Une demi-année plus tard a lieu la solennelle prise d'habit. Dom Raphael Walzer fit l'homélie festive que l'on ne put retrouver jusqu'ici. Quelques passages de l'allocution

---

105. E. Stein, *Wie ich in den Kölner Karmel kam*, p. 33 (– Comment je suis venue au carmel de Cologne », trad. par C. et J. Rastoin, p. 495).
106. Augusta Stein, née Courant (1849-1936) était issue d'une famille de commerçants de Lublin en Haute-Silésie.
107. E. Stein, *ESGA 2*, Lettre n° 269.
108. *Idem, ibidem 1*, Lettre n° 360.

à l'occasion de la prise d'habit des novices beuronois de décembre 1930[109] pourraient avoir été exprimés en ces termes et dans les mêmes termes aussi maintenant, ce 15 avril 1934, dans l'église du carmel de Cologne, lorsque Edith Stein reçut le nom dans l'ordre de Thérèse Bénédicte de la Croix. Ils focalisent la Croix et la souffrance comme le bonheur le plus profond de la foi : « Ah ! tant de tristesse est dans le monde et parfois aussi dans les âmes pieuses parce que le mystère de la souffrance n'est pas compris, parce que beaucoup croient que la vie ne consiste qu'à éviter soigneusement tout ce qui est désagréable et douloureux. Ô que non, c'est dans la foi et dans l'amour profond de la souffrance que se trouve le bonheur profond. Je sais que cette foi et que cet amour vivent déjà dans leurs jeunes cœurs. C'est pourquoi réjouissez-vous et soyez dans l'allégresse, car votre salaire est grand dans les Cieux[110]. »

« Lorsque je pus la voir toute seule après les festivités liées à la prise d'habit et lui parler — ce fut la dernière fois —, écrit dom Raphael Walzer rétrospectivement en 1945, « je la priai de répondre de manière tout à fait précise et sans diplomatie à la question de savoir comment elle s'était acclimatée dans sa communauté de sœurs et sous la conduite spirituelle. Elle me confirma ce à quoi je m'étais attendu : ainsi, elle répondit avec cette vivacité propre à sa nature ardente qu'elle se sentait chez elle en cœur et en esprit. On n'était même pas tenté de songer à un miracle particulier de la grâce. Tout paraissait être le résultat d'une évolution naturelle au sein de sa maturation supranaturelle[111]. »

Peter Wust, le philosophe de Münster, publia dans un journal un article à l'occasion de la fête de la prise d'habit d'Edith Stein : « Fut conduite à l'autel une fiancée dont le chemin existentiel peut presque être qualifié de symbolique pour le mouvement spirituel des dernières décennies [...] Dès le début, il dut y avoir quelque chose de mystérieux caché dans l'intention de cette nouvelle orientation philosophique, une nostalgie du retour à l'objectif,

---

109. Dom Raphael Walzer, *Les heures de radio de Beuron*, 1, pp. 24 *sqq*.
110. *Idem, ibidem*, pp. 26-27.
111. Le texte complet de dom Raphael Walzer est reproduit dans ce volume, pp. 281 *sqq*.

à la sainteté de l'être, à la pureté et à la chasteté des choses, aux choses mêmes [...] L'ouverture aux choses propre à l'intention originelle poussa bon nombre de ses disciples plus loin sur cette voie destinée à atteindre les choses, les états de faits, l'être lui-même, voire l'habitus de la personne catholique [...] Mais manifestement, l'esprit et la langue de cette pensée proche de l'être avaient tellement déteint sur la disciple de Husserl que tout son être devint de plus en plus silencieux, plus simple, plus enfantin, mais que son chemin devait immanquablement un jour conduire plus loin, toujours plus profondément dans la réalité véritable de l'être, dans la réalité du supranaturel au sens de ces grandes figures qui se trouvent au "Carmel" comme les classiques de la vie de prière mystique, au sens donc d'une sainte Thérèse d'Avila et d'un saint Jean de la Croix[112]. »

## Après 1933

Avec l'entrée d'Edith Stein au carmel de Cologne, le contact avec dom Raphael Walzer ne fut pas coupé. Même après que l'archiabbé dut quitter Beuron en novembre 1935[113], il était manifestement bien informé des conditions de vie d'Edith Stein. Douze jours après son arrivée au carmel d'Echt[114], une carte de dom Raphael Walzer postée de Meudon[115] arrive déjà à l'adresse d'Echt : « B[enedicta] C[ara], *In exitu Israel de Aegypto, domus Iacob de populo barbaro... sed nos qui vivimus, benedictimus Domino, ex hoc nunc et usque in saeculum*[116]. Je n'ai guère besoin d'en dire plus, tout est dans le Ps[aume] 113. » Par deux fois encore, des salutations seront envoyées de Meudon à Echt[117], les dernières en date du 21 février 1940.

---

112. A. U. Müller / M. A. Neyer, p. 236.
113. La police secrète d'État lui reprocha la fuite de devises en rapport avec la fondation au Japon.
114. Le 31 décembre 1938. — Echt : un lieu-dit dans la province de Limbourg aux Pays-Bas avec un couvent de carmélites où les sœurs de Cologne étaient allées s'établir en 1875 dans le cadre du *Kulturkampf*.
115. Meudon près de Paris. — Dom Raphael Walzer vécut là-bas dans une communauté de bénédictins de 1937 à 1939.
116. Voir *infra* la carte de dom Raphael Walzer en fac-similé, p. 265 (= *Correspondance* I, trad. par C. Rastoin p. 442).
117. E. Stein, *ESGA 3, Lettres* n° 611 et n° 656.

La voix d'Edith Stein se tut dans la chambre à gaz d'Auschwitz-Birkenau. C'était le 9 août 1942.

Le 2 décembre 1946, dom Raphael Walzer écrit des U.S.A.[118] à la carmélite sœur Maria Aloisia[119] à Cologne :

« Vénérable sœur Aloisia,

Je reçois à l'instant vos deux lettres en date du 28 septembre et du 3 octobre. Vous comprendrez maintenant pourquoi la réponse s'est fait attendre si longtemps. Parmi de telles requêtes et demandes qui m'ont été réexpédiées ici, je n'en trouve pas de plus aimables et de plus bienvenues que la vôtre.

J'ai reçu dans l'année 1940 la dernière nouvelle de notre chère, défunte martyre, lorsque j'ai fui la France. J'ai rarement rencontré une âme réunissant tant de qualités si élevées en un seul esprit. Elle était en même temps la modestie et la simplicité en personne. Dotée d'une grâce mystique au vrai sens du terme, elle ne donnait pas une impression d'affectation ou de supériorité. Elle était restée totalement femme, avec une sensibilité délicate, voire maternelle sans vouloir materner quiconque. À l'instar de sa mère très âgée demeurée juive, Edith pouvait par exemple rester une journée entière le Vendredi saint dans l'église de Beuron, dans une paix silencieuse et dans la contemplation bienheureuse des mystères sacrés. De même qu'il ne lui était pas difficile d'être simple avec les gens simples, savante avec les savants sans aucune prétention, chercheuse avec ceux qui cherchent, j'aimerais presque ajouter pécheresse avec les pécheurs, elle n'a jamais éprouvé la moindre difficulté à partager le même banc au carmel avec les sœurs converses. Je ne voudrais pas poursuivre plus avant mon chant de louange. Je pense que P. Przywara sj entreprendra la biographie en tant que le premier expert[120]. C'est

---

118. Dom Raphael Walzer collecta des fonds aux U.S.A. pour la fondation qu'il prévoyait d'implanter à Tlemcen (Algérie).
119. Cette lettre est également imprimée en fac-similé dans ce volume, p. 280 *sqq*.
120. Le premier ouvrage sur Edith Stein parut alors en 1948 chez Glock et Lutz à Nuremberg sous le titre suivant : *Edith Stein. Lebensbild einer Philosophin und Karmelitin*. — L'auteur était la prieure d'alors des carmélites de Cologne, Renata Posselt ocd.

lui qui l'avait adressée à moi en son temps. Il vit quelque part en Allemagne et est joignable. Je ne retournerai pas en France avant un délai d'un an. Bon courage en ce temps difficile. Je vous prie aussi de saluer de nouveau Monsieur le professeur Peterson. »

« Il est encore trop tôt pour expliquer tout ce qui s'est passé à Beuron ces dernières années. Mais on peut au moins dire cela : nous avons beaucoup souffert lorsque le père archiabbé dom Raphael Walzer nous a quittés pour ne plus revenir [...] Deux ans d'attente s'écoulèrent, c'est alors que dom Raphael Walzer mit en pratique à l'automne 1937 d'une manière insoupçonnée la devise qu'il s'était choisie : *Prodesse magis quam praeesse* — Il vaut mieux servir que régner[121].

---

121. *Chronik*, ordination de l'abbé le 24 février 1938, p. 1. — Selon des informations internes, l'archiabbé dom Raphael Walzer n'a toutefois accepté à Rome de se résigner que si cela pouvait être utile à Beuron — et apprit ensuite avec surprise l'ordination du nouvel abbé de Beuron.

# II.
# Contributions d'Edith Stein
*Introductions de Katharina Oost*

# 1.
# La prière de l'Église

## Introduction
*Katharina Oost*

En guise d'introduction à ce texte d'Edith Stein composé en 1938 et reproduit en 1962 dans la *Revue bénédictine mensuelle*, nous aimerions renvoyer le lecteur à l'article de sœur Maria Amata Neyer ocd (*Edith Stein et la prière de l'Église*) renfermé dans la deuxième partie du présent volume, ainsi qu'à la brève introduction de Paulus Gordan osb (*En mémoire d'Edith Stein*).

Sœur Amata, directrice des archives Edith Stein à Cologne, montre dans son article comment les chrétiens catholiques ont pris pas à pas une responsabilité intellectuelle dans la vie intellectuelle et culturelle de l'Allemagne d'après-guerre (1918), et comment un mouvement liturgique est né en tant que réponse au besoin croissant qu'ont éprouvé les chrétiens catholiques d'une prière liturgique. Les idées de sœur Amata sont parfaitement propres à donner un aperçu du climat intellectuel et spirituel de cette époque. Elles permettent de comprendre non seulement la religiosité d'Edith Stein, qui était bien sûr également marquée par son époque, mais aussi les idées par lesquelles Edith Stein était en avance sur son temps, comme, par exemple, sa réflexion sur les racines juives de la liturgie catholique.

Ce qui éclaire surtout le texte qui va suivre, ce sont les réflexions de sœur Amata sur la compréhension liturgique d'Edith Stein, qui s'est modifiée et a mûri. Ainsi, on pressent le chemin mystique d'Edith Stein, au sujet duquel elle pouvait écrire en 1938, quatre ans avant sa mort à Auschwitz :

*Le don de soi à Dieu, par amour et sans limite, et le don divin en retour, l'union pleine et constante, est la plus haute élévation du cœur qui nous soit accessible,* le plus haut degré de la prière. *Les âmes qui l'ont atteint sont en vérité* le cœur de l'Église...

## La prière de l'Église [1]

*Sœur Thérèse Bénédicte de la Croix ocd. (Mlle Dr Edith Stein)*[*]

> « Par lui, avec lui et en lui,
> à toi, Dieu, le Père tout-puissant,
> dans l'unité du Saint-Esprit,
> tout honneur et toute gloire. »

Ces paroles solennelles du prêtre lors du saint sacrifice de la messe concluent les prières qui culminent dans le mystérieux événement de la transsubstantiation. Là se trouve résumé sous sa forme la plus dense ce qu'est *la prière de l'Église : rendre honneur et gloire au Dieu-Trinité par le Christ, avec lui et en lui.* Bien que ces paroles soient adressées au Père, il n'est pas de glorification du Père qui ne soit en même temps glorification du Fils et de l'Esprit saint. La gloire qui est ici exaltée est la gloire communiquée de toute éternité du Père au Fils et des deux au Saint-Esprit.

Toute louange de Dieu advient *par* le Christ, *avec* lui et *en* lui. *Par lui* parce que l'humanité a accès auprès du Père seulement par le

---

1. Ce sont maintenant les éditeurs Schnell et Steiner à Munich qui détiennent les droits d'édition pour cet article paru en son temps aux éditions Bonifacius (imprimeur à Paderborn) et épuisé depuis fort longtemps, et qui en ont autorisé la reproduction de façon légale. – D'autres écrits sur Edith Stein sont parus dans cette même maison d'édition :
    1. Martha Paulus, *Edith Stein. Aus Leben und Werk* (100 S. 1 Abb. Ln. DM 6.80) ;
    2. *Illustrierte Kurzbiographie Edith Stein von einer Karmelitin* (DM-, 80) ;
    3. Edith Stein, *Frauenbildung und Frauenberufe*, 4. éd. 1956 (180 S. 2 Abb. Kart. DM 3.80) ; à la fin de cet ouvrage, il y a aussi quelques pages importantes et explicatives du père Daniel Feuling sur Edith Stein.

[*] *Erbe und Auftrag* (Héritage et mission), 38, 1962, fascicule n° 1, pp. 29 *sqq*

Christ et que son être d'homme-Dieu et son œuvre de Rédemption sont la plus parfaite glorification du Père ; *avec lui* car toute prière véritable est un fruit de l'union avec le Christ ainsi qu'un approfondissement de cette union, et toute louange du Fils est en même temps louange du Père et réciproquement ; *en lui* car l'Église en prière est le Christ lui-même, chaque personne en prière un membre de son Corps mystique, et le Père est dans le Fils, comme le Fils est le reflet resplendissant du Père, manisfestant sa gloire. Chacune de ces trois expressions — « par lui », « avec lui » et « en lui » — a une double signification, ce qui exprime clairement le rôle de médiateur de l'homme-Dieu.

*La prière de l'Église est la prière du Christ toujours vivant*. Elle a son *modèle original* dans *la prière du Christ* durant sa vie humaine.

## 1. La prière de l'Église comme liturgie et eucharistie

Nous savons d'après les récits évangéliques que le Christ a prié comme priait un juif croyant et fidèle à la Loi. Comme il le faisait avec ses parents au temps de son enfance, il est plus tard monté à Jérusalem avec ses disciples aux temps prescrits pour participer à la célébration des grandes fêtes au Temple. Avec une sainte ferveur, il a certainement chanté avec les siens les cantiques d'allégresse où débordait la joie anticipée des pèlerins : « Quelle joie quand on m'a dit : Nous irons à la maison du Seigneur ! » (Ps 121,1). Il a prononcé les antiques prières de bénédiction, comme elles le sont encore de nos jours, sur le pain, le vin et les fruits de la terre[2], nous en avons le témoignage par le récit du soir où, pour la dernière fois, il réunit ses disciples en vue d'accomplir l'un des devoirs religieux les plus sacrés : le solennel repas de la Pâque, où l'on fait mémoire de la délivrance de l'esclavage d'Égypte. Et c'est précisément cette dernière réunion qui nous fait peut-être pénétrer le plus profondément dans la prière du Christ et nous donne la clé pour comprendre la prière de l'Église.

« Pendant le repas, Jésus prit le pain, prononça la bénédiction, le rompit et le donna à ses disciples, en disant : "Prenez, mangez : ceci

---

2. « Loué sois-tu, Éternel, notre Dieu, Roi du monde, toi qui fais produire à la terre le pain », « [...] toi qui créas le fruit de la vigne, du cépage. »

est mon corps." Puis, prenant une coupe et rendant grâce, il la leur donna, en disant : "Buvez-en tous, car ceci est mon sang, le sang de l'Alliance, répandu pour la multitude en rémission des péchés" [3]. »

La bénédiction, le partage du pain et du vin appartenaient au rite du repas pascal. Mais tous deux reçoivent ici un sens entièrement nouveau. Avec eux commence la vie de l'Église. Certes, ce n'est qu'à la Pentecôte qu'elle apparaîtra publiquement en tant que communauté visible et comblée de l'Esprit. Mais ici, en ce repas pascal, s'accomplit la greffe des sarments sur la vigne, greffe qui rend possible l'effusion de l'Esprit. Les antiques formules de bénédiction sont devenues dans la bouche du Christ *parole créatrice de vie*. Les fruits de la terre sont devenus sa chair et son sang, remplis de sa vie. La création visible, au sein de laquelle il a déjà pénétré par l'Incarnation, lui est maintenant unie d'une manière nouvelle, mystérieuse. Les substances qui servent à la croissance du corps humain sont radicalement transformées et, en les consommant dans la foi, les hommes aussi sont transformés : rendus participants de la vie du Christ et remplis de sa vie divine. La puissance du Verbe, créatrice de vie, est liée au *sacrifice*. Le Verbe s'est fait chair pour livrer la vie qu'il a assumée ; pour offrir au Créateur en sacrifice de louange sa propre personne et la création rachetée par l'offrande qu'il fait de lui-même. Par le dernier repas du Seigneur, le repas pascal de l'ancienne Alliance est amené à s'accomplir en celui de la nouvelle Alliance : dans le sacrifice de la croix sur le Golgotha, en chacun des repas célébrés dans la joie entre Pâques et l'Ascension au cours desquels les disciples ont reconnu le Seigneur à la fraction du pain, et dans le sacrifice de chaque messe avec la sainte communion.

Lorsque le Seigneur prit la coupe, il *rendit grâce* ; nous pouvons songer là aux paroles de bénédiction qui expriment certes une action de grâce envers le Créateur, mais nous savons aussi que le Christ avait coutume de rendre grâce chaque fois qu'avant d'accomplir un miracle il levait les yeux vers le Père des Cieux[4]. Il rend grâce parce qu'il se sait d'avance exaucé. Il rend grâce pour la puissance

---

3. Voir Math. 26, 26-28.
4. Par exemple avant la résurrection de Lazare (Jean 11, 41-42).

divine qu'il porte en lui et par laquelle il va manifester aux yeux des hommes la toute-puissance du Créateur. Il rend grâce pour l'œuvre de Rédemption qu'il lui est donné d'opérer, et il rend grâce *par* cette œuvre qui est elle-même glorification du Dieu-Trinité de qui elle renouvelle en sa pure beauté l'image défigurée. Ainsi, le sacrifice éternellement actuel du Christ, sur la croix, au cours de la sainte messe et dans la gloire éternelle du ciel, peut se comprendre comme une seule immense action de grâce, comme *eucharistie* : comme action de grâce pour la création, la rédemption et l'achèvement final. Il s'offre lui-même au nom de tout l'univers créé dont il est le modèle original et dans lequel il est descendu pour le renouveler de l'intérieur et le conduire à son achèvement. Mais il appelle aussi tout ce monde créé à présenter avec lui au Créateur l'hommage d'action de grâce qui lui revient. Dans l'ancienne Alliance, on avait déjà une certaine compréhension du caractère eucharistique de la prière : cet ouvrage prodigieux de la tente de l'Alliance comme, plus tard, celui du Temple de Salomon bâti selon les directives divines, fut considéré comme l'image de toute la création se rassemblant autour de son Seigneur pour l'adorer et le servir. La tente autour de laquelle le peuple d'Israël campait durant sa pérégrination au désert reçut le nom de « demeure de la Présence divine » (Ex 38,21). Elle fut considérée comme « demeure d'ici-bas » par rapport à la « demeure d'en-haut[5] ». « J'aime le lieu de ta maison, et le lieu du séjour de ta gloire », chante le psalmiste (Ps 25,8), puisque la tente de l'Alliance « représente tout l'univers créé ». De même que le ciel a été déployé comme une tenture selon le récit de la création, des tentures devaient constituer les parois de la tente. De même que les eaux d'en bas ont été séparées des eaux d'en haut, le rideau du Temple séparait le Saint des Saints des espaces extérieurs. La mer « d'airain » fut construite selon le modèle de la mer endiguée par ses rivages. Dans la tente, le chandelier à sept branches figure les luminaires du ciel. Des agneaux et des oiseaux représentent le foisonnement des êtres vivants qui peuplent l'eau, la terre et l'air.

---

5. Voir N. Glatzer et L. Strauß, *Sendung und Schicksal. Aus dem Schrifttum des nachbiblischen Judentums*, pp. 2 *sqq.*, Schocken-Verlag, Berlin, 1931.

Et de même qu'à l'homme fut confiée la terre, c'est au grand prêtre « ayant reçu l'onction pour œuvrer et servir en présence de Dieu » qu'il revient de se tenir dans le sanctuaire. Moïse bénit, oignit et sanctifia la demeure une fois achevée comme le Seigneur avait béni et sanctifié au septième jour l'œuvre de ses mains. La demeure de Dieu devait porter son témoignage ici-bas de la même manière que le ciel et la terre témoignaient de lui (Dt 30, 19).

À la place du Temple de Salomon, le Christ a bâti un temple de pierres vivantes, la communion des saints. Il se tient en son centre comme le grand prêtre éternel et sur son autel il est lui-même le sacrifice éternellement offert. Et toute la création est rendue participante de cette « *liturgie* », le solennel service divin : les fruits de la terre y sont associés en offrandes mystérieuses, les fleurs et les luminaires, les tentures et le rideau du Temple, le prêtre consacré ainsi que l'onction et la bénédiction de la maison de Dieu. Les *cherubim* ne sont pas non plus absents. Sculptés de main d'artiste, leurs figures visibles montent la garde dans le Saint des Saints. Et les moines, « semblables aux anges[6] » et leurs vivantes images, entourent l'autel du sacrifice et veillent à ce que la louange de Dieu ne cesse jamais, sur la terre comme au ciel. Ils sont la bouche de l'Église qui chante, aussi leurs prières solennelles encadrent, imprègnent et sanctifient tout autre « ouvrage de la journée », de sorte que la prière et le travail deviennent un unique *Opus Dei*, une unique « liturgie ». Leurs lectures tirées de l'Écriture sainte et des pères, du sanctoral de l'Église et des enseignements de ses pasteurs suprêmes sont un chant de louange, immense et toujours croissant, pour la puissance de la providence et la réalisation progressive du dessein éternel de salut. Leurs chants de louange appellent dès l'aube la création tout entière à s'unir pour magnifier le Seigneur: montagnes et collines, fleuves et torrents, mers et terres fermes ainsi que tout ce qui les peuple, nuages et vents, pluie et neige, tous les peuples de la terre, tous les hommes de toutes conditions et de toutes races, et enfin les

---

6. Selon l'expression d'Erik Peterson (Leipzig, Hegner, 1935), qui a montré de manière inégalable dans son livre sur les anges (Leipzig, Hegner, 1935) l'union de la Jérusalem céleste et de la terre dans la célébration de la liturgie.

habitants des cieux, les anges et les saints : les anges participent ainsi à la grande eucharistie de la création, en personne et pas seulement au moyen de leurs représentations faites de main d'homme ou de leurs images humaines ; disons plutôt que nous devons nous joindre, par notre liturgie, à leur éternelle louange de Dieu.

*Chœur de l'Église de Beuron dans les années 1920.*

« Nous », qu'est-ce à dire ? Il ne s'agit pas seulement des religieux réguliers qui ont pour tâche la solennelle louange divine, mais de tout le peuple chrétien. Lorsqu'il vient en grand nombre dans les cathédrales et les églises abbatiales pour participer aux fêtes solennelles, lorsqu'il prend avec joie une part active à l'office divin dans les chorales et par les nouvelles formes de « liturgie populaire », ce peuple chrétien montre qu'il est conscient de sa vocation à louer le Seigneur. L'unité liturgique de l'Église du ciel et de celle de la terre, qui rendent à Dieu leur action de grâce « par le Christ », est exprimée de la manière la plus forte dans la préface et dans le *Sanctus* de la messe. Mais la liturgie ne laisse non plus subsister aucun doute sur le fait que nous ne sommes pas encore des citoyens à part entière de la Jérusalem céleste mais seulement des pèlerins en route vers notre patrie éternelle. Nous avons toujours besoin de nous préparer avant de pouvoir oser seulement lever les yeux vers les hauteurs radieuses et nous joindre au « Saint, saint, saint… » des chœurs célestes. Toute chose créée employée pour l'office divin doit être soustraite à l'usage profane, bénie et sanctifiée. Le prêtre doit, avant de monter à l'autel, se purifier en confessant ses fautes, et les fidèles avec lui ; à chaque nouvelle étape dans le déroulement du sacrifice, il doit prier à nouveau pour la rémission des péchés, pour lui et ceux qui l'entourent, et pour tous ceux qui doivent recevoir en abondance le fruit du sacrifice. Le sacrifice est sacrifice *pour les péchés*, qui transforme les fidèles en même temps que les offrandes, qui leur ouvre le ciel et les rend capables de rendre grâce à Dieu d'une manière qui lui soit agréable. Tout ce dont nous avons besoin pour être reçus dans la communion des esprits bienheureux est résumé dans les sept demandes du *Notre Père* que le Seigneur a prié non pas en son nom propre mais pour nous servir d'exemple. Nous le disons avant la sainte communion et, chaque fois que nous le prions en toute sincérité et de tout notre cœur et que nous recevons la communion dans la disposition d'une âme droite, elle nous apporte alors l'exaucement de toutes nos demandes : elle nous délivre du mal parce qu'elle nous purifie de toute offense commise et qu'elle nous donne la paix du cœur qui ôte à tous les autres « maux » leur aiguillon ; elle nous apporte le pardon des péchés commis[7] et nous affermit contre les tentations ; elle est elle-même le pain de la vie, dont nous avons besoin chaque jour, pour croître jusqu'à notre entrée dans la vie éternelle ; elle fait de notre volonté un instrument docile de la volonté divine ; par là elle pose les fondations du Royaume de Dieu en nous et purifie nos lèvres et notre cœur pour que nous puissions glorifier le saint Nom de Dieu.

---

7. Il est bien sûr supposé que l'on ne s'est pas chargé d'un péché grave ; sinon on ne pourrait certes pas recevoir la sainte communion « dans la disposition d'une âme droite ».

Il est donc à nouveau manifeste que l'*oblation du sacrifice*, le *repas sacré* et la *louange divine* sont des plus étroitement unis. La participation au sacrifice et au repas sacré fait de l'âme une pierre vivante de la Cité de Dieu, et en vérité de chacune un temple de Dieu.

## 2. Le dialogue seul à seul avec Dieu comme prière de l'Église

Toute âme humaine est en elle-même un temple de Dieu : voilà qui nous ouvre une perspective vaste et toute nouvelle. La vie de prière de Jésus est la clé pour comprendre la prière de l'Église. Nous l'avons vu : le Christ a participé au service divin de son peuple, accompli de manière publique et suivant les prescriptions de la Loi (c'est-à-dire ce qu'il est d'usage d'appeler la « liturgie »), il a établi la plus étroite relation entre la liturgie et l'offrande de sa propre personne et il lui a ainsi donné son sens plénier et véritable, celui d'un hommage d'action de grâce de la création envers son Créateur : par là même, il a mené la liturgie de l'ancienne Alliance à s'accomplir en celle de la nouvelle Alliance.

Mais Jésus n'a pas seulement pris part au service divin public prescrit par la Loi. Les Évangiles font des références plus nombreuses encore à sa *prière solitaire* dans le silence de la nuit, sur les sommets sauvages des montagnes, dans les endroits déserts. Quarante jours et quarante nuits de prière ont précédé la vie publique de Jésus[8]. Il s'est retiré dans la solitude de la montagne pour prier avant de choisir ses douze apôtres et de les envoyer en mission[9]. À l'heure du mont des Oliviers, il se prépara à aller jusqu'au Golgotha. Le cri qu'il poussa vers le Père en cette heure la plus pénible de sa vie nous est dévoilé en quelques paroles. Ces paroles brillent comme des étoiles en nos propres heures au mont des Oliviers. « Père, si tu veux, éloigne de moi cette coupe, cependant, que ce ne soit pas ma volonté qui se fasse, mais la tienne[10]. » Elles sont comme un éclair qui illumine pour nous un instant la vie la plus intime de l'âme de

---

8. Voir Math. 4, 1-2.
9. Voir Luc 6, 12.
10. Voir Luc 22,42.

Jésus, le mystère insondable de son être d'homme-Dieu et de son dialogue avec le Père. Ce dialogue a certainement duré toute sa vie, sans jamais s'interrompre. Le Christ priait intérieurement non seulement lorsqu'il se retirait à l'écart de la foule mais aussi lorsqu'il demeurait parmi les hommes. Et il nous a permis, *une seule fois*, de plonger notre regard longuement jusque dans les profondeurs de ce dialogue secret. C'était peu de temps avant l'heure au mont des Oliviers, c'était en vérité juste avant l'instant du départ : à la fin du dernier repas qui fut, nous l'avons vu, l'heure de la naissance de l'Église. « Jésus, ayant aimé les siens [...], les aima jusqu'au bout[11]. » Il savait que c'était la dernière fois qu'ils étaient réunis tous ensemble et il voulut leur donner tout ce qu'il pouvait encore leur donner. Il dut se retenir pour ne pas leur en dire davantage. Mais il savait bien qu'ils ne pourraient en porter plus, qu'ils ne pouvaient déjà pas saisir le peu qu'il leur confiait. L'Esprit de vérité devait d'abord venir pour leur ouvrir les yeux à tout cela. Et lorsqu'il eut dit et accompli devant eux tout ce qu'il pouvait dire et accomplir, il leva les yeux vers le ciel et s'adressa au Père en leur présence[12]. Nous appelons ces paroles la *prière de Jésus grand prêtre*. Car cet entretien seul à seul avec Dieu avait aussi sa préfiguration dans l'ancienne Alliance. Une fois l'an, au jour le plus solennel et le plus saint de l'année, le jour de la Réconciliation, le grand prêtre pénétrait dans le Saint des Saints, devant la face du Seigneur, afin de prier « pour lui, pour toute sa maison et pour toute l'assemblée d'Israël[13] », pour asperger le propitiatoire avec le sang d'un jeune taureau et d'un bouc, qu'il devait avoir immolés auparavant, pour expier ainsi « toutes les impuretés des fils d'Israël, leurs transgressions et tous leurs péchés[14]. » Personne ne devait se tenir dans la tente, c'est-à-dire dans le Saint qui se trouvait avant le Saint des Saints, lorsque le grand prêtre pénétrait en ce lieu redoutable et sublime de la présence de Dieu, où nul en dehors de lui n'entrait et où il ne

---

11. Voir Jean 13,1.
12. Voir Jean 17.
13. Voir Lévit. 16, 17.
14. Voir Lévit. 16,16.

pouvait lui-même pénétrer qu'en cette heure-là ; et même en cet instant, il devait brûler de l'encens pour que les « nuages de fumée [...] recouvrent [...] le propitiatoire et qu'il ne meure pas[15] ». C'était dans le mystère le plus profond qu'il accomplissait ce dialogue seul à seul.

Le jour de la Réconciliation est, dans l'Ancien Testament, la figure du vendredi saint. Le bélier qui était égorgé pour les péchés du peuple représentait l'agneau sans tache (comme le représentait aussi l'autre, celui qui était chassé vers le désert après avoir été désigné par le sort et chargé des péchés du peuple). Et le grand prêtre de la descendance d'Aaron est l'ombre du grand prêtre éternel. De même qu'au cours du dernier repas le Christ anticipa sa mort offerte en sacrifice, de même il fit sienne à l'avance la prière du grand prêtre. Il n'a pas besoin d'offrir pour lui-même de sacrifice pour les péchés puisqu'il est sans péché. Il n'a besoin ni d'attendre l'heure prescrite par la Loi ni de pénétrer dans le Saint des Saints du Temple : il se tient toujours et partout devant la Face de Dieu, son âme est le Saint des Saints ; elle n'est pas seulement la demeure de Dieu, elle est plus encore indissolublement unie à Dieu par son être même. Il n'a nul besoin de demeurer caché devant le Seigneur derrière un voile de fumée : il contemple à découvert la face de l'Éternel et il n'a rien à craindre ; la vision du Père ne le tuera pas. Et il enlève les scellés du mystère du sacerdoce suprême : tous les siens peuvent entendre comment il parle au Père dans le Saint des Saints de son cœur ; ils peuvent faire eux-mêmes l'expérience de ce dont il s'agit et apprendre à parler au Père dans leur propre cœur[16].

La prière de Jésus grand prêtre manifeste le mystère de la *vie intérieure* : la présence mutuelle des personnes divines et l'inhabitation de Dieu dans l'âme. C'est dans ces profondeurs secrètes que l'œuvre de la Rédemption s'est préparée et accomplie, de manière cachée et silencieuse ; et c'est ainsi qu'elle se poursuivra

---

15. Voir Lévit. 16,13.
16. Comme la longueur limitée de cette étude m'interdit de présenter ici la prière de Jésus grand prêtre *in extenso*, je dois prier le lecteur de prendre en main à cet endroit l'Évangile selon S<sup>t</sup> Jean et d'en lire en entier le chapitre 17.

jusqu'à ce que l'unité de tous soit parfaite, à la fin des temps. C'est dans le silence éternel de la vie intime de la divinité que fut scellé le décret de la Rédemption. Dans le secret de la silencieuse demeure de Nazareth, la puissance de l'Esprit saint couvrit de son ombre la jeune vierge qui priait dans la solitude et opéra l'Incarnation du Rédempteur. Rassemblée autour de la Vierge priant silencieusement, l'Église naissante attendait ardemment la nouvelle effusion de l'Esprit qui lui avait été promise pour la vivifier, pour lui donner la clarté intérieure et la fécondité extérieure. Dans la nuit de la cécité que Dieu avait apposée sur ses yeux, Saul priait dans la solitude et aspirait ardemment à entendre la réponse du Seigneur à sa question : « Que veux-tu que je fasse[17] ? » C'est aussi en priant solitaire que Pierre se prépara à sa mission auprès des païens[18]. Et il en va toujours ainsi de siècle en siècle. Dans le dialogue silencieux que des âmes consacrées à Dieu entretiennent avec leur Seigneur, sont préparés les événements visibles de l'histoire de l'Église qui renouvellent la face de la terre. La Vierge, qui gardait dans son cœur toute parole que Dieu lui adressait, est le modèle de ces âmes qui écoutent attentives ; en elles, la prière de Jésus grand prêtre continue toujours de vivre. Et des femmes qui, à son image, se plongent, oublieuses d'elles-mêmes, dans la vie et les souffrances du Christ, sont choisies de préférence par le Seigneur pour devenir ses instruments et accomplir de grandes œuvres dans l'Église : une sainte Brigitte, une sainte Catherine de Sienne. Et lorsque sainte Thérèse, l'énergique réformatrice de son ordre à l'époque de la grande apostasie, voulut venir en aide à l'Église, elle en vit le moyen dans le renouvellement d'une authentique vie intérieure. À l'annonce du progrès continuel de ce mouvement d'apostasie, elle était toute bouleversée : « Et, comme si j'eusse pu ou j'eusse été quelque chose, je priai le Seigneur en pleurant abondamment et le suppliai de porter remède à ce grand mal. Il me semblait que j'aurais volontiers risqué mille vies afin de pouvoir sauver ne serait-ce qu'une seule de ces nombreuses âmes qui se perdaient. Mais comme je voyais que j'étais femme

---

17. Voir Aréop. Chap. 9.
18. Voir Aréop. Chap. 10.

et incapable de rien accomplir, [...] et comme surtout mon désir tendait à ce qu'il y eût au moins quelques âmes excellentes, je me résolus donc à faire tout ce qui était en mon pouvoir, à savoir suivre les conseils évangéliques le plus parfaitement possible et à faire en sorte que le petit nombre de religieuses rassemblées ici agissent de même [...]. Je mis ma confiance dans la miséricorde infinie de Dieu et nous voulions ensemble, autant qu'il nous était possible, aider notre Seigneur en priant sans trêve pour les soutiens de l'Église, ainsi que pour les prédicateurs et les théologiens qui la défendent, pendant que ses persécuteurs le crucifient à nouveau. [...] Ah ! mes chères sœurs, aidez-moi à prier le Seigneur ; car c'est dans ce but qu'il vous a réunies ici, c'est là votre vocation[19]... »

Il lui semblait nécessaire « qu'il advienne ici ce qui se passe en temps de guerre lorsque les ennemis ont envahi tout le pays. Le prince se retire alors [...] dans une ville qu'il fait fortifier très solidement. De là il accomplit de temps à autre une sortie contre l'adversaire ; et comme la garnison de la ville est composée de soldats d'élite, ils accomplissent à eux seuls bien plus que s'ils se trouvaient au milieu d'un grand nombre de lâches, et c'est ainsi que souvent on obtient la victoire [...] Mais dans quel but ai-je dit tout cela ? Dans le but, mes sœurs, que vous sachiez ce que nous devons demander à Dieu : à savoir qu'aucun de ceux qui sont encore bons chrétiens et demeurent dans la forteresse ne passent à l'ennemi ; qu'il plaise au Seigneur de continuer à bien soutenir dans ses voies les capitaines de la forteresse, à savoir les prédicateurs et les théologiens, [...] qu'il leur accorde sa grâce afin qu'ils progressent grandement dans la perfection à laquelle ils sont appelés... Ils doivent vivre au milieu des hommes, être en rapport avec eux [...] et même se soumettre à leurs usages quant à l'extérieur. Et savez-vous, mes filles, que ce n'est pas peu de chose d'être en rapport avec le monde, de vivre dans le monde, de s'occuper des affaires du monde [...] tout en restant intérieurement étranger au monde [...], tout en étant non comme un homme mais comme un ange ? Car s'ils n'étaient pas ainsi, ils

---

19. *Le chemin de la perfection* (Écrits de sainte Thérèse de Jésus, volume III, Ratisbonne, 1907, 1er chapitre).

ne mériteraient pas le nom de *capitaines* et que Dieu nous préserve alors qu'ils sortent de leurs cellules car ils feraient plus de mal que de bien. En ces temps où nous sommes, on ne doit percevoir aucune imperfection chez ceux qui ont la charge d'enseigner [...] Car avec qui ont-ils à faire si ce n'est avec le monde ? Et celui-ci ne manquera pas de voir quelqu'une de leurs imperfections et il ne leur en pardonnera aucune, qu'ils en soient bien certains. On manquera de voir beaucoup de leurs qualités, qu'on ne tiendra peut-être pas pour telles ; mais ils ne doivent guère espérer qu'on leur passera la moindre faute ou imperfection. Je m'étonne d'ailleurs de ce que les gens du monde soient si instruits dans la perfection, non pour la pratiquer eux-mêmes [...] mais pour mieux critiquer les autres [...] Vous ne devez donc pas croire qu'ils n'ont besoin que de peu d'assistance divine dans le combat qu'ils mènent, au contraire ils en ont un besoin extrême... Je vous prie donc, pour l'amour du Seigneur, suppliez sa Majesté d'exaucer notre prière. Quoique toute pauvrette, je prie pourtant le Seigneur à cette fin car il en va ici de son honneur et du bien de l'Église et c'est à cela que tendent mes désirs [...] Et si vos prières, vos désirs, vos pénitences et vos jeûnes ne tendent pas à ce que je viens de dire, sachez que vous ne remplissez pas le but pour lequel le Seigneur vous a réunies en ce lieu[20]. » Qu'est-ce qui donna donc à cette religieuse, qui consacra à la prière des décennies de sa vie dans la cellule d'un monastère, le désir ardent d'œuvrer pour la cause de l'Église et la lucidité pour discerner la détresse et les besoins de son temps ? Précisément le fait qu'elle vivait dans la prière, qu'elle se laissait toujours plus profondément attirer par le Seigneur à l'intérieur du « château » de son âme, jusqu'à cet appartement secret où il put lui dire « qu'il était temps qu'elle se charge désormais de ses intérêts à lui comme des siens propres, et qu'en retour il prendrait soin de ses intérêts à elle[21] ». C'est pourquoi elle ne put faire autrement que de « brûler

---

20. *Le chemin de la perfection*, chapitre III. Les deux passages cités sont régulièrement lus dans notre ordre.
21. *Le château de l'âme* (Écrits de sainte Thérèse de Jésus, volume IV, Ratisbonne, 1922), 7e demeure, 2e partie principale, p. 272.

d'un zèle ardent pour le Seigneur, le Dieu des armées » (paroles de notre saint père Élie, qui ont été retenues comme devise dans le blason de notre ordre). Celui qui se donne sans réserve au Seigneur est choisi comme instrument pour construire son Royaume. Dieu seul sait dans quelle mesure la prière de sainte Thérèse et de ses filles a contribué à préserver l'Espagne de la division religieuse, et quelle puissance cette prière a déployée dans les violentes guerres de religion en France, aux Pays-Bas et dans l'Empire germanique.

L'histoire officielle ne dit rien de ces forces invisibles et inestimables. Mais la confiance du peuple croyant et le jugement de l'Église, qui examine longuement et pèse avec prudence, les connaissent. Et notre temps se voit de plus en plus obligé, quand tout le reste a échoué, de placer son dernier espoir de salut en ces sources cachées.

## 3. Vie intérieure, forme extérieure et action

Dans le secret et le silence s'accomplit l'œuvre de la Rédemption. Dans le silencieux dialogue du cœur avec Dieu, les pierres vivantes sont préparées pour édifier le Royaume de Dieu, les instruments choisis sont forgés pour servir à la construction. Le fleuve mystique, qui perdure à travers tous les siècles, n'est pas un brasier isolé et secondaire, qui serait séparé de la vie de la prière de l'Église, il est sa vie la plus intime. Lorsqu'il lui arrive de faire éclater les formes traditionnelles, c'est parce que l'Esprit vit en lui, cet Esprit qui souffle où il veut : lui qui a suscité toutes les formes traditionnelles et doit toujours en susciter de nouvelles. Sans lui, il n'y aurait ni liturgie ni Église. L'âme du psalmiste royal n'était-elle pas une harpe dont les cordes vibraient et chantaient au moindre souffle de l'Esprit saint ? L'hymne de joie du *Magnificat* a jailli du cœur débordant de la Vierge comblée de la grâce divine. Les lèvres du vieux prêtre devenu muet s'ouvrirent pour entonner le chant prophétique du *Benedictus* lorsque la parole obscure de l'ange devint réalité visible. Ce qui est monté un jour d'un cœur comblé par l'Esprit et a trouvé son expression en paroles et en musique se transmet et demeure sur les lèvres. C'est bien l'*officium divinum* de veiller à ce qu'il continue de résonner de génération en génération. C'est ainsi que le fleuve mystique forme ce chant polyphonique qui va s'amplifiant sans cesse, louange au Dieu Trinité, à Celui qui crée, qui sauve, qui mène tout à l'achèvement. Il n'est donc pas question de concevoir la prière intérieure, libre de toutes formes traditionnelles, comme la piété « subjective », et de l'opposer à la liturgie qui serait la prière « objective » de l'Église. Toute prière *véritable* est prière de l'Église : *à travers* toute prière véritable, il *se passe* quelque chose dans l'Église et c'est l'Église elle-même qui la prie car c'est l'Esprit saint vivant en elle qui, en chaque âme unique, « intervient pour nous par des cris inexprimables[22] ». Et voilà justement la prière « véritable » : car « sans le Saint-Esprit, personne n'est capable de dire : « Jésus est Seigneur[23] ». Que serait la prière de l'Église si elle n'était pas l'offrande de ceux qui, brûlant d'un grand amour, se donnent au Dieu qui est Amour ?

Le don de soi à Dieu, par amour et sans limite, et le don divin en retour, l'*union* pleine et constante, est la plus haute élévation du cœur qui nous soit accessible, *le plus haut degré de la prière*. Les âmes qui l'ont atteint sont en vérité *le cœur de l'Église* : en elles vit l'amour de Jésus grand prêtre. Cachées en Dieu avec le Christ, elles ne peuvent que rayonner dans d'autres cœurs l'amour divin dont elles sont remplies et concourir ainsi à l'accomplissement de l'unité parfaite de tous en Dieu, ce qui était et demeure le grand désir de Jésus.

C'est bien ainsi que Marie-Antoinette de Geuser avait compris sa vocation. Elle dut accomplir cette suprême mission du chrétien au milieu du monde et son parcours a certainement valeur d'exemple et d'encouragement pour ceux qui, nombreux aujourd'hui, se sentent poussés à prendre fait et cause pour l'Église en prenant radicalement leur vie intérieure au sérieux et qui n'ont pas reçu l'appel à suivre cette vocation en menant une vie cachée dans un monastère. L'âme qui, à ce plus haut degré de la prière mystique, est parvenue à « l'activité paisible de la vie divine » ne pense qu'à se consacrer à l'apostolat auquel Dieu l'a appelée.

---

22. Voir Rom. 8, 26.
23. Voir 1 Cor. 12,3.

« C'est la tranquillité dans l'ordre en même temps que l'activité affranchie de toute entrave. L'âme milite dans la paix, parce qu'elle travaille juste dans le sens des décrets éternels. Elle sait que la volonté de son Dieu s'accomplit parfaitement pour sa plus grande gloire, car, si la volonté humaine limite souvent la toute-puissance divine, cette toute-puissance en triomphe encore et fait une œuvre magnifique avec les matériaux qui lui restent. Cette victoire de la force de Dieu sur la liberté des hommes qu'il laisse agir cependant est une des choses les plus adorables du plan divin[24]... »

Quand Marie-Antoinette de Geuser a écrit cette lettre, elle était presque au seuil de l'éternité, seul un voile ténu la séparait encore de cet accomplissement ultime que nous appelons la vie glorieuse.

Pour les esprits bienheureux qui ont pénétré dans l'unité de la vie intime de Dieu, tout est unifié : le repos et l'activité, la contemplation et l'action, le silence et le discours, l'écoute attentive et la communication de soi, l'amour qui reçoit et se donne et l'épanchement de l'amour qui chante sa louange et sa reconnaissance. Tant que nous sommes encore en chemin, et d'une manière d'autant plus marquée que nous sommes loin du terme, nous sommes soumis à la loi de la temporalité et à celle de la complémentarité entre les nombreux membres du même corps : la vie divine dans toute sa plénitude devient en nous réalité au fur et à mesure du temps et elle s'accroît en nous par des apports mutuels. Nous avons besoin des temps durant lesquels nous écoutons, attentifs et silencieux, et laissons agir en nous la Parole de Dieu jusqu'à ce qu'elle nous presse de porter des fruits dans notre sacrifice de louange et l'offrande de nos actes. Nous avons besoin des formes traditionnelles, nous avons besoin de participer au service divin public et prescrit pour que la vie intérieure demeure en éveil et sans déviance et y trouve son expression juste. La louange de Dieu solennelle doit avoir sur la terre ses foyers, où elle soit développée jusqu'à la plus haute perfection accessible aux hommes. De là, elle peut s'élever vers le

---

24. Marie de la Trinité, *Lettres de « Consummata » à une jeune carmélite* (carmel d'Avignon 1930), *Lettre* du 27 septembre 1917 (en allemand : *Briefe in den Karmel*, Ratisbonne, Pustet, 1934, p. 263 *sqq.*).

ciel *pour* toute l'Église et agir *sur* les membres de l'Église : éveiller la vie intérieure et la stimuler à poursuivre une harmonie extérieure. Mais elle doit être vivifiée de l'intérieur en disposant aussi en ces lieux d'un espace où s'approfondir dans le silence. Autrement, elle perdrait sa nature propre et ne serait plus qu'une louange du bout des lèvres, rigide et sans vie[25]. Une protection contre ce danger lui est offerte par les foyers de prière intérieure où les âmes se tiennent devant la face de Dieu dans la solitude et dans le silence, pour être dans le cœur de l'Église l'amour qui vivifie tout.

Et le chemin qui conduit à la vie intérieure et aux chœurs des esprits bienheureux chantant l'éternel *sanctus*, c'est le Christ. Son sang est le rideau du Temple à travers lequel nous pénétrons dans le Saint des Saints de la vie divine. Il nous purifie du péché dans le baptême et le sacrement de pénitence, il ouvre nos yeux à la lumière éternelle, il ouvre nos oreilles pour percevoir la Parole divine, il ouvre nos lèvres pour entonner le chant de louange, pour prier la prière de réconciliation, de demande, d'action de grâce ; et toutes ces prières ne sont que des formes différentes de la seule adoration, c'est-à-dire de l'hommage de la créature à Celui qui est la toute-puissance et la toute-bonté. Dans le sacrement de confirmation, il nous marque et nous fortifie comme soldat du Christ pour confesser son Nom librement et résolument. Mais c'est par-dessus tout le sacrement où le Christ est présent en personne qui fait de nous les membres de son corps. En participant au sacrifice et au repas sacré, en étant nourris de la chair et du sang de Jésus, nous devenons nous-mêmes sa chair et son sang. Et c'est seulement lorsque nous sommes membres de son corps, et dans la mesure où nous le sommes en vérité, que son esprit peut nous vivifier et régner en nous : « C'est l'esprit qui vivifie ; car c'est l'esprit qui donne vie aux membres ; mais l'esprit ne donne vie qu'aux membres qu'il trouve déjà présents dans le corps qu'il vivifie... Le chrétien ne doit rien craindre autant que d'être séparé

---

25. « [...] il y a une adoration intérieure [...] l'adoration dans l'esprit, qui vit dans les profondeurs de l'être, dans son entendement et dans sa volonté ; c'est l'adoration essentielle, privilégiée, sans laquelle l'adoration extérieure demeure sans vie. » (Ô mon Dieu, Trine, que j'adore », prière de sœur Élisabeth de la Trinité, carmélite, commentée par dom Eugène Vandeur osb., Ratisbonne, 1931, p. 23).

du corps du Christ. Car, s'il est séparé du corps du Christ, alors il n'en est plus membre ; et s'il n'en est plus membre, il n'est plus vivifié par son Esprit[26]... » Mais nous devenons membres du corps du Christ « non seulement par l'amour [...], mais aussi très réellement en étant un avec sa chair : cela est réalisé par la nourriture qu'il nous a offerte pour nous prouver le désir qu'il a de nous. C'est pourquoi il s'est lui-même abaissé jusqu'à venir en nous et qu'il a façonné en nous son propre corps, afin que nous soyons un, comme le corps est uni à la tête[27]... » En tant que membres de son corps, animés par son Esprit, nous nous offrons nous-mêmes en sacrifice « par lui, avec lui et en lui » et nous unissons nos voix à l'éternelle action de grâce. C'est pourquoi l'Église met sur nos lèvres après la communion cette prière : « Comblés d'un si grand bien, nous te supplions, Seigneur : fais que nous en retirions les fruits pour notre salut et que jamais nous ne cessions de chanter ta louange[28]. »

Texte traduit par Jacqueline et Cécile Rastoin[29]

---

26. S<sup>t</sup> Augustin (Tract. 27 in Joannem ; Bréviaire romain, « 3<sup>e</sup> jour de l'octave de la Fête-Dieu, Lecture VIII et IX).
27. S<sup>t</sup> Jean Chrysostome (Homelia 61 ad populum Antioch., *ibidem*, Lecture IV).
28. Missel romain, Après-Communion le 1<sup>er</sup> dimanche après Pentecôte.
29. Pp. 53-74, dans : *Source cachée*, Œuvres spirituelles, traduction de l'allemand par J. et C. Rastoin, introduction, présentation et annotation par Didier-Marie Golay ocd, Préface de C. Maccise ocd, nouvelle édition revue et corrigée, Ad Solem-Cerf, Paris, 1999.

## 2.
# Edith Stein : L'organisation de la vie dans l'esprit de sainte Élisabeth

*Introduction*
*Katharina Oost*

L'image qu'Edith Stein trace de sainte Élisabeth de Thuringe dans le texte qui va suivre est, d'une part, liée à la compréhension religieuse de son époque et à des lieux hagiographiques dignes de foi. Il n'est pas important ici d'entrer dans les détails biographiques qui sont lus autrement de nos jours ; il n'est pas nécessaire de montrer dans quelle mesure Conrad de Marbourg a « inventé » après sa mort la sainte qui nous regarde à présent aussi à partir de ce texte afin de gagner lui-même en importance par sa canonisation. Il y a matière à s'étonner de ce qu'Edith Stein ait repris à son compte d'une manière apparemment non réfléchie cette conception sans cesse récurrente dans l'hagiographie, selon laquelle une femme sainte pourrait avoir compris comme un sacrifice l'amour corporel et spirituel accompli envers un homme, la maternité et le mariage ; et on le comprendra sans doute mieux en faisant le lien avec sa propre biographie.

D'autre part, Edith Stein jette sur la sainte le regard critique d'une psychologue et croit discerner chez Élisabeth deux traits de caractère essentiels antithétiques : une force vitale et une fougue amoureuse prête à renverser toutes les limites imparties par les conventions et par son état, comme une extrême dureté dans son commerce avec sa propre nature, avec laquelle elle essaie de faire violence à ses inclinations et de briser sa volonté. Ce conflit qu'elle avait d'abord commencé par mettre à nu dans la nature de la sainte conduit par la suite Edith Stein non plus sur le plan psychologique, mais en tant que philosophe (en référence à la pensée aristotélicienne), à la compréhension selon laquelle même l'être naturel requiert d'être formé ! Mais la formation la plus profonde de la nature s'accomplit d'après la conception chrétienne par la grâce divine, dès lors qu'un être humain remet sans réserve sa volonté dans la volonté de Dieu. Ce faisant, la nature n'est pas détruite, mais est anoblie, même là où le processus d'anoblissement peut être très douloureux : *Gratia supponit naturam et perficit illam* – la grâce soutient la nature et la parachève, selon l'assertion de saint Thomas d'Aquin.

C'est en 1931, pour le 700ᵉ anniversaire de la mort de sainte Élisabeth de Thuringe, qu'Edith Stein élabora ce texte. Il fut publié la même année dans la *Revue bénédictine mensuelle*.

## L'organisation de la vie dans l'esprit de sainte Élisabeth
*Par Mlle Dr Edith Stein / Breslau**

Pourquoi notre époque apprécie-t-elle les commémorations au point que l'on pourrait presque dire qu'elle ne peut s'en passer ? Serait-ce à cause du poids accablant de détresse qui suscite l'envie d'échapper encore et encore, le temps d'un court répit, à l'atmosphère grise et oppressante du temps présent et de se réchauffer au soleil de jours meilleurs ? Mais une telle fuite du présent ne serait qu'une façon bien stérile de commémorer et nous sommes en droit de supposer que ce regard vers le passé naît d'une exigence plus profonde et plus saine, quoique parfois implicite : une génération, dans la misère de son esprit et le désir de l'Esprit, se tourne partout où l'Esprit un jour a jailli en plénitude, afin de s'y désaltérer. Et c'est une pulsion salutaire. Car l'Esprit est vivant, il ne meurt pas. Là où il a été un jour à l'œuvre, modelant les vies et les créations humaines, il ne laisse pas derrière lui que des mémoriaux sans vie mais il est présent par un mode d'être mystérieux, à la manière d'un brasier couvert et bien caché, qui s'embrase vivement d'un seul coup, qui rayonne et propage le feu dès qu'un souffle vient, en le caressant, lui redonner

---

\* Pp. 366 *sqq.* dans : *Revue bénédictine mensuelle*, 13, 1931, fascicules 9/10.

vie. Le regard pénétrant et plein d'amour du chercheur qui découvre dans les mémoriaux du passé cette étincelle cachée, voilà le souffle qui donne vie et fait jaillir la flamme. Les âmes qui s'ouvrent à son action sont la matière qu'il embrase et où il devient puissance qui modèle, qui aide à maîtriser la vie et à façonner la vie présente. Et si c'est un feu de sainteté qui a brûlé un jour sur cette terre et a laissé des traces de cette action, alors tous les lieux et reliques de cette action sont l'objet d'une protection sainte, le brasier caché est alimenté et entretenu mystérieusement par la source originelle de tout feu et de toute lumière, pour toujours resurgir soudain comme une source de grâce qui féconde et ne s'épuise jamais.

Nous avons accès à une semblable source de bénédiction lorsque nous faisons mémoire de la douce sainte qui, ayant vite atteint la perfection, ferma les yeux sur ce monde il y a sept cents ans pour entrer dans la gloire rayonnante de la lumière éternelle. L'histoire de sa vie nous fait songer à un conte de fées : il était une fois une fille de roi, Élisabeth, qui naquit au château de Presbourg, tandis qu'au même moment le magicien Klingsor lisait sa naissance dans les astres et annonçait sa gloire future et son importance pour le pays de Thuringe. Elles nous semblent tirées des Mille et une nuits, la description des trésors amassés par la reine Gertrude afin de pourvoir un jour magnifiquement à l'établissement de sa fillette, l'évocation des voitures emplies de toutes ces splendeurs qui partent avec la petite princesse de quatre ans lorsque le landgrave Hermann de Thuringe l'envoya chercher pour être la fiancée de son fils et la ramener au lointain château de la Wartburg. La reine promit d'envoyer encore par la suite une dot magnifique. Mais sa quête insatiable de richesse, de gloire et de pouvoir s'acheva brutalement : la reine fut assassinée par des conspirateurs, laissant orpheline l'enfant qu'elle avait envoyée au loin pour lui assurer une couronne.

C'est la chaleureuse intimité d'un conte populaire allemand que nous évoque maintenant l'histoire des enfants, Louis et Élisabeth, qui grandirent ensemble en s'aimant tendrement comme frère et sœur et qui demeurèrent inébranlablement fidèles l'un à l'autre alors que tout se liguait pour les séparer, et que tous se détournaient peu à peu de l'étrange fillette venue d'ailleurs qui préférait fréquenter des mendiants loqueteux plutôt que de festoyer joyeusement, une enfant dont la place semblait être plutôt dans un monastère que sur un trône princier, au centre d'une vie de cour rayonnante et exubérante, comme y était accoutumée la noblesse de Thuringe à la cour de la Wartburg depuis l'époque du landgrave Hermann.

Voici ensuite le roman de chevalerie : l'adoubement du jeune landgrave et son accession au pouvoir, le mariage somptueux du jeune couple princier et son bonheur conjugal, l'existence d'Élisabeth régnant au côté de son époux – fêtes, chasses, longues chevauchées à travers tout le pays, avec de plus une discrète sollicitude pour les pauvres et les malades aux environs de la Wartburg ; plus tard la gravité croissante des soucis du règne : expéditions guerrières de son époux, régence en son absence, lutte contre la famine et les épidémies qui déciment le peuple, et dans le même temps contre les résistances de son entourage qui ne veut pas lui permettre de lutter de toutes ses forces contre la misère. Enfin voici le serment de croisé du landgrave, la douleur déchirante des adieux et de la séparation, l'effondrement de la jeune veuve, toute désemparée à l'annonce de la mort de son époux. Un destin de femme semblable à beaucoup d'autres, en apparence.

Mais la vie qui commence maintenant est nouvelle et ne ressemble à nulle autre. Celle qui est plongée dans le chagrin se relève en *mulier fortis*, telle que la célèbre la liturgie de sa fête, et elle prend son destin en main. Par une nuit d'orage, elle quitte la Wartburg, où on ne veut plus la laisser vivre comme le lui prescrit sa conscience. Elle cherche asile pour elle et pour ses enfants à Eisenach et, n'y trouvant pas de logement convenable, elle accepte provisoirement l'hospitalité de parents du côté maternel. Lorsque aboutit la réconciliation avec les frères de son époux et qu'elle retrouve sa place à la Wartburg avec tous les honneurs et dans un climat d'entente fraternel, c'est elle qui ne supporte pas d'y demeurer longtemps : elle doit suivre jusqu'au bout le chemin qui s'est ouvert devant elle, abandonner son rang de princesse pour vivre avec les plus pauvres, comme une des leurs, confier ses enfants à d'autres mains pour ne plus appartenir elle-même qu'au Seigneur et pour le servir dans ses membres souffrants. Dépouillée de tout, elle se consacre au Seigneur, lui qui a renoncé à tout pour les siens : en ce vendredi saint de l'année 1229, elle pose les mains sur l'autel nu de l'église franciscaine de Marbourg et revêt l'habit de l'ordre auquel elle appartenait comme tertiaire depuis des années déjà, sans pouvoir vivre totalement de son esprit, selon le désir de son cœur. Elle est désormais la sœur des pauvres et les sert dans l'hôpital qu'elle leur a fait construire. Mais cela ne dure guère : la jeune femme épuise toutes ses forces en deux ans et est introduite à vingt-quatre ans dans la joie de son Seigneur.

Voilà donc une vie qui, de par ses événements extérieurs, est assez haute en couleur et suffisamment attrayante pour satisfaire l'imagination ainsi que pour susciter l'étonnement et l'admiration. Mais ce n'est pas ce qui nous intéresse. Nous aimerions aller au-delà des faits extérieurs, sentir battre le cœur qui a vécu un tel destin et accompli de tels actes, nous imprégner de l'Esprit qui l'animait. Tous les faits qu'on nous rapporte au sujet d'Élisabeth, toutes les paroles qu'on a conservées d'elle nous révèlent *une seule chose* : *un cœur brûlant*, qui étreint tout ce qui l'approche avec un amour tendre, profond et fidèle. Ainsi, sa petite main d'enfant s'est mise, pour ne plus jamais la lâcher, dans celle du jeune garçon que ses ambitieux parents lui avaient donné pour époux dans leur soif de pouvoir politique. C'est ainsi qu'elle est restée sa vie durant avec les compagnes de jeu qu'on avait mises auprès d'elle dans sa plus tendre enfance jusqu'à ce que, peu avant sa mort, son sévère directeur de conscience ne les éloignât pour défaire le dernier lien d'amour humain. Ainsi, elle a porté dans son cœur les enfants à qui, étant encore enfant elle-même, elle avait donné le jour. Et lorsqu'elle s'en sépara, ce fut aussi bien par amour maternel, ne voulant pas leur imposer sa voie par trop austère, que par son sens de devoir maternel, ne voulant pas les soustraire arbitrairement à leurs conditions naturelles d'existence : mais il vint aussi un moment où elle comprit que l'amour excessif qu'elle ressentait à leur égard représentait une entrave pour suivre l'appel de la volonté de Dieu.

Dès sa prime jeunesse, son cœur débordant d'un amour ardent et miséricordieux s'ouvre à tous les malheureux et à tous les affligés.

Elle éprouve le besoin de nourrir les affamés, de soigner les malades, mais elle ne se contente jamais de combattre la seule misère matérielle, elle éprouve toujours le désir de réchauffer au contact de son cœur les cœurs qui ont froid. Dans son hôpital, les enfants pauvres courent se jeter dans ses bras et l'appellent leur mère car ils sentent l'authenticité de l'amour maternel qui vient au-devant d'eux. Toute cette richesse d'amour débordant s'alimente à une source inépuisable : l'amour du Seigneur qui a toujours été très proche d'elle, aussi loin que remontent ses souvenirs. Lorsque son père et sa mère se sont séparés d'elle, il l'a accompagnée dans la lointaine terre étrangère. Depuis qu'elle sait sa présence permanente dans la chapelle du château, elle y est attirée, s'échappant au beau milieu de ses jeux d'enfant. Là, elle se sent chez elle. Lorsqu'elle est en butte au mépris ou à la moquerie, elle y trouve consolation. Nul n'est aussi fidèle que le Seigneur. C'est pourquoi elle doit aussi lui être fidèle et l'aimer plus que tout autre et plus que toute chose. Aucune image humaine ne doit chasser de son cœur son image. C'est pourquoi un vif remords s'empare d'elle quand la petite cloche sonne au moment de la transsubstantiation du corps et du sang du Christ, cette clochette qui la fait tressaillir et lui fait prendre conscience que ses yeux et son cœur sont tournés vers son époux présent à ses côtés, et non vers la sainte victime. Elle ne supporte pas de se voir avec des bijoux et une couronne lorsqu'elle contemple devant elle le Crucifié, nu et sanglant sur la croix. Il a ouvert tout grands ses bras afin d'attirer à lui tous les hommes qui peinent et ploient sous le fardeau. À tous ceux-là, elle doit apporter l'amour du Crucifié et réveiller en eux leur amour pour le Crucifié. Tous sont membres du Corps mystique du Christ. Elle sert le Seigneur en les servant. Mais elle doit aussi avoir le souci qu'ils en deviennent, par la foi et l'amour, des membres vivants. Elle cherche à conduire au Seigneur tous ceux qui s'approchent d'elle et l'apostolat qu'elle exerce est béni. La vie de ses amies l'atteste, comme en témoignent aussi éloquemment l'évolution de son mari et la transformation intérieure de son beau-frère Conrad qui embrassa la vie religieuse après la mort d'Élisabeth et manifestement sous son influence. L'amour du Christ, voilà l'Esprit qui a comblé et façonné la vie d'Élisabeth et d'où jaillit son amour inlassable du prochain.

Il est encore un autre trait du caractère d'Élisabeth qui découle de cette même source : sa gaieté, qui lui gagnait tous les cœurs. Elle aime les jeux d'enfants un peu fous et y prend encore plaisir alors qu'elle aurait dû les avoir quittés depuis longtemps, selon les conceptions de l'époque en matière d'étiquette et d'usage. Elle apprécie tout ce qui est beau, elle sait très bien se parer, organiser des fêtes somptueuses et réjouir ses invités, comme son rang de princesse lui en fait un devoir. Mais c'est avant tout dans les chaumières des pauvres qu'elle veut apporter la joie. Elle offre des jouets aux enfants et joue avec eux. Et même la veuve chagrine qui a vécu avec elle dans les derniers temps de sa vie ne peut troubler sa joie et doit se faire à ses plaisanteries. Elle est bouleversée au plus profond de son cœur en ce jour de fête pour les pauvres où elle en a invité des milliers à Marbourg afin de leur distribuer de sa propre main le reste de ses rentes de veuve, qu'on lui avait versées argent comptant. Elle a passé sans relâche au milieu des pauvres, du matin jusqu'au soir, pour donner à chacun sa part. À la tombée de la nuit, beaucoup étaient encore là, trop faibles et trop misérables pour prendre déjà le chemin du retour. Ils campaient à la belle étoile et Élisabeth leur fit faire du feu. Ils s'en trouvèrent bien et se mirent à chanter autour des feux de camp. La princesse les écouta, étonnée et admirative ; c'était la confirmation de ce qu'elle avait cru et pratiqué toute sa vie : « Voyez, je vous l'ai toujours dit, il faut seulement rendre les pauvres joyeux. » Elle était depuis longtemps persuadée que Dieu a créé ses créatures pour la joie et qu'il convient de lever vers lui un visage rayonnant. Elle en eut encore confirmation lorsque, sur son lit de mort, ce fut le doux chant d'un petit oiseau qui l'appela à la joie éternelle.

Un débordement d'amour et de joie se déployait dans un naturel libre qui ne se soumettait à aucune convention. Devait-on marcher à pas mesurés et susurrer délicatement des formules toutes faites quand retentissait à l'extérieur, aux portes du château, le signal annonçant le retour du Seigneur des lieux ? Rien n'y faisait. Élisabeth oubliait systématiquement les règles de l'étiquette lorsque son cœur

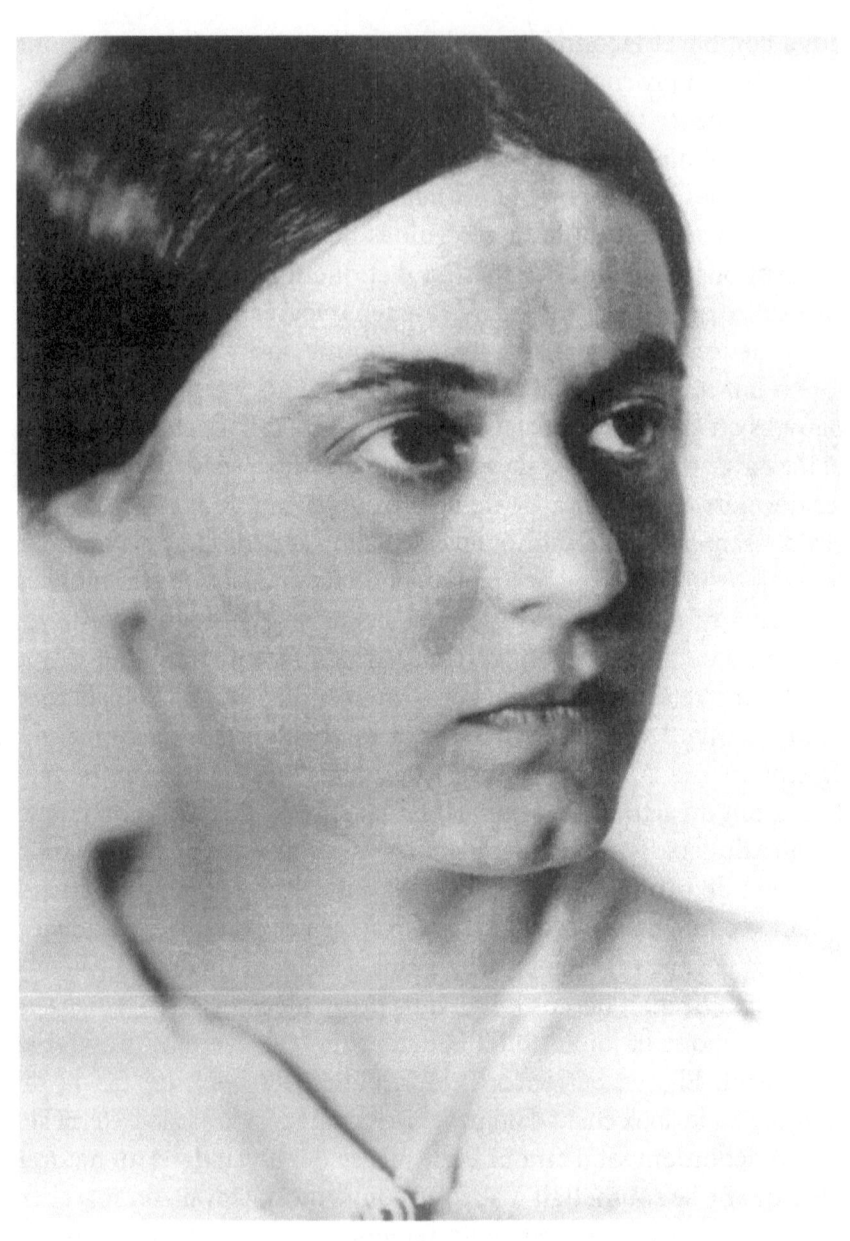

*Edith Stein, conférencière à Vienne en 1931.*

se mettait à battre la chamade, et elle suivait le rythme et la cadence de son cœur. Ou encore, devait-on à l'Église penser à la manière autorisée de manifester sa dévotion ? Élisabeth ne pouvait, elle, faire autrement que d'agir comme le lui commandait l'amour, même si elle devait recevoir des blâmes sévères. Elle ne put jamais vraiment se faire à l'idée qu'il ne convenait pas qu'elle distribue elle-même ses dons aux pauvres, qu'elle bavarde amicalement avec eux, qu'elle aille dans leurs chaumières et leur apporte chez eux le nécessaire[1].Elle ne voulait être ni entêtée ni désobéissante, elle ne souhaitait pas vivre en conflit avec les siens mais les voix humaines ne pouvaient rien contre l'impérieuse voix qu'elle entendait en elle. C'est pourquoi elle ne pouvait pas vivre longtemps avec ceux qui étaient esclaves des conventions, qui ne pouvaient ni ne souhaitaient se défaire de vieilles habitudes et de visions du monde bien enracinées. Elle le put tant qu'un lien sacré la retenait et qu'un protecteur fidèle se trouvait à ses côtés, lui qui savait être compréhensif envers elle et tenir compte des aspirations de son cœur tout en ayant l'intelligence de considérer les exigences de l'entourage. Après la mort de son mari, Élisabeth dut quitter ce milieu où elle était née et avait été élevée pour suivre sa propre voie. Ce fut une rupture brutale et douloureuse, pour elle aussi assurément. Mais avec son cœur si aimant qui n'acceptait aucun obstacle la séparant de ses frères et sœurs souffrants, elle trouva le chemin que cherchent vainement à se frayer tant de personnes de bonne volonté qui y mettent toutes leurs forces : le chemin jusqu'aux cœurs des pauvres.

Il est un désir humain qui traverse tous les siècles, qui ne trouve jamais de repos et s'exprime avec plus ou moins de force. Un de ceux qui l'éprouva de manière particulièrement intense a su le définir en une formule éclairante : le retour à la nature. Et un autre, qui poursuivit cet idéal en vain toute sa vie jusqu'à s'effondrer lui-même, a brossé un portrait étrangement perspicace de l'être humain dont tout le comportement jaillit de la source la plus intérieure en un mouvement ininterrompu et n'obéit qu'à la seule loi du cœur –

---

1. < Traduction légèrement modifiée ici. >

sans examen de la raison et sans effort de la volonté, ce qui ne ferait de lui qu'une charmante marionnette[2].

Sainte Élisabeth correspond-elle à cet idéal ? Les faits que nous avons relatés et qui témoignent de sa spontanéité semblent aller dans ce sens. Mais les sources rapportent d'autres faits qui manifestent non moins clairement une volonté d'acier, une lutte impitoyable contre sa propre nature : l'aimable sainte à la gaieté printanière, si séduisante par son naturel, est en même temps une ascète austère. Elle a discerné suffisamment tôt qu'il n'était pas sans danger de s'abandonner sans frein aux impulsions de son cœur. L'amour excessif pour les siens, l'orgueil et la cupidité valurent à la reine Gertrude la haine du peuple hongrois et lui préparèrent une mort cruelle et brutale sous la main de meurtriers. Une passion non réfrénée poussa la sœur de Gertrude, Agnès de Méran, à des rapports adultères avec le roi de France, entraînant l'interdit sur tout le royaume de ce dernier. Une ambition politique sans scrupule conduisit le landgrave Hermann à passer sa vie dans des conflits inextricables et incessants jusqu'à finalement mourir excommunié. Élisabeth dut même voir son propre époux pris par moments dans d'injustes conflits de pouvoir et frappé d'excommunication. Son propre cœur était-il aussi libre de ces puissances inquiétantes ? Oh non, elle ne savait que trop qu'elle ne pouvait se laisser gouverner sans danger par son propre cœur !

Quand l'enfant invente avec une pieuse astuce des jeux qui lui permettent de se précipiter joyeusement à la chapelle ou de se jeter à terre afin de pouvoir dire ses prières en secret, c'est le signe certes d'une puissante emprise de la grâce dans ce cœur d'enfant : mais cela peut fort bien révéler aussi que son cœur pressent le risque de s'éloigner de Dieu et de se perdre dans le jeu. C'est encore plus évident quand la jeune fille, après sa première danse, se retire le visage grave en déclarant : une danse suffit pour le monde, je veux renoncer aux autres pour l'amour de Dieu. Quand elle se lève la nuit et s'agenouille pour prier, ou qu'elle quitte sa chambre pour se faire fouetter par ses servantes, il ne s'agit pas là seulement d'un désir général de faire

---

2. Heinrich von Kleist, *Über das Marionettentheater*.

pénitence et d'endurer des souffrances volontaires par amour du Seigneur mais plutôt d'une volonté délibérée de se garder du danger d'oublier le Seigneur auprès de l'époux qu'elle aime. Assurément le sens de la beauté, inné chez Élisabeth, lui faisait préférer les beaux enfants à ceux qui étaient laids et la faisait tressaillir de dégoût à la vue et à l'odeur de plaies répugnantes. Sa recherche inlassable des créatures dans une telle misère pour les soigner elle-même révèle, en même temps que son amour miséricordieux pour les plus pauvres, la volonté de surmonter sa répulsion naturelle. Jusque dans les dernières années de sa vie, Élisabeth a adressé trois demandes au Seigneur : mépriser tous les biens de la terre, supporter joyeusement les humiliations et être libérée d'un amour excessif pour ses enfants. Elle a pu dire à ses servantes qu'elle avait été exaucée en tout. Mais le fait d'avoir dû le demander signifie que cela n'était pas dans sa nature et qu'elle a sans doute lutté longtemps en vain.

Modeler sa vie de manière à plaire à Dieu, tel est le but auquel tend Élisabeth ; mais elle n'y tend pas pour elle seule, en luttant contre sa propre nature, elle tente aussi d'agir sur ceux qui l'entourent de manière délibérée et avec la même inflexible fermeté. En tant qu'épouse du landgrave, elle s'efforce de lutter contre l'excessive magnificence des toilettes des dames de la noblesse et de les amener à renoncer à telle ou à telle coquetterie. Quand elle commence à éviter tous les mets provenant de revenus illégitimes — ce qui la contraint souvent à rester affamée devant la table princière si bien pourvue —, elle trouve tout naturel que ses deux fidèles compagnes Guda et Isentrud partagent ses privations, de même qu'elles la suivront plus tard dans la misère de son exil volontaire et de son choix de la pauvreté. Et, dans l'observance de ses interdits alimentaires, quelle contestation de la manière de vivre de son entourage ! Sa forme de vie de plus en plus rigoureuse entraînait aussi des exigences de plus en plus importantes pour son mari ; voir avec quelle dureté elle se traitait elle-même, comment elle mettait sa santé en danger, distribuait les biens de son mari à pleines mains et provoquait de ce fait l'opposition de sa famille et de toute la domesticité de la cour, comment enfin elle luttait pour éviter d'être trop attachée à son mari dans l'intime de son cœur et comment elle se plaignait même d'être retenue par les liens du mariage, tout cela exigeait aussi de la part de son époux une héroïque victoire sur lui-même, et l'on comprend la réputation de sainteté que le jeune landgrave acquit auprès du peuple, en supportant tout cela avec amour et patience et en s'efforçant loyalement de seconder son épouse dans son désir de perfection.

Ce furent avant tout les enseignements de l'Évangile et la pratique générale de l'ascèse de cette époque qui servirent de guides à Élisabeth dans sa recherche de perfection. Parfois elle est éclairée par la soudaine perception d'une vérité intérieure et elle cherche à la mettre en pratique. Quand les Franciscains arrivent en Allemagne et que Rodiger[3], son hôte à la Wartburg, l'entretient de la vie du pauvre d'Assise, elle reconnaît ce qu'elle cherchait dans un idéal précis et une forme de vie définie. Désormais elle sait clairement et une fois pour toutes ce qu'elle veut et qu'elle a toujours désiré : être totalement pauvre, aller mendier de porte en porte, ne plus être liée par aucun bien ni aucun lien humain, être débarrassée de sa propre volonté, bref, appartenir entièrement au Seigneur. Le landgrave Louis ne put se résoudre à défaire le lien conjugal et à la laisser partir loin de lui. Mais il voulut bien l'aider à suivre la règle de vie la plus compatible possible avec son idéal. Il était préférable pour elle d'avoir comme père spirituel non pas un franciscain, ce qui n'aurait pu lui permettre d'apaiser les désirs irréalisables qu'elle nourrissait, mais plutôt quelqu'un qui pût contrôler son caractère excessif avec une sagesse sereine tout en comprenant son aspiration la plus profonde. Tel était bien Maître Conrad de Marbourg qui fut recommandé au landgrave pour devenir le directeur spirituel de son épouse. Un prêtre séculier certes, mais aussi pauvre qu'un moine mendiant, extrêmement rigoureux envers lui-même comme envers les autres, entièrement consacré au service du Seigneur ; il parcourut ainsi

---

3. Le frère Rodinger (Edith Stein fait une erreur d'orthographe) fut le confesseur d'Élisabeth jusqu'en 1224. C'est l'un des premiers germaniques à embrasser la règle de saint François, dont il parle à Élisabeth.

l'Allemagne, afin de prêcher la croisade et lutter pour l'intégrité de la foi. Élisabeth lui promit obéissance en 1225 et demeura sous sa direction jusqu'à la mort. Lui obéir et lui rester si longtemps assujettie fut bien ce qui brisa le plus totalement la volonté propre d'Élisabeth car il n'entreprit pas seulement un âpre combat contre les instincts naturels, selon le désir qu'elle avait elle-même, mais il dirigea aussi son amour de Dieu et du prochain vers d'autres voies que celles qu'elle aurait prises de son propre mouvement. Il ne lui permit jamais de se défaire de tous ses biens, ni avant ni après la mort de son mari, il l'empêcha de donner des aumônes sans discernement, les restreignit progressivement jusqu'à les lui interdire totalement ; il tenta aussi de la tenir éloignée du soin des malades contagieux (le seul point sur lequel Élisabeth, jusqu'à la fin, ne se soumit pas complètement).

Son idéal de perfection n'était certes pas moindre que celui d'Élisabeth. Il se rendit immédiatement compte de la sainteté de l'âme qui était confiée à sa direction et il voulut faire tout son possible pour la conduire au sommet de la perfection. Mais il n'avait pas la même conception qu'elle des moyens pour y parvenir. Il voulut d'abord lui apprendre à poursuivre son idéal *dans sa condition* d'épouse et de princesse, de la même manière qu'il n'avait pas lui non plus jugé nécessaire d'entrer dans un ordre. Aussi ce fut comme tertiaire qu'il lui permit de se rattacher à l'Ordre franciscain et il interpréta pour elle les vœux de manière adaptée à ses conditions d'existence. Elle devait remplir tous ses devoirs conjugaux tant que son mari vivait mais renoncer à un remariage s'il venait à mourir. Elle devait vivre pauvrement sans dilapider follement ses biens, mais au contraire les gérer pour les pauvres avec sagesse. Le début de cette vie de pauvreté fut marqué par l'interdiction de consommer tout mets dont la provenance n'était pas légitime. Cette pratique fut la cause de son départ de la Wartburg après la mort de son mari, selon les recherches les plus récentes. Son beau-frère Henri Raspe n'aurait plus voulu tolérer qu'elle se singularisât à la table princière et lui suspendit les revenus provenant de ses rentes de veuve pour la contraindre à se soumettre (et sans doute aussi pour mettre fin à ses aumônes dispendieuses). Après la misère et l'abandon extrêmes dans lesquels elle était tombée lors de cet exil volontaire ou forcé, elle ne pouvait plus se réhabituer à ses anciennes conditions de vie. Elle ne revint à la Wartburg que provisoirement, après sa réconciliation avec la famille du landgrave, et elle commença aussitôt à s'entretenir avec Maître Conrad sur la manière de réaliser au mieux son idéal franciscain. Il n'accepta aucune de ses propositions, ne l'autorisa ni à entrer dans un monastère ni à mener une vie d'ermite ou de mendiante. Mais il ne put lui défendre de renouveler ses vœux et de prendre l'habit de l'ordre. Il consentit aussi à la voir s'installer dans la ville de Marbourg où il habitait. Il détermina selon sa conception la forme de vie qu'elle devait mener en faisant construire un hôpital à Marbourg avec les ressources dont elle disposait et en lui assignant là des services bien définis. Elle n'utiliserait pas ses revenus pour elle-même mais gagnerait sa maigre subsistance par le travail de ses mains (en filant la laine pour le monastère d'Altenburg), selon son idée à elle, qui correspondait aussi à la pensée de son directeur. Selon le point de vue de Maître Conrad, sa tâche la plus rude et essentielle était d'apprendre l'obéissance à sa protégée. Il nourrissait la sainte conviction que l'obéissance valait mieux que le sacrifice et qu'on ne saurait atteindre la perfection sans renoncer à tous ses désirs et à toutes ses inclinations propres. Et dans son zèle pour réaliser cette fin, il se laissa aller à imposer des pénitences corporelles à chaque infraction renouvelée à ses directives. Élisabeth était certainement entièrement d'accord avec lui sur ce point. La preuve n'en est pas seulement qu'elle supportait ces dures humiliations avec douceur et patience mais aussi qu'elle n'aurait pas cédé sur un point aussi essentiel que la forme de vie désirée si elle n'avait été pénétrée de l'importance de l'obéissance. Elle considérait comme le représentant de Dieu ce directeur spirituel qu'on lui avait donné, qu'elle n'avait pas choisi elle-même. Sa parole faisait connaître la volonté de Dieu plus infailliblement que les impulsions de son propre cœur. Car tel était bien finalement l'essentiel : donner à sa vie la forme voulue par Dieu. C'est pourquoi tous deux ont mené une lutte impitoyable contre les inclinations naturelles.

Tantôt c'est Élisabeth qui prend l'initiative et demande seulement le consentement de Maître Conrad ; ainsi en va-t-il lors de son installation à Marbourg et lors de la séparation d'avec ses enfants. Tantôt c'est Conrad qui ordonne et Élisabeth qui s'incline par obéissance ; c'est le cas lorsqu'il la sépare de ses chères amies de jeunesse et les remplace par des compagnes bien difficiles à supporter ; ou encore lorsqu'il la prive de plus en plus de la joie de distribuer personnellement ses aumônes jusqu'à le lui interdire totalement. Sur un seul point, elle n'a jamais cédé entièrement : avoir chez elle, en plus de son service à l'hôpital, un enfant atteint d'un mal particulièrement horrible et être seule à s'en occuper. À sa mort, un enfant atteint de la gale était encore là, assis à son chevet, comme le rapporta lui-même Maître Conrad au pape Grégoire IX qui lui avait confié, après la mort du landgrave, la responsabilité de la veuve et auprès de qui il s'employa avec zèle pour obtenir la canonisation d'Élisabeth aussitôt après sa mort.

Nous avons donc une image à deux facettes, semble-t-il, de notre sainte et de la manière dont sa vie prit forme progressivement : d'un côté un tempérament impétueux qui suit avec des élans spontanés les impulsions d'un cœur ardent et plein d'amour, sans se laisser entraver par des retours sur soi ou par les objections d'autrui ; de l'autre côté, une volonté qui sait se montrer forte pour passer à l'acte, qui s'efforce inlassablement de dompter sa nature propre et qui se contraint à adopter une forme de vie préétablie, reprise d'ailleurs, contredisant consciemment les aspirations de son cœur au nom de fermes principes.

Mais il existe une perspective à partir de laquelle les contraires peuvent être saisis et finalement unifiés en une harmonie qui comble seule véritablement cette nostalgie de naturel. Lorsqu'on affirme que « la nature de l'homme est naturellement bonne », cela présuppose la croyance en une force structurante en l'homme qui agit de l'intérieur vers l'extérieur pour façonner l'être humain et sa vie en un tout construit harmonieusement, à la forme achevée, si cette force n'est pas perturbée par des pressions ou des attractions extérieures. Mais l'expérience ne confirme pas cette belle croyance. La forme est bien cachée à l'intérieur mais elle est empêtrée dans un foisonnement de liens qui l'empêchent de s'exprimer à l'extérieur dans toute sa pureté. Qui s'abandonne à sa propre nature est poussé de-ci de-là, il ne parvient pas à être modelé, façonné de manière cohérente. Or être sans forme n'est pas être naturel. En revanche, celui qui discipline sa propre nature, émonde le foisonnement de ses pulsions et tente de lui donner la forme qui lui semble bonne — une forme qu'il a peut-être trouvée toute prête à l'extérieur —, peut bien fournir ici et là à la forme intérieure un espace pour s'exprimer librement mais il peut aussi bien lui faire violence de telle sorte qu'au lieu d'une nature librement développée apparaisse une forme contrainte et artificielle.

Notre connaissance est partielle ; en ne se fondant que sur elle, notre volonté et nos actes ne peuvent façonner qu'une création incomplète ; ne serait-ce que parce que notre volonté ne se domine pas parfaitement et s'effondre souvent avoir d'atteint son but. Et cette force intérieure qui façonne l'être mais qui se trouve enchaînée s'efforce de s'élever à la rencontre d'une lumière qui la guide plus sûrement et vers une force qui la libère et lui donne un champ où s'exercer. Il s'agit de la lumière et de la force de la grâce divine. L'attraction de la grâce divine était puissante dans l'âme d'Élisabeth enfant. Elle s'embrasa et la flamme de l'amour de Dieu s'éleva haute et lumineuse, venant à bout de tous les obstacles et de tous les liens. C'est alors que cet être fragile se plaça entre les mains du Dieu créateur. Sa volonté devint un instrument docile de la volonté divine et, guidée par cette dernière, elle put entreprendre de dompter et d'émonder sa propre nature, afin de laisser le champ libre à sa forme intérieure ; elle put aussi adopter une forme extérieure, qui correspondait à celle de l'intérieur, et dans laquelle elle put s'introduire et croître sans perdre l'orientation qui lui était naturelle. Et c'est ainsi qu'elle s'éleva jusqu'à cette humanité accomplie, pure expression de la nature libérée et transfigurée par la force de la grâce. Pour qui est parvenu à ce sommet, suivre l'attrait de son cœur est sans danger, car ce cœur a pénétré dans le cœur divin et bat à son rythme et à sa mesure. L'expression audacieuse d'Augustin fournit alors la seule règle dans l'art de donner forme à sa vie : *Ama et fac quod vis*[4].

*Texte traduit par Jacqueline et Cécile Rastoin*[5]

---

4. Aime et fais ce que tu veux.
5. Pp. 81-98, dans : *Source cachée*, Œuvres spirituelles, traduction de l'allemand par J. et C. Rastoin, introduction, présentation et annotation par Didier-Marie Golay ocd, préface de C. Maccise ocd, nouvelle édition revue et corrigée, Ad Solem-Cerf, Paris, 1999.

# 3.
# Sancta Discretio

*Introduction*
*Katharina Oost*

Par cette méditation rédigée en 1938 et publiée en 1962 dans la *Revue bénédictine mensuelle*, Edith Stein dirige son regard vers ce qui se trouve au cœur de la spiritualité bénédictine, à savoir la *discretio*. Au chapitre 64 de sa règle, S$^t$ Benoît trace l'image de l'abbé qui doit se distinguer par cette *discretio* précisément, *la mère de toutes les vertus*. En toutes choses qu'effectue l'abbé, dit S$^t$ Benoît, qu'il discerne comme il faut et fasse preuve de mesure. Qu'il songe au discernement empreint de mesure de S$^t$ Jacob qui disait : « si je malmène mon troupeau en chemin, tout le bétail courra en un jour à sa perte. » « Qu'il fasse ainsi preuve en toutes choses de mesure, afin que les forts trouvent ce à quoi ils aspirent et que les faibles ne prennent point la fuite. » — La mère de toutes les vertus — une vertu maternelle !

Le premier biographe de S$^t$ Benoît, le pape Grégoire le Grand, estime que saint Benoît a écrit une règle qui se caractérise par le discernement empreint de mesure — *regulam discretione praecipuam*[1]. Ce qui caractérise l'œuvre doit également être propre à son auteur.

*Discretio*, observer la mesure, distinguer les esprits présuppose que l'on ait une conscience de soi, une connaissance de soi, et que

---

1. Grégoire le Grand : *Der hl. Benedikt*, éd. par ordre de la Conférence salzbourgeoise des abbés, S$^t$ Ottilien, 1995, Chap. 36. – Edith Stein confond manifestement dans sa première citation deux mots latins à tonalité presque identique : *perspicuus (évident, clair, diaphane)* et *praecipuus (qui se distingue, insigne)*.

l'on jugule ses passions et son affect. Ce sont la vertu cardinale de la *temperantia*, l'idéal des vertus chevaleresques des *mâze*, qui sont envisagés ici.

Comment parvient-on à un tel art dans le commerce avec soi-même ? demande Edith Stein qui répond ainsi : jamais par nature seulement, mais en dernier ressort toujours par la grâce. Non par la voie de la pensée discursive et de l'analyse, mais par la vision synoptique. À son terme, au sommet de la connaissance qui a la faculté de distinguer la vision bienheureuse. Celle-ci aussi toujours par la grâce uniquement.

## Sancta Discretio[2]

*Sœur Thérèse Bénédicte de la Croix ocd. (Mlle le Dr Edith Stein)*\*

On désigne la sainte règle de S$^t$ Benoît « discretione perspicua », c'est-à-dire « qui se caractérise par la discrétion ». La discrétion passe pour être le sceau particulier de la sainteté bénédictine. Mais au fond il n'y a sans elle aucune sainteté, et même, si on la conçoit d'une manière suffisamment profonde et large, elle coïncide avec la sainteté elle-même.

On confie à quelqu'un quelque chose « en toute discrétion », c'est-à-dire que l'on attend de l'autre qu'il observe le silence là-dessus. Mais la discrétion est plus que le silence. La discrétion sait sans que l'on ait à prier l'autre de taire ce sur quoi il doit observer le silence. L'autre a le don de distinguer ce qui doit être tu et ce qui doit être révélé, à quel moment il est temps de parler et à quel moment celui de se taire, à qui l'on peut confier quelque chose et à qui l'on ne le peut. Tout ceci vaut pour ses propres affaires comme pour celles d'autrui. Nous estimons aussi que quelqu'un fait preuve d'indiscrétion lorsque cette personne parle sur ce qui le concerne là où c'est déplacé. Celui qui est discret n'effleure pas non plus par

---

\* *Erbe und Auftrag* (*Héritage et mission*), 38, 1962, fascicule n° 3, pp. 179 *sqq*.

2. Edith Stein avait dédié sa méditation à sa maîtresse des novices et future biographe, M. Teresia Renata a Spiritu Sancto, pour sa fête (le 15 octobre 1938). C'est dans le *Nachlass* de cette dernière que se trouvait ce texte.

des questions ce qui ne doit pas l'être. Mais il sait aussi quand et où une question est opportune, et quand il serait blessant d'omettre de la poser.

On nous offre une somme à discrétion, c'est-à-dire qu'on la met à notre libre disposition. Cela ne signifie pas que nous pouvons en disposer à notre guise. Le donateur nous en laisse l'emploi parce qu'il est persuadé que nous sommes le mieux en mesure de distinguer ce que nous pouvons en faire. Ici aussi donc la discrétion est le don de distinguer.

Quiconque doit diriger des âmes la requiert dans une mesure particulière. S$^t$ Benoît en parle dans le cadre de ce qui doit être exigé d'un abbé (voir *Regula*, chap. 64) : il doit « avoir et être réfléchi » lorsqu'il donne des ordres, et qu'il s'agisse d'un travail divin ou séculier qu'il impose – il doit distinguer et mesurer, en se rappelant cette distinction de Jacob, qui disait : « Si j'attends trop de mon troupeau en chemin, tout le bétail mourra en un jour » (Gen. 33, 13). Il doit prendre ce témoignage à cœur et d'autres, et tout peser de sorte qu'il atteigne ce à quoi aspirent les valeureux et ce dont les faibles ne s'effraieront pas ! »

On pourrait ici rendre « discrétion » par « sage mesure ». Mais la source de ce type de sage mesure est le don de discerner ce qui est approprié pour chacun.

Or d'où vient ce don ? Il y a quelque chose de naturel qui en rend capable jusqu'à un certain point. Nous l'appelons tact ou délicatesse, le fruit d'une culture et d'une sagesse spirituelles héritées et acquises grâce à toutes sortes de travaux éducatifs et d'expériences existentielles. Le cardinal Newman dit que le gentleman parfait ressemble à s'y méprendre au saint. Mais cela ne suffit néanmoins que jusqu'à un certain degré de charge. Au-delà, cet équilibre naturel de l'âme s'effondre. La discrétion naturelle ne pénètre pas non plus en profondeur. Elle sait fort bien « comment s'y prendre dans le commerce avec les êtres humains » et prévenir aussitôt avec du baume les frictions dans le rouage de la vie sociale. Mais les pensées du cœur, le tréfonds de l'âme lui restent cachés. Seul y pénètre l'esprit qui scrute tout, même les profondeurs de la sphère divine. La véritable discrétion est surnaturelle. Elle ne se trouve que là où règne le Saint-Esprit, là où une âme guette dans le don sans partage et dans la mobilité sans entrave la voix suave du doux hôte, et est attentive à son signe.

Faut-il voir dans la discrétion un don du Saint-Esprit ? Elle ne doit pas être conçue comme l'un des sept dons connus ni comme un huitième et nouveau don. Elle ressortit essentiellement à chaque don, et même l'on peut bien dire que les sept dons constituent différents aspects de cet unique don. Le don du « respect » « distingue » en Dieu la *divina maiestas* et mesure la distance incommensurable entre la sainteté de Dieu et notre propre impureté. Le don de la piété distingue en Dieu la *piété*, la *bonté du Père*, et lève vers lui un regard empreint d'un amour à la fois enfantin et plein de vénération, d'un amour qui sait distinguer ce qui revient au *Père* dans le Ciel.

Pour ce qui est de l'*intelligence*, de toute évidence elle est le don du discernement, discernement de ce qui est le plus adapté à chaque situation existentielle. En ce qui concerne la *force*, on serait enclin à penser qu'il s'agit ici de quelque chose qui relève purement de la volonté. Mais la dissociation entre l'intelligence qui reconnaît le droit chemin sans l'emprunter et une force qui s'impose aveuglément n'est possible que dans le seul domaine naturel. Là où l'Esprit saint domine, là l'esprit humain pourra être guidé sans résistance. L'intelligence détermine sans inhibition le comportement pratique, la force est éclairée par l'intelligence. C'est l'union de ces deux facultés qui permet à l'esprit humain de se plier docilement aux circonstances. Parce qu'il s'est abandonné sans résistance à l'Esprit saint, il est à la hauteur de tout ce qui se présente à lui. Cette lumière céleste lui permet de distinguer en tant que don de la *science* en toute clarté tout ce qui est créé et tout ce qui arrive dans l'ordre qui lui est imparti par rapport à l'éternité, de le comprendre dans sa structuration et de lui assigner la place qui lui revient et l'importance qui lui échoit. Oui, cela lui donne en tant que don de l'*entendement* un aperçu des profondeurs de la sphère divine elle-même et lui fait clairement entrevoir la vérité révélée. Dans son parachèvement en tant que don de la *sagesse*, cela l'unit à la Trinité elle-même et lui fait pénétrer pour ainsi dire la source originelle elle-même et tout ce qui procède d'elle et est tenu par elle, dans ce mouvement de vie divin qui est connaître et aimer en un.

La sainte discrétion est subséquemment radicalement distincte de la perspicacité humaine. Elle discerne non par une pensée procédant graduellement à l'instar de l'esprit humain scrutateur, c'est-à-dire ni par analyse et par synthèse, par comparaison et par assemblage, par conclusion et par démonstration. Elle discerne à l'instar de l'œil qui, à la claire lumière du jour, voit sans peine devant lui les clairs contours des choses. Le fait de pénétrer dans les détails ne fait point perdre de vue l'ensemble. Plus le marcheur monte, plus son regard s'élargit jusqu'à ce que du sommet toute la vue d'ensemble soit dégagée. L'œil de l'Esprit illuminé par la lumière céleste s'étend jusqu'aux confins les plus lointains : rien ne devient trouble, rien ne devient indiscernable. Avec l'unité croît la plénitude jusqu'à ce que, dans le simple rayon de la lumière divine, le monde dans sa complétude devienne visible, comme chez saint Benoît dans la *Magna Visio*.

*Texte traduit par Marie-Dominique Richard*

# 4.
## L'intégration de la femme dans le
## *Corpus Christi Mysticum*

*Introduction*
*Katharina Oost*

Dans les années 1928-1933, que nous pourrions qualifier d'années beuronoises, Edith Stein a tenu une série de conférences sur la question de la femme. Le texte qui suit constituait la base d'une conférence qu'elle avait prononcée le 25 juillet 1932 à Augsbourg lors de la quatorzième session de la fédération dans l'Allemagne du Sud des Associations des jeunes filles catholiques sur le thème suivant : « La mission de la femme en tant que guide devant conduire la jeunesse sur le chemin de l'Église[1]. »

L'orientation sans compromis de la question de la femme vers des contenus bibliques et ecclésiastiques avait alors déjà provoqué une sensation d'étrangeté. À la différence de nombreuses autres conférences par lesquelles Edith Stein impressionna profondément ses auditeurs, celle-ci n'eut aucun écho positif, comme le montre le compte rendu du lendemain[2]. L'idéal pédagogique esquissé ici paraissait à cette époque déjà par trop détaché, par trop éloigné de la réalité quotidienne du travail éducatif, et la subordination à des contenus axés sur la foi chrétienne par trop radicale.

Comment pouvait-il se faire qu'Edith Stein qui vivait la pédagogie au quotidien et qui n'avait nullement forgé ses idées à une chaire de philosophe, avait pu si peu effleurer dans sa conférence les questions et les problèmes concrets auxquels les pédagogues étaient

---

1. Voir *ESGA* 13, pp. 209 *sq*. (= *La Femme*, trad. M.-D. Richard, pp. 387-407).
2. Voir *ESGA* 13, pp. 239 *sq*.

confrontés ? D'après ses propres mots, elle n'utilisait chaque fois les thèmes de ses conférences que comme tremplin pour proclamer quelque chose de bien plus important à ses yeux : proclamer ce qui illuminait sa vie de l'intérieur. Ainsi, dans une lettre adressée à la Bénédictine Adelgundis Jaegerschmid au couvent de Sainte-Lioba à Fribourg-en-Brisgau, Edith Stein écrit ceci : *ce n'est au fond qu'une toute petite vérité fort simple que j'ai à dire : comment on peut commencer à vivre dans la main du Seigneur. Lorsque les gens réclament autre chose de moi et m'imposent des sujets spirituels qui ne m'intéressent pas, je ne peux alors que prendre cette vérité pour entrée en matière, avant d'en venir enfin à mon* ceterum censeo[3].

La radicalité de son *Ceterum censeo* (au demeurant je suis d'avis que) aura fait se distancier mainte auditrice d'alors, et est susceptible de rencontrer de nos jours encore une résistance. Le fait d'attirer l'attention sur la diction assurée et bienfaisante, jamais présomptueuse, toujours paisible et claire, ainsi que sur le calme souverain de la conférencière, facilitera l'accès au texte qui suit, objectif et dépouillé, parfois rébarbatif. Et son assertion à la fin de la conférence reste toujours d'actualité et ne pourra jamais être obsolète : *Ce but sera, au contraire, accessible au plus haut degré car, par chaque pont jeté vers l'au-delà, une voie se fraie pour les forces qui, d'en haut, viennent à notre secours et qui peuvent accomplir tout ce qu'aucun effort humain n'est capable de réaliser.*

## L'intégration de la femme dans le Corpus Christi Mysticum
*par Mlle Dr Edith Stein*[*]

### I. Le rôle de la Femme dans l'Église[4]

Le but du travail relatif à la formation religieuse doit être d'intégrer la jeunesse au lieu que lui destine l'ordre éternel, au Corpus Christi

---

3. ESGA 2, *Lettre* n° 150 (= *Correspondance* I, trad. par C. Rastoin, p. 512 *sq.*).
* P. 412 *sq.* dans : *Revue bénédictine mensuelle* 15, 1933, fascicules 11/12.
4. Voir les contributions de l'auteure sur « Les problèmes de l'éducation des femmes » dans notre revue n° XIV, 1932, 356 *sqq.*, 436 *sqq.* et n° XV, 1933, 24 *sqq.*, 110 *sqq.* (note des éditeurs du présent ouvrage).

mysticum. Tous ceux qui participent à l'œuvre de Rédemption deviennent par là *enfants de l'Église*, et il n'existe là aucune différence entre les hommes et les femmes. Or, du fait que l'Église est non seulement la communion des croyants mais aussi, précisément, le Corps mystique du Christ, c'est-à-dire un organisme au sein duquel les individus revêtent le caractère de membres et d'organes qui, par leur nature et par leurs dons, s'harmonisent entre eux et avec la fin de l'organisme tout entier, il échoit aussi à la femme comme telle un *rôle d'organe* spécifique au sein de l'Église. Et enfin, elle est appelée, dans le plus sublime et le plus pur épanouissement de son être, à incarner l'essence même de l'Église, à être son *symbole*. C'est à ces trois degrés d'appartenance à l'Église que doivent conduire l'éducation des jeunes filles et la direction de la jeunesse.

La première condition pour comprendre en quoi consiste cette mission est d'avoir une idée claire de l'essence de l'Église. Or, ce qui est le plus à la portée de l'intelligence humaine, c'est la conception de l'Église en tant que communion des croyants. Quiconque croit en Christ et en Son Évangile, quiconque espère en l'accomplissement de Sa promesse, quiconque s'attache à Lui par amour et observe Ses commandements, tissera avec tous ceux qui ont le même esprit des liens fondés sur la plus profonde communion d'esprit et d'amour. Ceux qui s'attachèrent au Seigneur pendant Son existence terrestre furent les jeunes pousses de la grande communauté chrétienne : c'est grâce à eux, en effet, qu'elle s'est disséminée et ce sont eux qui ont légué dans la suite des temps et jusqu'à aujourd'hui l'héritage de la foi qui assura leur cohésion.

Or, si une simple communauté humaine naturelle constitue bien plus qu'un groupement hétérogène d'individus distincts, si nous pouvons établir qu'il s'agit déjà ici d'un agrégat allant jusqu'à former une sorte d'unité organique, cela vaut *a fortiori* pour la communauté surnaturelle de l'Église. L'union de l'âme avec le Christ est bien autre chose que la communion entre personnes terrestres : ainsi, elle grandit et s'enracine en Lui (comme l'exprime la parabole de la vigne et du sarment), le baptême est sa source et les autres sacrements la fortifient constamment et lui confèrent différentes formes. Or, le fait de ne faire réellement plus qu'un avec le Christ a pour conséquence que tous les chrétiens ont entre eux une relation de membre à membre. Ainsi, l'Église devient le Corps mystique du Christ. Ce corps est un corps vivant et l'esprit qui le vivifie est l'esprit du Christ qui se répand à profusion de la Tête dans les membres. Or, l'esprit qui s'écoule à flots du Christ est l'Esprit saint ; aussi l'Église est-elle le temple de l'Esprit saint.

Malgré la réelle unité organique de la Tête et du corps, l'Église se tient aux côtés du Christ comme une personne autonome. En tant que fils du Père éternel, le Christ vivait avant l'origine des temps et avant toute existence humaine. Par sa création, l'humanité vivait avant que le Christ n'eût revêtu sa nature et ne fût descendu en elle. Par son incarnation, Il infusa en elle Sa vie divine. Par Son œuvre de Rédemption, Il la rendit capable d'accueillir la grâce et la remplit de sa grâce et, par là même, Il l'engendra de nouveau en la faisant naître de Lui. L'Église est l'humanité que le Christ engendra de nouveau en la faisant naître de Lui et qu'Il racheta. La cellule primordiale de cette humanité rachetée, c'est Marie, c'est en elle que s'accomplit pour la première fois la purification et la sanctification par le Christ, c'est elle la première qui fut remplie de l'Esprit saint. Avant que le Fils de l'Homme ne naquît de la Vierge, le Fils de Dieu engendra cette Vierge pleine de grâce et, en elle et avec elle, l'Église. Aussi, création nouvelle, elle se tient à Ses côtés, bien qu'indissolublement liée à Lui.

Toute âme purifiée et élevée à l'état de grâce par le baptême est, par là même, engendrée par le Christ et a reçu la vie pour le Christ. Mais elle est engendrée dans le giron de l'Église et elle reçoit la vie grâce à l'Église. Ce sont les organes de l'Église qui forment et remplissent de vie divine chaque membre nouveau. Ainsi, l'Église est la mère de tous ceux qui participent à l'œuvre de Rédemption. Mais, c'est par son union intime avec le Christ qu'elle l'est, en se tenant à Ses côtés en tant que *Sponsa Christi* et en coopérant à Son œuvre, la Rédemption de l'humanité.

La femme est un organe essentiel pour la maternité surnaturelle de l'Église. Tout d'abord, par sa maternité physique. Pour que l'Église atteigne à son parachèvement — à cette fin, il est nécessaire qu'elle rassemble le nombre des membres destinés à constituer son corps —, il faut que l'humanité se perpétue. La vie de la grâce présuppose la vie naturelle. L'organisme somato-psychique de la femme est formé pour sa mission qui réside dans sa maternité naturelle, et la procréation de sa postérité, sanctifiée par le sacrement du mariage, est incluse dans le processus vital de l'Église elle-même. La participation de la femme à la maternité surnaturelle de l'Église va plus loin cependant. Elle est appelée à coopérer à l'éveil de la vie de la grâce et à son développement chez ses enfants, elle est, de ce fait, un organe immédiat de la maternité surnaturelle de l'Église, elle participe elle-même à cette maternité surnaturelle. Et cette maternité ne se limite point à ses propres enfants. Tout d'abord, le sacrement du mariage renferme la vocation des époux à s'encourager mutuellement dans la vie de la grâce. En outre, il incombe à la mère au foyer le devoir d'inclure dans sa sollicitude maternelle tous ceux qui vivent sous sa protection. Enfin, c'est la vocation de tout chrétien d'éveiller et d'encourager la vie de la foi dans les âmes toutes les fois que la possibilité en est donnée. Mais c'est tout spécialement la vocation de la femme grâce au rôle particulier auquel elle est destinée auprès du Seigneur.

Le récit de la Genèse place la femme aux côtés de l'homme comme l'aide qui lui est assortie, afin que l'un et l'autre coopèrent comme s'ils ne formaient qu'un seul être. L'Épître aux Éphésiens définit ce rapport comme le rapport qui existe entre la tête et le corps et, partant, comme le symbole du lien qui unit le Christ à l'Église. La femme doit donc être considérée comme le symbole de l'Église. La naissance d'Ève issue du flanc du premier Adam est interprétée comme la préfiguration de la naissance de la nouvelle Ève — et, par là, il faut d'abord entendre Marie, et puis toute l'Église — issue du flanc ouvert du nouvel Adam. La femme, qu'une union conjugale authentiquement chrétienne, c'est-à-dire une indissoluble communauté de vie et d'amour, lie à son mari, représente l'Église, Épouse de Dieu. L'Église est personnifiée plus profondément et plus parfaitement encore dans la femme qui a consacré sa vie au

Seigneur en tant que *Sponsa Christi* et qui a contracté avec Lui une union indissoluble. Elle se tient elle-même à Ses côtés en tant qu'auxiliatrice de Son œuvre, la Rédemption, à l'instar de l'Église et de son archétype et cellule germinale, la Mère de Dieu. Le don total de tout son être et de toute sa vie signifie vivre et coopérer avec le Christ, mais signifie aussi souffrir et mourir avec Lui — de cette mort féconde d'où jaillit la vie de grâce de l'humanité. Et ainsi, la vie de l'épouse de Dieu se transforme en une maternité surnaturelle qui s'étend à toute l'humanité rachetée, et peu importe qu'elle travaille elle-même d'une façon immédiate au salut des âmes ou qu'elle produise, par son seul sacrifice, des fruits de grâce dont ni elle-même ni personne peut-être n'a conscience.

Marie est le symbole le plus parfait de l'Église (parce qu'elle en est l'archétype et l'origine). Elle est aussi un organe sans égal de l'Église, à savoir l'organe qui conçut tout le Corps mystique et même la Tête. Pour qualifier son rôle d'organe central et essentiel, on aime à l'appeler Cœur de l'Église. Les qualifications de *corps*, *tête* et *cœur* sont, bien entendu, des images. Mais ce qui est exprimé par là se réfère à quelque chose d'absolument réel. Et aussi certain que la tête et le cœur jouent un rôle exceptionnel dans le corps humain, qu'ils conditionnent l'existence et le fonctionnement de tous les autres organes et de tous les autres membres, et qu'il existe entre la tête et le cœur une connexion exceptionnelle, il est tout aussi certain que Marie, grâce à son union sans pareille au Christ, est également unie par des liens réels — c'est-à-dire mystiques ici — aux autres membres de l'Église ; cette union transcende par son intensité, sa nature et sa portée celle qui lie les autres membres entre eux, de la même manière que le lien qui unit une mère à ses enfants est supérieur aux liens fraternels. Lorsque nous appelons Marie notre Mère, il ne s'agit pas là d'une simple image. Marie *est* notre mère au sens le plus réel et le plus éminent, c'est-à-dire en un sens qui dépasse de loin la maternité terrestre. Elle nous a donné la vie, selon l'ordre de la grâce, en livrant tout son être, son corps et son âme, dans cette maternité divine.

C'est pourquoi il existe une union intime entre elle et nous : ainsi, elle nous aime, elle nous connaît, elle cherche à faire de chacun de nous celui qu'il doit être et, avant tout, elle vise à tisser les liens les plus étroits entre chacun de nous et le Seigneur. Ceci vaut pour tous les êtres humains ; mais cela revêt obligatoirement une signification particulière pour la femme. Dans sa maternité, naturelle et surnaturelle, et dans son union sponsale avec Dieu, elle perpétue en quelque sorte la maternité et l'union sponsale avec Dieu de la *Virgo-Mater*. Et de même que le cœur soutient les organes du corps féminin dans ses fonctions et qu'il commence par en permettre le fonctionnement, de même il nous est permis de croire en une coopération de Marie partout où une femme réalise sa vocation de femme ; tout comme il nous est permis de croire en une coopération de Marie dans toute l'action de l'Église. Mais de même que la grâce ne peut accomplir son œuvre dans les âmes sans que celles-ci aient librement décidé de s'ouvrir à elle, de même la maternité de Marie ne peut produire tous ses fruits, si les êtres humains ne se confient point à elle. Les femmes qui veulent réaliser leur vocation de femmes en empruntant l'un des divers chemins possibles, atteindront le plus sûrement ce but, non seulement en gardant présent à l'esprit le modèle de la *Virgo-Mater* et en cherchant à l'imiter par un travail d'auto-éducation, mais aussi en se confiant à sa direction, en se plaçant entièrement sous sa guidance. Elle a, en effet, le pouvoir de façonner elle-même à son image ceux qui lui appartiennent.

Nous avons donc indiqué les degrés d'ascension devant aboutir à l'incorporation de la femme à l'Église conformément à la volonté divine, à savoir : devenir un enfant de Dieu, un organe de l'Église par sa maternité naturelle et surnaturelle, un symbole de l'Église et, à tous les degrés, un enfant de Marie. Que doit-il se produire du côté humain, et tout spécialement du côté de la femme, pour guider la jeunesse féminine sur ce chemin ?

II. Comment guider la jeunesse sur le chemin de l'Église ?

Du fait que la femme revêt le caractère d'un organe de maternité au sein de l'Église, elle a, au sein de l'Église, la vocation d'y former

*Edith Stein le jour de sa prise d'habit à Cologne le 15 avril 1934.*

la jeunesse et notamment la jeunesse féminine[5*]. Son premier devoir est d'introduire l'enfant dans la communauté des enfants de Dieu ; le premier pas, qui est aussi le plus essentiel à cette fin, est l'administration du sacrement du baptême. Ce sacrement est, en général, du ressort du prêtre, mais c'est d'abord aux parents qu'il incombe d'y veiller. Par le baptême, l'enfant de Dieu a reçu la vie et est devenu enfant de l'Église. Mais, en lui, la vie de la grâce s'apparente à une petite flamme cachée qui doit être protégée et nourrie avec soin. C'est surtout à la mère qu'il incombe le devoir, au cours des premières années, de protéger et de nourrir cette flamme.

La protéger signifie qu'il faut la préserver du moindre souffle qui risquerait de l'éteindre. Or, l'incrédulité et le péché l'éteignent. Ces deux offenses ne seront possibles chez l'enfant que lorsqu'il se sera éveillé à l'usage de la raison et de la liberté. Une protection anticipée est cependant d'ores et déjà nécessaire. Car des poisons risquent de s'infiltrer dans son âme, avant même que sa vie spirituelle consciente n'ait commencé. Ce qui se déroule sous les yeux de l'enfant, ce qui parvient à ses oreilles, ce qu'il expérimente par certains contacts physiques et même les influences qui ont précédé sa naissance — tout ceci peut imprimer dans son âme des impressions dont il est impossible de prévoir les conséquences pour sa vie future. Voilà pourquoi la mère doit maintenir la pureté de l'atmosphère dans laquelle vit son enfant. Elle a, avant tout, le devoir de veiller à être pure elle-même et à le rester ; et il faut qu'elle s'efforce, dans la mesure du possible, de tenir son enfant hors d'atteinte des êtres en qui elle ne peut avoir absolument confiance. La flamme est nourrie, avant que l'enfant ne s'éveille à la raison, par les prières de sa mère et par la Mère de Dieu, sous la protection de laquelle elle l'a placé. Dès que la raison de ce dernier se sera éveillée, elle pourra exercer directement son influence. L'enfant doit apprendre à connaître et à aimer le Père céleste, l'Enfant Jésus, la Mère de Dieu et son ange gardien. Le développement de son intelligence lui permet de pénétrer de plus en plus profondément et de plus en plus intensément dans l'univers de la foi. Le cœur pur et innocent de l'enfant y parvient sans peine

---

5. * Cette phrase manque dans la première édition.

et en réclame toujours plus. Dès que son intelligence sera en mesure de s'y ouvrir, il faudra aussi le faire accéder aux sources de grâce que sont les sacrements. Ils constituent la nourriture la plus solide de la vie de la grâce et prémunissent avec la plus grande efficacité contre les dangers qui sont quasi inévitables à cette époque de la vie, lorsqu'à l'influence de la mère et du cercle familial intime viennent s'ajouter diverses influences souvent incontrôlables.

Si, au cours des premières années, on assoit la formation religieuse sur un fondement ferme et solide, la tâche de l'école en sera facilitée. Nous savons tous cependant à quel point il est rare de nos jours qu'une mère remplisse son devoir, que nombreux sont les enfants qui viennent à l'école sans détenir la moindre connaissance religieuse, que beaucoup parmi eux sont déjà pleins de préjugés hostiles à la foi en raison des influences familiales ou extérieures, et que la pureté de cœur de bon nombre d'entre eux est maculée par ce qu'on leur a donné à voir ou à entendre dès leur tendre enfance ; et la voie par laquelle les rayons de la vérité divine auraient pu pénétrer librement est, de ce fait, obstruée. Mais cette tâche n'est nullement sans espoir si l'enfant trouve à l'école ce dont sa famille lui est redevable, à savoir : une initiation à la vie de la foi par une éducatrice maternelle, pure et attachée à Dieu. Le cœur de l'enfant, même celui qui a déjà été contaminé par le souffle du péché, éprouve une immense soif de pureté, de bonté et d'amour, aspire profondément à pouvoir aimer et accorder sa confiance. La maîtresse qui réserve aux petits l'accueil d'une vraie mère a vite fait de conquérir leurs cœurs et peut les conduire où elle veut. Le chemin qui passe par un attachement à sa personne est quasi inévitable, mais elle ne doit pas s'en tenir là ; son but doit être de créer un lien immédiat et solide avec l'univers de la foi, de sorte que ce lien puisse subsister lorsque son influence personnelle aura cessé, et qu'il puisse résister aux influences dangereuses provenant d'ailleurs.

Au cours des premières années scolaires, les récits de l'Écriture Sainte, s'ils sont présentés de façon vivante, influeront fortement sur l'imagination et sur l'« affect ». La pratique des belles traditions religieuses au sein de la vie scolaire, l'observation de l'année liturgique par la célébration des fêtes de l'Avent et de Noël, par l'édification des autels de Marie au mois de mai et par les cantiques du mois de mai, etc., la fréquentation commune des offices avec le soin apporté à la prière et au chant liturgiques — voilà comment la voie sera frayée à des habitudes chères et précieuses. Il serait grave, cependant, de s'en remettre à l'imagination, à l'« affect » et à la force de l'habitude, car ce serait méconnaître l'extrême puissance des instincts primitifs et l'importance considérable des grandes crises existentielles; ce serait aussi méconnaître la nature féminine en laquelle l'imagination et l'« affect » (si l'on entend par là essentiellement le domaine des sentiments et des états d'âme) se laissent certes facilement émouvoir et continuent à vibrer longtemps après, mais ne sont pas néanmoins le centre où se prennent les grandes décisions ultimes.

Pour être solide, la formation religieuse doit être ancrée dans la vérité objective et opposer aux puissantes réalités de la nature les réalités surnaturelles, plus puissantes. À cette fin, il est nécessaire d'amener l'enfant à fréquenter le plus tôt possible les sacrements et de l'inciter à en faire usage le plus souvent possible ou, mieux encore, à recevoir tous les jours la Sainte Communion. Mais il est tout aussi important de préparer son âme à la réception des Sacrements, de façon à ce qu'ils soient féconds ; et, à cette fin, il faut lui en faire comprendre toute la dimension, lui faire appréhender comme telle la grande réalité surnaturelle qui leur est sous-jacente, qui les habite, et qui, par eux, pénètre et œuvre dans l'âme. Cela conduit à poser l'exigence (non seulement de ce point de vue mais, d'une manière générale, pour ancrer l'enfant dans la vérité objective et pour l'axer sur la réalité surnaturelle) d'édifier, d'entrée de jeu, la formation religieuse sur le fondement d'un enseignement dogmatique clair et approfondi. C'est en effet à une vie enracinée dans la foi que doit préparer le travail relatif à la formation religieuse. La foi n'est cependant pas affaire d'imagination ni non plus un sentiment fervent, mais elle est une appréhension intellectuelle (même si elle n'est pas une pénétration rationnelle) et une appréhension volontaire de la vérité éternelle ; en tant que foi façonnée en plénitude, elle constitue l'un des actes les plus profonds de la personne en laquelle toutes ses facultés s'actualisent. L'intuition sensible et l'imagination stimulent l'intellection et sont indispensables comme point de départ ; les émotions de l'« affect » sont les forces motrices qui poussent la volonté à donner son assentiment, et sont, de ce fait, de précieux auxiliaires. Mais si nous nous en tenons à elles, si nous ne faisons pas appel à l'intellect et à la volonté pour qu'ils parviennent à leurs réalisations maximales, notre vie de foi ne saurait être authentique ni atteindre à la plénitude.

Et qui songerait à nier l'intellect et la volonté des jeunes filles ? Ce serait contester leur totale nature humaine. Ce qui, en règle générale, ne leur correspond pas, c'est l'intellection *abstraite* et l'intellection *pure* : ainsi, elles veulent appréhender une réalité totale ; et elles veulent l'appréhender non seulement par l'entendement, mais aussi par le cœur. Et c'est précisément parce qu'il est dans leur nature d'incliner à investir leur personne tout entière dans chaque acte individuel, que l'acte de foi, qui exige l'adhésion de la personne tout entière avec toutes ses facultés, leur *correspond*, et qu'elles se laissent guider plus facilement que les garçons vers une vie enracinée dans la foi. Autant il est désastreux de graver dans sa mémoire des phrases de catéchisme que l'on n'a pas comprises, autant il est fructueux de pénétrer les mystères de la foi. Lorsque l'Évangile de Noël, la fête de Noël avec les dons de l'Enfant Jésus et le charme mystérieux de la Nuit Sainte auront fait faire aux petits la connaissance de Marie et de l'Enfant et conquis leurs cœurs, le désir de les connaître plus intimement et plus profondément naîtra alors en eux. Alors sera venu le moment de les initier au mystère de l'incarnation et de la vocation sublime de la Mère de Dieu. On les amènera par là même à comprendre ce que peuvent signifier, pour la vie tout entière, les liens et la relation confiante qui les unissent aux puissances de l'au-delà. De même, le récit de la dernière Cène préparera le terrain pour les initier au sens de l'Eucharistie ; l'histoire de la Passion et de la fête de Pâques les initiera au mystère de la Rédemption, au sens de la souffrance, de la mort et de la Résurrection. Et la pénétration des mystères du christianisme devra toujours les conduire à les mettre en en pratique dans leur vie. Mais l'on n'y réussira que si les personnes qui initient les enfants à ces mystères, en (sont) elles-mêmes pénétrées et que si leur vie personnelle en a été empreinte. Et ce n'est que si leur prière liturgique est l'expression d'une vie liturgique qu'elle pourra contribuer au processus de la formation religieuse en la fécondant réellement et en la marquant de son sceau.

Nous avons souvent souligné qu'en raison de l'unité et de l'homogénéité plus grande de leur être, les femmes parviennent plus facilement à imprégner de la foi toute leur vie. Cela nous incite tout naturellement à en conclure qu'elles auront plus de facilité à délivrer un enseignement religieux à la fois vivant et propre à façonner la vie. En tout cas, elles réussiront davantage à influencer les *jeunes filles* de façon décisive. Il ne s'agit pas, par là, de vouloir éliminer l'influence des prêtres. Il s'agit uniquement d'insister sur l'importance de l'influence féminine pour la direction de la jeunesse. Elle peut s'avérer féconde pour la vie religieuse non seulement dans le cadre de l'enseignement religieux (bien que ce soit ici que l'on devrait véritablement en établir les bases), mais aussi dans l'enseignement scolaire général, voire en dehors de l'école.

Plus grands sont les dangers auxquels l'enfant est exposé en dehors de l'école, dans le foyer parental ou dans la rue — et davantage encore lorsque l'école en question n'est pas confessionnelle —, plus il est nécessaire que, du côté ecclésiastique, on prenne soin de l'enfant scolarisé en dehors des heures de classe. *L'aide à l'enfance* telle qu'elle a été organisée dans certains endroits grâce à l'initiative privée devrait — si elle était organisée à une plus grande échelle — être à la base de tout travail qui a trait à la jeunesse, parce que c'est au cours de l'enfance qu'il faut établir le fondement solide du travail relatif à la formation religieuse de toute la vie. Tout père spirituel, toute enseignante sait combien le travail éducatif, et notamment l'éducation religieuse, est difficile lorsqu'on s'adresse à des jeunes filles qui se trouvent à l'âge critique de la puberté ; et combien on a peu d'espoir d'y réussir, s'il n'existe rien *auparavant* qui ne soit assez fort pour surmonter ces tempêtes. Les plaintes que l'on entend au sujet des échecs essuyés dans les unions de jeunesse sont certainement liées au fait que le travail y commence trop tard et à une phase du développement aussi défavorable que possible.

Pour qu'un travail d'aide à l'enfance de grande envergure puisse produire des fruits, il serait, bien entendu, nécessaire d'y associer une équipe de monitrices de la jeunesse. Il ne me paraît pas impossible de réussir à les trouver en faisant appel à la grande multitude des jeunes enseignantes désœuvrées, et en leur donnant la formation approfondie requise tant sur le plan religieux que sur le plan psychologique et pédagogique. (Il va sans dire qu'il faudrait les sélectionner rigoureusement avant de les autoriser à prendre la jeunesse en charge)[6*].

C'est au cours de la toute première enfance qu'il faudrait introduire les petites filles dans la communauté des enfants de Dieu, même s'il y aurait lieu de veiller sans cesse plus tard à renouveler et à approfondir leur foi. Ainsi, la période de la maturation laisserait le champ libre à la tâche suivante, que l'on devrait entreprendre dans ces années-là justement, et qui consisterait à préparer la femme à ce rôle d'organe qui lui revient au sein de l'Église. Il faudrait utiliser cette crise, qui affecte le corps et l'âme de la jeune fille et qui l'absorbe si intensément, pour l'ouvrir au sens profond et sacré des expériences qu'elle fait sur elle-même.

Il est certain que c'est en premier lieu à la mère qu'il faudrait de nouveau faire appel pour remplir cette tâche. Mais peu nombreuses sont les mères, même parmi les meilleures et les plus consciencieuses, capables de s'en acquitter correctement ! Le prêtre (catéchiste ou directeur spirituel) se trouve lui aussi placé devant une tâche quasi insurmontable. Qu'il ait étudié la psychologie et qu'il ait suffisamment d'expérience dans son commerce avec les jeunes filles, il n'en demeure pas moins que l'âme des jeunes filles restera en ce domaine pour lui, dans une large mesure, une *terra incognita* (et plus sa formation psychologique sera profonde, plus il en en sera conscient). Il lui manquera l'assurance nécessaire devant ces questions si délicates et, partant, la liberté et le naturel souhaitables.

---

6. * Dans la première édition, ce paragraphe s'achève sur cet ajout : « Au demeurant, parmi les monitrices qui travaillent déjà dans les unions de la jeunesse, bon nombre d'entre elles étendraient certainement de bon cœur leur tâche, en acceptant de s'occuper d'enfants plus jeunes. »

Et même à supposer qu'il les possédât, les jeunes filles ne seront sûrement pas à l'aise, et il ne sera guère possible d'y remédier. Même les femmes mûres ont beaucoup de mal à parler avec toute l'objectivité et tout le naturel requis des réalités de la vie sexuelle, parce que ces questions sont presque inextricablement liées pour elles à ce qu'elles ont de plus personnel et d'intime. (Une approche purement scientifique, la médecine surtout, permet d'avoir toute l'objectivité et tout le naturel requis pour aborder ce domaine ; mais il est possible de se libérer de façon plus radicale encore grâce à la vision surnaturelle qui permet de considérer d'une manière réaliste et objective même la sphère intime et personnelle.) Il sera difficile d'amener des adolescentes qui n'ont encore acquis de clarté ni sur elles-mêmes ni sur les réalités en général, pour qui tout ce domaine intime revêt un caractère mystérieux et sensationnel, et qui, par surcroît, continuent à voir dans le prêtre un homme et que ce seul fait suffit à intimider[7*], à avoir la disposition requise.

La monitrice de la jeunesse pourra y parvenir si elle possède elle-même cette grande liberté et ce naturel que confère la considération des phénomènes naturels à la lumière de la foi. Si un commerce de longue durée lui a permis de faire plus intimement connaissance avec les jeunes filles et de gagner leur entière confiance, elle pourra aborder correctement les questions qui, de leur point de vue personnel et intime, leur paraissent brûlantes ; elle le fera d'un point de vue général et objectif, de sorte qu'elle ne suscitera pas l'impression de vouloir s'immiscer indiscrètement dans des domaines privés, mais de telle sorte que chacune puisse néanmoins trouver dans ses paroles une réponse à ses questions personnelles,

---

7. * La première édition contient l'annotation suivante: « Rudolf Peil souligne dans son *Manuel de pédagogie concrète pour jeunes filles* (*Konkrete Mädchenpädagogik*, Honnef a. Rh., 1932) que les jeunes filles voient avant tout le caractère objectif du prêtre et que c'est justement pour cette raison qu'elles s'ouvrent plus facilement à lui qu'à leur mère ou qu'à leur professeur. Je n'en disconviens point, si le prêtre est prêtre dans toutes ses fibres et si les jeunes filles détiennent une éducation religieuse déjà suffisamment poussée pour avoir cette disposition parfaitement adéquate. Je doute simplement que la *situation concrète* sur laquelle se base R. Peil soit bien celle avec laquelle nous devons généralement compter dans l'éducation des jeunes filles. »

et se sente éventuellement encouragée à quérir son aide pour ses difficultés particulières lors d'un entretien confidentiel. C'est au cours de ces années que toute la dimension catholique de la maternité et du mariage devrait être clairement mise à leur portée. Les jeunes filles devraient, par là même, commencer à comprendre que le développement qu'elles sentent en elles les prépare à leur vocation ; cela leur permettrait de bien surmonter la crise et de pouvoir porter assistance plus tard, à leur tour, en tant que mères et guides de la jeunesse, à la génération suivante.

Et, pour pouvoir leur faire comprendre toute la portée de la maternité, il faudra la leur expliquer non seulement en tant que maternité naturelle, mais aussi en tant que maternité surnaturelle. Le fait que la maternité surnaturelle soit possible, indépendamment même de la maternité naturelle, devra, ce faisant, être mis au clair. C'est absolument indispensable pour l'organisation de la vie future de toutes celles qui ne se marieront pas. Elles devront entrer dans la vie professionnelle en étant disposées à y tenir bon toute leur vie et à en faire une vraie vie de femmes. À l'école déjà, il faudrait les préparer à être dans cette disposition — par l'instruction religieuse et même lors de l'enseignement des autres matières, toutes les fois que l'occasion se présentera d'aborder les questions concernant l'avenir ; et il faudrait sérieusement y faire appel dès l'instant où elles choisiront leur profession. Les années de travail commun dans les unions de la jeunesse auront cependant pu intensifier cette disposition et produire des effets concrets. Il est tout à fait essentiel que les jeunes filles aient devant elles, en la personne de leur monitrice, un modèle vivant de la maternité virginale et de son action salvatrice.

Par ailleurs, je considère comme extrêmement important que, tant les jeunes filles qui se préparent à leur profession de femme que les femmes qui l'exercent, approfondissent leur conception de la maternité virginale de la Mère de Dieu et saisissent l'exacte signification de son assistance maternelle. Je tiens à souligner ce que j'ai déjà dit à propos de la portée fondamentale de la dogmatique pour toute formation religieuse, en insistant tout spécialement encore sur son importance pour le culte voué à Marie. Pour qu'il puisse exercer une action pleinement efficace, l'accent devrait être davantage mis sur ses fondements dogmatiques. Les formes traditionnelles du culte marial, telles qu'elles sont d'usage dans les congrégations, ne me semblent plus aujourd'hui posséder une force percutante. La poésie des cantiques consacrés à Marie, les dévotions du mois de mai, le symbolisme des couleurs et du drapeau de la Vierge ne manquent pas d'opérer leur charme sur les âmes enfantines; elle constitue, en outre, la meilleure expression d'un véritable amour pour Marie, et elle fut bien souvent déjà la porte de la grâce pour les pécheurs ou les incrédules. Mais l'expérience prouve néanmoins que, dans d'innombrables cas, ce culte n'empêche pas la jeunesse féminine de succomber aux dangers auxquels elle est exposée. Devant la réelle violence de la tentation et de la passion, les méthodes douces de la psychologie et de l'esthétique sont vouées à l'échec. Seule la force pleinement déployée du Mystère est en mesure de demeurer victorieuse. Seule la jeune fille qui aura découvert la splendeur de la pureté virginale et de ce lien d'intime union avec Dieu luttera sérieusement pour conserver sa pureté. Celui-là seul qui a foi en la puissance illimitée du *Secours des Chrétiens* s'abandonnera à sa protection — non seulement par des invocations co-récitées ou répétées, mais par un acte d'abandon qui émane de son tréfonds et de toutes les forces de son être. Et quiconque se mettra sous la protection de Marie sera protégé par elle.

L'initiation à la dogmatique mariale sera en même temps une initiation à l'idée de la *Sponsa Christi*. Une éducation chrétienne parachevée requiert que l'on soit rempli de la vocation sublime qui consiste à se tenir aux côtés du Seigneur et à mener sa vie en communion avec Lui.

Aucune vie de femme, irradiée par cette béatitude supraterrestre, ne saurait être ni pauvre ni vide. Le but ultime de toute mission concernant les jeunes filles devrait être de les enflammer pour cet idéal consistant à faire de leur vie le symbole de l'alliance mystérieuse que le Christ a contractée avec Son Église et avec l'humanité rachetée. La jeune fille qui fonde un foyer doit savoir que le mariage a cette noble signification symbolique et qu'en son mari elle doit révérer l'Icône du Seigneur. Celle qui l'aura compris et qui le prendra au sérieux, ne s'y engagera pas à la légère, mais commencera par s'examiner elle-même et son compagnon, afin de savoir s'ils seront aptes à réaliser une mission aussi sacrée. Et celle qui s'y résoudra devra savoir qu'elle devra persévérer dans cette voie et lutter sa vie durant pour qu'en son mari, aussi bien qu'en elle-même, l'image de Dieu puisse être parachevée et que, dans le pire des cas — même dans la pire abomination et dans la pire flétrissure —, elle n'aura pas le droit de sacrifier cette image ; elle saura que ses enfants sont conçus du Seigneur et qu'il est de son devoir de les élever pour Lui. Quant à toutes celles qui auront délibérément renoncé au mariage ou auront dû y renoncer en raison des circonstances de la vie, elles devront croire dans la joie que le Seigneur les a destinées à une union particulièrement intime avec Lui. Il faudrait qu'elles apprennent à connaître les diverses formes d'une vie unie à Dieu, tant celles de la vie monastique que celles de la vie professionnelle séculière. Pour ce qui est de la vie conventuelle, celle des communautés actives leur paraîtra tout d'abord la plus accessible : en tant qu'infirmières, éducatrices ou assistantes sociales, ces religieuses remplissent, en effet, des tâches qui sont, de toute évidence, authentiquement féminines et où elles laissent l'amour du Christ déployer son efficacité. Mais l'on pourra aussi mettre à profit une promenade ou un voyage en commun pour visiter une abbaye, dans laquelle les jeunes filles goûteront toute la beauté et tout le sublime des solennelles louanges consacrées à la gloire de Dieu ; dans ce prolongement, il sera possible de leur faire comprendre la signification d'un mode de vie où l'*opus Dei* occupe la première place. La vie de la petite Thérèse de Lisieux pourra les introduire dans le jardin clos du Carmel, les initier aux mystères du sacrifice et de la participation à l'œuvre de Rédemption par l'expiation vicaire des péchés. Nous possédons aussi de nos jours suffisamment de portraits biographiques tirés du passé ou du présent, nous montrant des femmes qui, bien qu'elles aient vécu « dans le siècle », surent cependant tisser des liens d'intime union avec le Seigneur, et finirent par atteindre au suprême degré de perfection. Il existe un fonds d'inépuisables richesses auxquelles les jeunes filles pourraient avoir accès par des récits, des lectures communes et des entretiens confidentiels. À cette fin, il faut simplement avoir sous la main des monitrices qui connaissent les sources et soient en mesure d'y puiser, et qui brûlent elles-mêmes du Feu qu'elles ont pour devoir d'allumer dans les jeunes âmes.

Celles dont le travail pratique a trait à la jeunesse et qui ont conscience de toute la détresse et de tout l'abandon qui sont le lot des enfants arrivant dans les écoles et dans les unions de la jeunesse, auront peut-être l'impression que le fossé est par trop grand, voire infranchissable entre le matériau humain qui leur est confié et l'idéal élevé que j'ai esquissé. Cependant, si ces buts sont clairement et incontestablement ceux que Dieu a fixés — et je pense qu'ils le sont —, le travail éducatif devra obligatoirement être réglé sur eux : sans quoi il sera vain, et ce sera peine perdue. La vocation du chrétien est la sainteté, et la mission de sa vie consiste à s'évertuer à émerger de l'abysse du péché pour y atteindre.

Certes, le contraste pourrait paraître effrayant : d'un côté, des jeunes filles frivoles, superficielles, adonnées aux plaisirs, toutes à leurs belles robes et à leurs amourettes — et, d'autre part, les plus sublimes mystères de la foi. Quiconque se contentera de passer quelques heures le dimanche auprès de ces jeunes filles, et considérera de son devoir de les tenir à l'écart de tout danger en leur procurant des plaisirs innocents, n'y parviendra guère à la longue. Car l'attrait de la vie extérieure est plus fort que les plaisirs innocents au sein d'un milieu bien préservé, et quiconque y a goûté ne trouvera plus de saveur à ces plaisirs innocents. Mais si le travail qui a trait à la jeunesse commence dès la tendre enfance, s'il est effectué au sein d'une communauté de vie durable, si nous ensoleillons la vie des enfants de toute la joie que procure la vue des créatures de Dieu, tout en établissant dans leurs cœurs purs le fondement solide d'un édifice de vie qui s'élèvera jusqu'au ciel et dont il faudra poursuivre l'édification jour après jour et année après année — ce but ne sera alors point inaccessible. Il sera, au contraire, accessible au plus haut degré car, par chaque pont jeté vers l'au-delà, une voie se fraie pour les forces qui, d'en haut, viennent à notre secours et qui peuvent accomplir tout ce qu'aucun effort humain n'est capable de réaliser.

Des millions d'enfants sont, à l'heure actuelle, sans attaches et sans havre, même s'ils ont un foyer et une mère. Ils sont affamés d'amour et attendent désespérément une main qui les guide, qui puisse les tirer de la souillure et de la misère pour les conduire vers la pureté et la lumière. Comment notre grande Mère, la Sainte Église, pourrait-elle ne pas ouvrir tout grands ses bras pour serrer contre son cœur ces enfants chéris du Seigneur ? Mais, à cette fin, elle a besoin de bras humains et de cœurs humains, de bras maternels et de cœurs maternels.

Effectuer au nom de l'Église un travail efficace qui a trait à la jeunesse et spécialement la jeunesse féminine, c'est là peut-être la tâche la plus importante qu'il y ait à résoudre actuellement en Allemagne. Si elle était résolue, nous pourrions espérer voir se développer une génération de mères dont les enfants auraient à nouveau un foyer, et qu'on ne serait pas obligé d'assumer comme s'ils étaient orphelins ; un peuple moralement sain et croyant en Christ pourrait alors renaître en Allemagne.

*Texte traduit par Marie-Dominique Richard*[8]

---

8. *Edith Stein, La Femme.* Introduction, traduction, annotations et appendices par Marie-Dominique Richard, Paris, Éditions du Cerf, janvier 2009, 512 pages.

# 5.
# Le mystère de Noël

## Introduction
## Katharina Oost

C'est à Beuron pendant son séjour de Noël du 20/12/1930 au 03/01/1931 qu'Edith Stein élabora le texte qui suit et qu'elle dut prononcer en tant que conférence devant l'Union des universitaires à Ludwigshafen.

L'époque et le lieu de composition sont attestés par une lettre dans laquelle Edith Stein écrit le 2 janvier 1931 depuis Beuron au prêtre Ludwig Husse : « ...Durant les jours des fêtes de Noël passées à Beuron, ma conscience m'a maintes fois rappelé que je devais faire une conférence le 13 janvier. Vous comprendrez cependant que nul thème ne m'est venu en dehors du "mystère de Noël" lui-même[1]. »

Ce texte simple de prime abord, qui s'ouvre aux lecteurs sur des images bien familières et sentimentales, conduit bien avant dans la tension fondamentale de l'existence humaine, dans la tension de l'être humain entre la lumière et les ténèbres, la paix et l'épée, la crèche et la croix. Près de la crèche la présence du mal s'épaissit. À l'endroit où se produit le salut, les forces des ténèbres se rassemblent.

Dans ce petit texte retentissent les grands thèmes mystiques et par là même les expériences spirituelles qu'Edith Stein avait faites : la nuit de la foi, le Dieu caché — le dépouillement de sa propre volonté — le don total de soi — l'amour des êtres comme aune de l'amour de Dieu — l'amour libéré de l'ego pour les autres êtres humains —

---
1. *ESGA* 2, *Lettre* n° 128. (= *Correspondance* I, trad. par C. Rastoin, p. 487).

le Royaume de Dieu au milieu de nous. Et, à certains endroits, le texte paraît avoir une vision perspicace de l'évolution politique dans l'Allemagne de la dictature nazie.

*Crèche de Noël dans la chapelle de la grâce.*

## Le mystère de Noël
Incarnation et humanité
*Sœur Thérèse Bénédicte de la Croix ocd.* (Mlle le Dr Edith Stein)[2]

## L'Avent et Noël

Quand les jours se font courts, quand les premiers flocons d'un véritable hiver se mettent à tomber, timidement, silencieusement montent en nous les premières pensées de Noël. De ce simple mot se dégage un tel charme que nul cœur ne peut lui résister. Même les fidèles d'une autre foi, les incroyants, ceux pour qui l'histoire de l'enfant de Bethléem ne signifie rien, se préparent à la fête et se demandent comment, ce jour-là, faire jaillir autour d'eux une étincelle de joie. C'est, déjà des semaines, des mois à l'avance, comme un chaud courant d'amour qui se répand sur la terre. La fête de l'amour et de la joie — c'est bien cela, l'étoile vers laquelle tous marchent en ce début d'hiver.

Mais pour le chrétien, surtout le chrétien catholique, Noël est encore autre chose. C'est à la crèche que l'étoile le conduit, à l'Enfant qui apporte la paix à la terre. C'est ce que l'art chrétien nous dépeint en tant d'images émouvantes, et que nous chantent de vieilles mélodies, toutes pleines de la magie de l'enfance.

Dans le cœur de celui qui vit avec l'Église, les cloches du *Rorate* et les chants de l'Avent réveillent une sainte nostalgie ; et celui à qui s'est ouverte l'inépuisable source de la liturgie entend jour après jour le grand prophète de l'Incarnation marteler ses exhortations et ses promesses : *Cieux, répandez d'en haut votre rosée, et que les nuées fassent pleuvoir le Juste. Le Seigneur approche ! Adorons-le ! Viens Seigneur, ne tarde pas ! — Jérusalem, crie ta joie car ton Seigneur vient à toi !*

Du 17 au 24 décembre, ce sont ensuite les grandes antiennes « Ô » du Magnificat : Ô *Sagesse,* Ô *Adonaï,* Ô *Fils de la race de Jessé,* Ô *Clé de la Cité de David,* Ô *Orient,* Ô *Roi des Nations* qui, avec une

---

[2]. Première parution : carmel « Marie de la Paix », Cologne, 1950.

ardeur et une ferveur grandissantes, lancent leur appel : *Viens pour nous sauver*. Et, toujours plus pressante, retentit la promesse : *Voyez, tout est accompli*, et finalement : *Sachez aujourd'hui que le Seigneur vient, et demain vous le verrez dans sa gloire.*

Lors de la veillée, quand scintille l'arbre de lumière et que s'échangent les cadeaux, le désir inassouvi d'une autre lumière monte en nous, jusqu'à ce que sonnent les cloches de la messe de minuit et que se renouvelle, sur des autels parés de cierges et de fleurs, le miracle de Noël. *Et le Verbe s'est fait chair*. Nous voilà parvenus à l'instant bienheureux où notre attente est comblée.

### Les fidèles du Fils de Dieu fait homme

Cette joie de Noël, chacun de nous a pu l'éprouver ; mais le ciel et la terre ne se sont pas encore unis. Aujourd'hui encore, l'étoile de Bethléem brille dans une nuit profonde. Déjà au lendemain de Noël, l'Église dépose ses ornements blancs pour revêtir la pourpre du sang et, au quatrième jour, le violet du deuil. Étienne, premier martyr à suivre le Seigneur dans la mort, et les saints Innocents, les nourrissons de Bethléem et de Juda impitoyablement massacrés, font cortège à l'Enfant dans la crèche. Qu'est-ce que cela signifie ? Où donc est l'allégresse des cohortes célestes, où est la tranquille félicité de la nuit sainte ? Où est la paix sur terre ?

*Paix sur la terre aux hommes de bonne volonté*. Mais tous ne sont pas de bonne volonté. Le Fils du Père éternel dut descendre de la gloire du ciel parce que le mystère du mal avait enveloppé le monde de ténèbres. La nuit couvrait la terre, et il vint comme la Lumière qui brille dans les ténèbres ; mais les ténèbres ne l'ont pas reçu. À ceux qui l'accueillirent, il apporta la lumière et la paix : la paix avec le Père céleste, la paix avec tous ceux qui, comme eux, sont des fils de lumière et des enfants du Père, et la profonde paix du cœur — mais non la paix avec les enfants des ténèbres. À eux, le Prince de la Paix n'apporte pas la paix mais le glaive. Pour eux il est la pierre d'achoppement contre laquelle ils s'élancent et se brisent. C'est là une vérité difficile et grave, que l'image poétique de l'Enfant dans la crèche ne doit pas nous masquer.

Le mystère de l'Incarnation et le mystère du mal sont étroitement liés. Sur la lumière descendue du ciel se détache, d'autant plus sombre et menaçante, la nuit du péché.

L'Enfant de la crèche tend les mains, et son sourire semble déjà exprimer ce que l'Homme dira plus tard : *Venez à moi, vous tous qui êtes fatigués et qui ployez sous le fardeau*. Les premiers à suivre son appel sont les pauvres bergers des champs de Bethléem, à qui l'éclat du ciel et la voix de l'ange annoncèrent la bonne nouvelle et qui, disant : *Allons à Bethléem*, se mirent en marche ; ce sont les rois, venus du lointain Orient, qui, avec la même foi simple, suivirent la merveilleuse étoile. Sur eux les mains de l'Enfant répandirent une rosée de grâces, et *ils se réjouirent d'une grande joie*.

Ces mains donnent et exigent à la fois : sages, déposez votre sagesse et devenez simples comme des enfants ; rois, donnez vos couronnes et vos trésors et rendez humblement hommage au Roi des rois ; prenez sans hésiter votre part des peines, des souffrances et des fatigues que son service exige. Et vous, enfants, qui n'avez encore rien à offrir, c'est votre tendre vie, avant même qu'elle ait vraiment commencé, que vous prennent les mains de l'Enfant — et à quelle meilleure fin pourrait-elle servir que d'être sacrifiée au Seigneur de la vie ?

*Suis-moi*, disent les mains de l'Enfant, comme plus tard la bouche de l'Homme. Ainsi a-t-il appelé le disciple que le Seigneur aimait, qui appartient lui aussi à la suite de l'Enfant. Saint Jean partit sans demander *où* ni *pourquoi*. Il abandonna la barque de son père et suivit le Seigneur sur tous ses chemins, jusqu'au Golgotha. *Suis-moi*. Cet appel, le jeune Étienne l'entendit à son tour. Il suivit le Seigneur dans son combat contre les puissances des ténèbres, contre l'aveuglement et le refus obstiné de croire. Il témoigna pour lui par sa parole et par son sang. Il le suivit aussi dans son esprit, l'Esprit d'Amour qui combat le péché mais qui aime le pécheur, et qui devant Dieu plaide en faveur du meurtrier jusque dans la mort.

Ces silhouettes agenouillées autour de la crèche sont des figures de pure lumière : les frêles Innocents, les Bergers confiants, les humbles Rois-mages, Étienne, le disciple ardent, et Jean, l'apôtre de l'Amour ; tous ont répondu à l'appel du Seigneur. En face d'eux se dresse la nuit de l'inconcevable endurcissement, de l'aveuglement : celui des docteurs de la Loi, capables de prévoir l'heure et le lieu de la naissance du Sauveur du monde, mais incapables d'agir en conséquence et de dire : *Allons à Bethléem*, et celui du roi Hérode, qui veut tuer le Seigneur de la vie.

Devant l'Enfant de la crèche, les esprits se divisent. Il est le Roi des rois, celui qui règne sur la vie et la mort. Il dit : *Suis-moi*, et qui n'est pas pour lui est contre lui. Il le dit aussi pour nous, et nous place devant le choix entre lumière et ténèbres.

## Le Corps mystique du Christ
Un avec Dieu

Nous ignorons où l'Enfant divin veut nous conduire sur cette terre, et nous n'avons pas à le demander avant le temps. Tout ce que nous savons, c'est que pour ceux qui aiment le Seigneur toute chose aboutit au bien, et que les chemins tracés par le Seigneur mènent au-delà de cette terre.

En prenant un corps, le Créateur du genre humain nous offre sa divinité. Dieu s'est fait homme pour que les hommes puissent devenir fils de Dieu. Ô admirable échange ! C'est pour cette œuvre que le Sauveur est venu dans le monde. L'un d'entre nous avait rompu le lien de notre filiation à Dieu, l'un d'entre nous devait le renouer et expier la faute. Aucun rejeton de la vieille souche, malade et abâtardie, n'aurait pu le faire. Il fallait que sur ce tronc fût greffé un plant nouveau, sain et noble. Il est ainsi devenu l'un de nous et en même temps plus que cela : *un avec nous*. C'est bien là ce qu'il y a de merveilleux dans le genre humain : que nous soyons tous un. S'il en était autrement, si nous nous tenions les uns à côté des autres comme autant d'individus autonomes et séparés, libres et indépendants, la chute de l'un n'aurait pas entraîné la chute de tous. Il eût été possible que le prix de l'expiation fût payé pour nous d'une autre façon et qu'il nous fût compté ; mais alors sa justice n'aurait pu être imputée aux pécheurs et aucune justification n'aurait été possible. Or il est venu pour former avec nous un corps mystérieux : lui, le Chef, et nous ses membres. Si nous acceptons de mettre nos mains dans celles de l'Enfant divin, si nous répondons « oui » à son *suis-moi*, alors nous sommes siens et la voie est libre pour que passe en nous sa vie divine.

Tel est le commencement de la vie éternelle en nous. Ce n'est pas encore la vision béatifique dans la lumière de la gloire, c'est encore l'obscurité de la foi ; mais ce n'est plus l'obscurité de ce monde — c'est être déjà dans le Royaume de Dieu. Lorsque la Vierge prononça son *fiat*, le Royaume de Dieu commença sur terre, et elle en fut la première servante. Tous ceux qui, avant ou après la naissance de l'Enfant, se réclamèrent de lui en paroles et en actes, Joseph, Élisabeth et son enfant, et ceux qui se tinrent autour de la crèche, entrèrent, eux aussi, dans le Royaume de Dieu.

Le règne du Roi divin diffère de ce que les Psaumes et les prophètes laissaient entendre. Les Romains restaient maîtres du pays, et les grands prêtres et les scribes continuaient à tenir le pauvre peuple sous leur joug. Et pourtant, tout homme qui appartenait au Seigneur portait en lui, invisible, le Royaume des cieux. Son fardeau terrestre ne lui était pas enlevé pour autant — bien plutôt alourdi — mais il y avait en lui un élan et une force qui rendaient doux le joug et léger le fardeau.

Il en va toujours ainsi. La vie divine allumée dans l'âme est cette même Lumière venue dans les ténèbres, ce miracle de la Nuit Sainte. Et qui la porte en lui la reconnaît quand on l'évoque. Pour les autres, tout ce qu'on peut en dire n'est qu'un incompréhensible balbutiement. Tout l'Évangile de Jean n'est qu'un tel balbutiement sur la Lumière éternelle qui est Amour et vie.

Dieu en nous et nous en Lui : voilà notre part au Royaume de Dieu, dont l'Incarnation a posé le fondement.

*Un en Dieu*

Être un avec Dieu est premier. Mais une chose en découle immédiatement. Si le Christ est le Chef et si nous sommes les membres du Corps mystique, nous sommes l'un à l'autre ce qu'un membre est à un autre membre — nous sommes tous ensemble *un en Dieu*, dans une même vie divine. Et si Dieu est en nous et s'il est l'Amour, nous ne pouvons qu'aimer nos frères. En cela, notre amour des hommes est la mesure de notre amour de Dieu.

Pourtant cet amour est autre que l'amour naturel. Celui-ci ne s'adresse qu'à ceux qui nous sont proches par les liens du sang, par une affinité de caractère ou par des intérêts communs. Les autres nous sont étrangers, ne nous concernent pas, et leur manière d'être peut même nous rebuter au point que nous les tenions à distance. Pour le chrétien, il n'y a pas d'étranger ; le prochain est toujours celui qui se trouve devant nous et qui a le plus besoin de nous — qu'il soit parent ou non, que nous le trouvions sympathique ou non, qu'il soit ou non moralement digne de notre aide. L'amour du Christ ne connaît pas de limite. L'amour du Christ n'a pas de limite, il n'a pas de cesse, il n'est rebuté ni par la laideur ni par la saleté. Le Christ est venu pour les pécheurs, et non pour les justes. Et si son amour vit en nous, nous ferons comme lui et nous irons à la recherche des brebis perdues.

L'amour naturel veut avoir l'être aimé pour soi, et autant que possible le posséder sans partage. Le Christ est venu pour ramener au Père l'humanité égarée ; or qui aime de son amour veut les hommes pour Dieu et non pour lui-même. Tel est d'ailleurs le plus sûr moyen de les posséder pour toujours, car si nous avons confié un homme à la garde de Dieu, nous sommes avec lui un en Dieu ; alors que la soif de posséder conduit souvent — en fait tôt ou tard — à tout perdre. Ceci vaut pour l'âme d'autrui comme pour la nôtre, comme pour tout bien extérieur. Qui veut s'enrichir et conserver dans le monde, perdra. Qui abandonne à Dieu, l'emportera.

### Que ta volonté soit faite

Nous abordons ici le troisième signe de notre adoption divine. Être un avec Dieu était le premier. Être un en Dieu, le second. Voici le troisième : *À cela je reconnais que vous m'aimez, si vous gardez mes commandements*. Être enfant de Dieu signifie se laisser conduire par la main de Dieu, faire la volonté de Dieu et non la sienne, remettre à Dieu tous ses soucis et toutes ses espérances, ne plus s'occuper de soi et de son avenir. C'est sur cette base que reposent la liberté et la joie de l'enfant de Dieu. Or combien peu les possèdent parmi les âmes pieuses, même parmi celles qui font preuve d'une abnégation héroïque ! Elles ploient constamment sous le poids de leurs soucis et de leurs devoirs. Tous connaissent la parabole des oiseaux du ciel et des lys des champs, mais s'ils rencontrent un homme qui n'a ni ressources ni pension ni assurance et qui pourtant ne s'inquiète pas de son avenir, les voilà qui hochent la tête comme devant quelque chose d'anormal. Certes, celui qui attendrait du Père céleste qu'il lui assure un revenu et une situation conforme à ses désirs pourrait commettre une grave erreur. La confiance en Dieu ne reste inébranlable que si elle est disposée à tout recevoir du Père. Lui seul sait ce qui est bon pour nous. Et si un jour le besoin et les privations devaient mieux convenir qu'un confortable revenu, ou l'échec et l'humiliation mieux que les honneurs ou l'estime, il serait bon de se préparer aussi à cette éventualité. Y parvenir, c'est vivre le présent complètement libéré du souci de l'avenir.

*Que ta volonté soit faite.* Pris dans toute sa plénitude, cet acte d'abandon doit être la règle de la vie chrétienne. Il doit régir la journée, du matin au soir, le cours de l'année, la vie entière. Tel doit être l'unique souci du chrétien — tous les autres sont pris en charge par le Seigneur ; mais celui-là reste le nôtre jusqu'à notre dernier jour. C'est un fait objectif : nous ne sommes pas définitivement assurés de toujours rester dans les voies du Seigneur. De même que les premiers hommes ont pu déchoir de leur état d'enfant de Dieu et tomber dans l'éloignement de Dieu, de même, chacun de nous se tient suspendu entre le néant et la plénitude de la vie divine. Tôt ou tard, nous en ferons subjectivement l'expérience. Dans l'enfance de la vie spirituelle, quand nous avons juste commencé à nous laisser conduire par Dieu, nous sentons, forte et ferme, sa main qui nous guide : nous voyons de façon évidente ce que nous devons faire et ce que nous devons laisser. Mais il n'en ira pas toujours de même. Celui qui appartient au Christ doit vivre toute la vie du Christ. Il doit mûrir jusqu'à atteindre l'âge adulte du Christ, et un jour entamer son chemin de croix, vers Gethsémani et vers le Golgotha. Et toutes les souffrances venues de l'extérieur ne sont rien en comparaison de la nuit obscure de l'âme, quand la lumière divine ne luit plus et que la voix du Seigneur ne parle plus. Dieu est là, mais il se cache et se tait.

Pourquoi en est-il ainsi ? Ce sont là les secrets de Dieu, et ils ne se laissent pas pénétrer jusqu'au fond. Mais il nous est possible de les pénétrer quelque peu. Dieu est devenu homme pour qu'à nouveau nous puissions participer à sa vie. En ceci résident la cause et la fin de sa venue dans le monde.

Mais entre ces deux moments il y a encore autre chose. Le Christ est à la fois Dieu et Homme, et qui veut partager sa vie doit avoir part à la vie divine et à la vie humaine. La nature humaine qu'il avait assumée rendait possible qu'il souffre et qu'il meure ; mais la nature divine, qu'il possédait de toute éternité, donna à la souffrance et à la mort une valeur infinie et une force rédemptrice. La souffrance et la mort du Christ se perpétuent dans son Corps mystique et dans chacun de ses membres. Tout homme doit souffrir et mourir ; mais lorsqu'il est un membre vivant du Corps du Christ, sa souffrance et sa mort tiennent de la divinité du Chef une force rédemptrice. C'est la raison objective pour laquelle tous les saints ont demandé à souffrir, et il ne s'agit pas là d'un goût maladif pour la souffrance. Il est vrai qu'aux yeux de la raison naturelle cela semble de la perversion, mais à la lumière du mystère de la Rédemption, cela se révèle parfaitement raisonnable.

Ainsi uni au Christ, le chrétien tiendra bon, inébranlablement, dans la nuit obscure, subjectivement vécue comme un éloignement et un abandon de Dieu. Mais peut-être la Providence divine fait-elle de son épreuve l'instrument de libération d'un être objectivement prisonnier. C'est pourquoi, encore, et précisément au cœur de la nuit la plus obscure, *que ta volonté soit faite*.

### Voies de salut !

Comment dire encore : *Que ta volonté soit faite*, si nous ne sommes plus certains de ce que Dieu exige de nous ? Avons-nous encore les moyens de nous garder sur ses chemins si la lumière intérieure s'éteint ? Ces moyens existent, et ils sont si puissants que le risque — en principe possible — de s'égarer devient en fait improbable.

Dieu est venu pour nous sauver, pour nous relier à lui, pour conformer notre volonté à la sienne. Il connaît notre nature. Il la prend en compte et nous a donc donné tout ce qui peut nous aider à parvenir au but. L'Enfant divin est devenu le Maître, et il nous a dit ce que nous devons faire.

Pour pénétrer de vie divine toute une vie d'homme, il ne suffit pas de s'agenouiller une fois l'an devant la crèche, en se laissant captiver par le charme de la Nuit sainte. Pour y parvenir, il faut, tout au long de sa vie, être chaque jour en relation avec Dieu, écouter les paroles qu'Il a prononcées et qui nous ont été transmises et obéir à ces paroles. Il faut avant tout prier, comme le Seigneur lui-même nous l'a appris, et comme il l'a tant de fois répété : *Demandez et vous recevrez*. C'est la plus sûre promesse de l'exaucement. Et quiconque dit tous les jours du fond du cœur : « Seigneur que ta volonté soit faite » peut être sûr de ne pas se méprendre sur la volonté de Dieu, même lorsqu'il n'en a plus la certitude subjective.

Le Christ ne nous a pas laissés orphelins. Il nous a envoyé son Esprit qui nous a enseigné toute vérité ; il a fondé son Église, que son Esprit dirige, et il y a placé ses vicaires par la bouche desquels son Esprit nous parle en langage d'hommes. En elle, il a rassemblé les croyants en une communauté, voulant que chacun se porte garant de l'autre. Ainsi ne sommes-nous pas seuls ; et celui qui viendrait à perdre confiance en son propre discernement et même en sa prière, trouverait de l'aide dans la force de l'obéissance et dans la puissance de l'intercession.

*Et le Verbe s'est fait chair*. Ce mystère est devenu vérité dans l'étable de Bethléem. Mais il s'est encore réalisé sous une autre forme. *Celui qui mange ma chair et boit mon sang aura la vie éternelle*. Le Seigneur, qui sait que nous sommes des hommes et restons aux prises, jour après jour, avec nos faiblesses, vient au secours de notre humanité d'une manière véritablement divine. De même que le corps matériel a besoin de son pain quotidien, de même la vie divine en nous demande continuellement une nourriture. Ceci est le pain de vie qui est descendu du ciel, celui qui en fait véritablement son pain quotidien voit se renouveler en lui chaque jour le mystère de Noël, l'Incarnation du Verbe. C'est là certainement le chemin le plus sûr pour conserver l'union à Dieu et pour s'enraciner chaque jour plus solidement et plus profondément dans le Corps mystique du Christ.

Je sais bien que cela apparaîtra à beaucoup comme une voie trop radicale. Cela signifie, pour la plupart de ceux qui commencent à s'y engager, un bouleversement de toute leur vie, extérieure et intérieure. Mais c'est précisément ce qu'il faut ! Nous devons créer dans notre vie un espace pour le Sauveur eucharistique afin qu'il puisse convertir notre vie en sa vie. Est-ce trop demander ? On a le temps pour tant de choses inutiles : la lecture de livres futiles, de magazines, les heures passées dans les cafés ou à bavarder au coin d'une rue — gaspillant en distraction son temps et ses forces. Ne serait-il vraiment pas possible de trouver une heure, le matin, où l'on se rassemble au lieu de se disperser, où l'on puise des forces au lieu de les dissiper, pour faire face aux tâches journalières ?

Certes, il faut plus que cette heure. Il faut que de cette heure à la suivante nous vivions de manière à pouvoir y revenir, ne fût-ce qu'un moment. Quand on rencontre les mêmes personnes chaque jour, même sans qu'un mot soit prononcé, on sent le regard et le jugement qu'elles portent sur nous ; on s'efforce de s'adapter à son entourage et si l'on n'y parvient pas, la vie commune tourne au supplice.

C'est précisément ce qui se passe dans les rapports quotidiens avec le Seigneur. On devient de plus en plus sensible à ce qui lui plaît et à ce qui lui déplaît. Si, par le passé, on était assez satisfait de soi, tout va changer. On commence à se découvrir bien des laideurs qu'on s'efforcera de corriger, et des imperfections dont on aura peine à se défaire. On se fait progressivement patient et indulgent pour la paille dans l'œil de l'autre, tout occupé que l'on est de la poutre qui est dans le sien. Finalement on apprend à se supporter dans la lumière implacable de la Présence divine et à s'abandonner à sa miséricorde qui peut venir à bout de tout et qui excède nos forces. Il y a loin de l'autosatisfaction du « bon catholique », qui fait son devoir, qui lit la bonne presse, qui vote bien, etc., mais qui, pour le reste, fait ce qui lui plaît — à une vie conduite par la main de Dieu et reçue de sa main, dans la simplicité de l'enfant et l'humilité du publicain. Pourtant quiconque s'est engagé sur cette voie ne reviendra plus sur ses pas.

Ainsi, être enfant de Dieu signifie à la fois diminuer et croître. Vivre de l'eucharistie signifie sortir insensiblement de l'étroitesse de sa propre vie pour naître à l'immensité de la vie du Christ. Celui qui recherche le Seigneur dans sa Maison ne voudra plus l'entretenir uniquement de lui-même et de ses affaires. Il commencera à s'intéresser aux affaires du Seigneur. La participation au Sacrifice quotidien nous entraîne naturellement dans la vie de la liturgie. Tout au long du cycle de l'année liturgique, les prières et les rites de la Messe font repasser devant notre âme l'histoire du salut, et nous permettent d'en pénétrer le sens toujours plus profondément. Le Saint Sacrifice renouvelle en nous le mystère central de notre foi, le pivot de l'histoire du monde : le mystère de l'Incarnation et de la Rédemption. Qui pourrait assister au Saint Sacrifice de la messe, le cœur et l'esprit ouverts, sans être pris par l'esprit de sacrifice et par le désir de se fondre, lui et sa pauvre vie personnelle, dans le grand œuvre du Rédempteur ?

Les mystères du christianisme forment un tout indivisible. Si l'on se plonge dans l'un, on est conduit à tous les autres. C'est ainsi que le chemin qui commence à Bethléem mène immanquablement au Golgotha, de la crèche à la croix. Lorsque la Vierge Marie présente l'Enfant au Temple, il lui fut annoncé qu'un glaive lui transpercerait l'âme et que cet enfant, donné pour la chute et la résurrection de beaucoup, serait un signe de contradiction. C'est l'annonce des douleurs, de la lutte entre la lumière et les ténèbres, dont la crèche est déjà marquée.

Certaines années, il arrive que la Chandeleur et la Septuagésime, la fête de l'Incarnation et la préparation à la Passion, tombent presque le même jour. Dans la nuit du péché, c'est l'étoile de Bethléem qui luit ; c'est l'ombre de la Croix qui tombe sur la clarté de la crèche. La lumière s'éteint dans l'obscurité du Vendredi saint, mais remonte plus éclatante, soleil de grâce, au matin de la Résurrection. C'est à travers les souffrances et la croix que le Fils de l'Homme fut élevé à la gloire de la Résurrection ; traverser la souffrance et la mort, avec le Fils de l'Homme, pour atteindre la gloire de la Résurrection, c'est le chemin ouvert à chacun de nous, à l'humanité tout entière.

*Texte traduit de l'allemand*
*par Genia Català et Philibert Secrétan*[3]

---

3. Edith Stein, « Le Mystère de Noël », pp. 25-52, dans : *La Crèche et la Croix*, traduit de l'allemand par Genia Català et Philibert Secrétan, préface de Philibert Secrétan, Ad Solem, 1995.

*Beuron pendant la construction du bâtiment qui abritera la bibliothèque 1925-1926.*

# III.
# Contributions sur Edith Stein
Introduction *par Katharina Oost*

# Contributions sur Edith Stein
## Introduction
*Katharina Oost*

Cette troisième partie de l'ouvrage renferme les articles sur Edith Stein, qui ont été publiés dans la revue bénédictine mensuelle *Héritage et Mission*. Deux de ces contributions se rapportent à l'article qu'a rédigé Edith Stein sur « La prière de l'Église » et qui est reproduit dans la première partie. Tandis que le moine beuronois, père Paulus Gordan, — d'après ses propres indications un parent éloigné de la famille Stein —, offre une brève introduction explicative quoique critique également du texte et des idées d'Edith Stein, sœur Amata Neyer présente le cheminement spirituel d'Edith Stein eu égard à sa compréhension de la prière.

C'est à un tel cheminement que s'intéresse Martin Zielinski qui retrace le chemin de foi d'Edith Stein en s'appuyant sur sa biographie. S'attachant également à son chemin existentiel, Bruno H. Reifenrath développe ses idées relatives à l'évolution des « chemins intellectuels » (toujours en parfaite adéquation avec sa vie), la façon dont s'est accompli le passage de la foi juive par-delà la phénoménologie chrétienne à la philosophie de saint Thomas d'Aquin — toujours avec le souci de maintenir l'harmonie entre la science et la foi.

Les communications que nous venons de mentionner sont encadrées par les deux publications les plus récentes sur Edith Stein dans *Erbe und Auftrag* (*Héritage et Mission*) : la première — une présentation des relations intérieures et extérieures qu'avait nouées Edith Stein à Beuron Mayer et 1933, ainsi que les traces que la sainte a laissées dans le Beuron des années vingt ; et puis, en tant que dernière communication accueillie dans le présent ouvrage, un texte à l'occasion de la mise en circulation en 2003 de nouveaux documents provenant des archives vaticanes, parmi lesquels une lettre d'Edith Stein adressée au pape, laquelle a eu un grand écho dans la presse, ainsi que deux écrits rédigés respectivement par l'archiabbé beuronois dom Raphael Walzer et par Eugène Pacelli, le futur Pie XII.

# 1.
## « Un moine heureux » — Edith Stein à Beuron*
## Katharina Oost

Entre 1928 — elle était à cette époque enseignante au lycée des Dominicaines à Spire — et 1933 — l'année de son entrée au carmel de Cologne —, Edith Stein fut à plusieurs reprises hôte à Beuron. Dans le père dom Raphael Walzer (1888-1966), docteur en théologie, l'archiabbé d'alors, elle avait trouvé, par l'intermédiaire du Jésuite Erich Przywara, un accompagnateur dans son cheminement spirituel doté de la faculté d'empathie, attentif et sensible. Aussi n'y a-t-il rien d'étonnant à ce qu'Edith Stein, depuis qu'E. Przywara[1] lui avait proposé de passer la semaine sainte et la fête de Pâques à Beuron, dirigeât sans cesse ses pas, et surtout à l'occasion des grandes fêtes liturgiques, vers cet endroit où elle pouvait soumettre son chemin au jugement, au conseil et au regard d'un être en qui elle avait confiance. En dernier lieu cependant — ou en premier lieu —, elle cherchait naturellement à Beuron la proximité de Dieu. « Son seul désir était simplement d'être ici à Beuron, pour être près de Dieu, pour demeurer dans la présence des mystères sublimes du salut... », écrit dom Raphael Walzer rétrospectivement. « Sa foi lui faisait trouver tout naturel de s'unir à Dieu (dans l'office divin) et de se perdre elle-même dans la *laus perennis* (la louange divine perpétuelle)[2]. »

Dom Raphael Walzer a « beaucoup estimé, voire vénéré Edith Stein en tant que personnalité foncièrement pure et mûre. Il la

---

* Article paru dans la revue *Erbe und Auftrag* (*Héritage et mission*), 34, 1998, fascicule 4, pp. 274 *sqq*.
1. P. Erich Przywara sj (1889-1972) accompagna la retraite des pères du monastère de Beuron en 1925.
2. Dans : W. Herbstrith (éd.), *Edith Stein - Eine große Glaubenszeugin*, Annweiler 1986, p. 141.

*Edith Stein, professeur à Spire, vers 1928.*

nommait la Virgo sapiens... Elle était pour lui celle qui avait reçu de Dieu en surabondance, celle qui voulait demeurer dans la vérité qu'elle chérissait, la philosophe orante, la prière en personne — expressions qu'il lui est arrivé d'utiliser », comme s'en souvient le père Mauritius Schurr[3].

La grande marque d'estime que l'on témoignait en général à Edith Stein à Beuron permet de comprendre que, dans ce qu'il est convenu d'appeler le « Schott », la séquence *Lauda Sion* de Thomas d'Aquin apparaît provisoirement dans une nouvelle traduction due à Edith Stein[4]. Nous trouvons également son nom mentionné de nombreuses fois en tant qu'auteure dans la *Revue mensuelle bénédictine*[5] éditée par l'archiabbaye de Beuron.

L'archiabbé lui-même écrit ceci dans une lettre adressée à la sous-prieure du carmel de Cologne lorsqu'il fut prié de recommander Edith Stein : « Son extraordinaire talent intellectuel est hors de question. On en est persuadé dans de larges cercles en Allemagne. Il est d'autant plus étonnant qu'elle ait tout de même un « affect » (*Gemüt*) très simple, très guidable. Sa maturité et sa profondeur religieuses sont telles que je n'ai pas besoin d'en parler[6]. » À un autre endroit il dit qu'il avait utilisé avec prédilection l'expression « *fuit et quietus* » (tirée de l'hymne des convertis du bréviaire monastique) pour caractériser Edith Stein : « oui, elle aussi était calme[7]. »

---

3. *Idem, ibidem*, p. 163.
4. C'est en 1884 que parut la première édition du « Missel de la sainte Église » publiée par Anselm Schott osb (1843-1896), moine de l'abbaye de Beuron. Dans la 34ᵉ édition, publiée en 1928 par Pius Bihlmeyer osb, paraît la séquence de Thomas d'Aquin dans la nouvelle traduction d'Edith Stein. Dans l'avant-propos, on lit ceci : « La présentation de la nouvelle traduction de la séquence Lauda Sion (p. 545) est du Dr E. ST. »
5. Les contributions suivantes d'Edith Stein ont été publiées dans la *Revue bénédictine mensuelle* (intitulée depuis 1960 *Erbe und Auftrag*) : année 1931-1932, XIII, pp. 366-377 : « L'organisation de la vie dans l'esprit de sainte Élisabeth (Conférence prononcée à Zurich le 24/01/1932) ; année 1932, XIV, pp. 356-371 et pp. 436-444 ainsi que 1933, XV, pp. 24-44 et 110-122 : « Les problèmes posés par l'éducation des femmes » (Leçon prononcée à Münster) ; année 1933, XV, pp. 412 *sqq.* : « L'intégration au Corps mystique du Christ ».
6. *Lettre* du 02/06/1933, dans : Edith Stein, « Wie ich in den Kölner Karmel kam », p. 33 (fac-similé), Wurzbourg, éd. Echter, 1994.
7. Dans : W. Herbstrith, *op. cit. supra*, p. 140. — Voir également W. Herbstrith, *Das wahre Gesicht Edith Steins*, München, éd. Kaffke, ⁵1989.

« Lorsque Edith Stein vint la première fois à Beuron », relate dom Raphael Walzer[8] après sa mort, « elle n'était certainement plus une novice. Elle apportait avec elle tellement de choses précieuses qu'elle découvrit aussitôt dans l'atmosphère monastique de ce coin caché du Danube sa véritable patrie, mais n'eut nul besoin de faire l'expérience d'une transformation intérieure ou d'apprendre quelque chose de radicalement nouveau. Le temps était en quelque sorte venu de moissonner ce que d'autres avaient semé et ce qu'elle s'était elle-même employée à faire lever dans le meilleur terreau[9]. »« Ce fait », poursuit dom Raphael Walzer, « peut être traité dans chaque biographie comme l'un des mieux attestés, sans que la vérité historique en soit tronquée. Mais en quoi résidait la véritable force d'attraction qu'exerçaient sur elle Beuron et ses offices ? » D'après dom Raphael Walzer, c'est avant tout la forme liturgique à l'intérieur de la vie monastique qui fit trouver à Edith Stein, habituée depuis l'enfance à la tradition liturgique en tant qu'enfant d'une famille juive, une patrie en Beuron.

Mais ce qui l'attirait si profondément en Beuron reste néanmoins le secret d'Edith Stein et devait rester son secret. « *Secretum meum mihi* — mon secret m'appartient », avait-elle en effet répondu à la question de son amie Hedwig Conrad-Martius qui s'était enquise des motivations ultimes de sa foi, une parole qui pourrait aussi valoir pour sa relation avec Beuron. Les idées qui vont suivre ne visent nullement à éventer son secret d'un point de vue psychologique, à se frayer par curiosité un accès à un secret gardé — ou qui n'a du moins pas donné lieu à de plus amples explications. Leur objet est seulement de commencer par replacer ici la relation d'Edith Stein avec Beuron dans son contexte. Doivent servir de sources au premier chef ses propres lettres ainsi que les témoignages des personnes qui l'ont rencontrée à Beuron, comme les idées qu'elle développa dans un petit écrit rédigé par ses soins dans l'atmosphère monastique de la fête de Noël en 1930-1931 à Beuron ; quoiqu'il ne

---

8. Endres Elisabeth, *Raphael Walzer*, p. 313, Baindt-Ravensbourg, 1988.
9. Six ans avant sa première venue à Beuron, Edith Stein, de confession juive, s'était convertie au catholicisme (le 1er janvier 1922 à Bergzabern).

soit aucunement fait allusion à Beuron dans cet écrit, le lien d'Edith Stein avec ce lieu spirituel[10] y transparaît et le façonne. Dans une lettre adressée au prêtre Ludwig Husse elle écrit le 2 janvier 1931 : « Mais vous comprendrez qu'il ne pouvait pas me venir d'autre sujet à l'esprit que le mystère de Noël lui-même[11]. »

Voilà cependant Beuron mentionné pour la quatrième fois dans l'échange épistolaire d'Edith Stein[12]. Nous trouvons la première évocation[13] dans le livre d'hôtes de la famille Mayer chez qui Edith Stein habitait durant ses séjours à Beuron. Il y transparaît le *leitmotiv* de sa relation à l'endroit qu'elle qualifie dans une lettre adressée à Roman Ingarden comme « le ciel sur la terre[14] »: « *Laetatus sum* — je suis remplie de joie[15] ». L'accord de fond de cette joie, un état d'âme serein, enjoué et léger traverse depuis cette évocation toutes les autres remarques dans lesquelles il est question de Beuron, de son « Beuron aimé », comme elle écrit en 1931[16], poursuivant ainsi : « Mon cœur est encore là-bas et ne vient ici que lorsque j'en éprouve le besoin impérieux ; au demeurant il attend que j'y retourne... » C'est donc l'amour qui repose sur le fond de la joie.

Beuron avait trouvé dans le cœur d'Edith Stein une place qu'il ne dut partager avec aucun autre endroit jusqu'en 1933. Et même le carmel de Cologne — c'est l'impression que l'on pourrait avoir lors de la première lecture d'une lettre à Gertrude Le Fort[17] — ne semble pas

---

10. Un membre du monastère de Beuron, frère Jakobus Kaffanke osb, me raconta qu'en lisant pour la première fois « Le mystère de Noël », il avait pensé que ce texte n'avait pu être écrit qu'à Beuron. Ce n'est que plus tard que sa supposition s'est avérée exacte. Pour les « initiés » du moins, « l'atmosphère de Beuron » est reconnaissable dans ce texte.
11. Œuvres d'Edith Stein, VIII, *Selbstbildnis in Briefen*, 1re partie, p. 78, *Lettre* n° 78, Fribourg-en-Brisgau-Bâle-Vienne, éd. Herder, 1976.
12. Voir la note précédente.
13. *Selbstbildnis in Briefen* I, *Lettre* n° 46, p. 55.
14. Edith Stein avait offert pour Noël en 1927 à son ami Roman Ingarden (1893-1970), qui appartenait au cercle de phénoménologie de Göttingen un petit ouvrage de Hermann Bahr (1863-1934), qui s'intitulait *Himmel auf Erden*. Le 13/05/1928, elle écrit qu'elle a trouvé dans l'abbaye le modèle du livre de Bahr *Himmel auf Erden : Lettres à Roman Ingarden 1917-1938*, vol. XIV, p. 195, Fribourg-en-Brisgau-Bâle-Vienne, 1991.
15. C'est le début du Psaume 122.
16. *Selbstbildnis in Briefen* I, Lettre à Frau Callista ocist, Seligenthal, *Lettre* n° 82, p. 81.
17. *Ibidem*, *Lettre* n° 156, p. 152.

aisément pouvoir contester cette place intérieure. « *Naturellement* », lit-on dans cette lettre qu'Edith Stein écrivit en 1933, « *j'ai pensé très souvent à vous durant ces derniers mois, depuis que je connaissais ma voie : que vous pourrez vraiment apprendre à connaître le Carmel lorsque vous me rendrez visite à Cologne. Et ce sera probablement mieux qu'à Munster et peut-être même qu'à Beuron.* » Si l'on y regarde de plus près, on se rend compte que cette phrase doit être comprise par rapport à l'atmosphère de la rencontre attendue, comme le montre le fait qu'Edith Stein écrit en 1933 depuis le carmel à Maria Mayer ceci : « Vous pensez bien que je n'ai pas oublié Beuron — mais je n'ai pas la nostalgie de Beuron. Cela s'arrête lorsque l'on a atterri dans la véritable patrie[18]. »

« Vous percevrez encore un reflet de Beuron, ainsi écrivait-elle quatre ans auparavant, sur sœur Agnella. Ce que l'on en emporte demeure. Et en douze jours on peut y amasser un trésor qui nourrit longtemps et aide à assimiler tout ce qui vient de l'extérieur[19]. » La parole de Matthieu vient spontanément à l'esprit : « Là où est ton trésor, là est ton cœur » (Mt, 6, 21). Et de la sorte nous voilà de nouveau au cœur de l'amour. Si le « reflet de Beuron » pouvait reposer sur une personne, alors dans le vécu d'Edith Stein Beuron lui-même dut être enveloppé dans son éclat. Si enracinée dans sa patrie qu'ait pu être la vie liturgique d'Edith Stein, que la *laus perennis* ait été l'enveloppe de sa prière personnelle, que l'art ou le paysage aient pour leur part contribué à l'éclat de l'endroit — qui parmi ceux qui connaissent Beuron ne seraient pas tombés sous le charme ? — et que sa relation avec l'archiabbé dom Raphael Walzer l'ait liée d'une manière tout à fait particulière à Beuron — il faut que ce soit le regard du cœur, qui voit les êtres humains, les choses et les lieux — par-delà leur état naturel et leur beauté terrestre — tels qu'ils sont en Dieu.

Une telle connaissance présuppose certes que la personne habite en présence de Dieu et se porte en tant que personne comblée vers

---

18. Œuvres d'Edith Stein, *Selbstbildnis in Briefen*, 2ᵉ partie, vol. IX, *Lettre* n° 237, Druten et Fribourg-Bâle-Vienne, 1977.
19. *Selbstbildnis in Briefen*, 1ʳᵉ partie, VIII, *Lettre* n° 49, p. 57.

les êtres humains, les lieux et les choses à partir de ce milieu paisible de l'amour, qu'elle les accueille dans la joie reconnaissante en Dieu. Cela veut dire que ce qui est à l'intérieur est à l'extérieur. Ainsi pouvons-nous tirer des assertions d'Edith Stein sur Beuron des conclusions sur son état d'âme intérieur : ce dut être de la lumière, et une joie paisible dut l'habiter. L'inverse vaut cependant aussi : l'extérieur, un lieu de paix et de quiétude peuvent contribuer à ce que l'harmonie intérieure d'un être humain parvienne à son plein épanouissement.

Dans la rencontre d'Edith Stein avec les moines, son état d'âme intérieur s'est illuminé d'un « sourire bienveillant», « d'une affabilité cordiale[20] ». Elle dut faire à Beuron l'expérience d'une manière particulière de la joie d'un être humain qui se sait dans sa demeure : dans la demeure du Père céleste dont le reflet dut être son Beuron. Ses assertions sur Beuron en tant que le « Ciel sur la terre[21] » ou l' « antichambre du Ciel[22] »suggèrent une telle compréhension.

Le fait d'avoir trouvé là une patrie ne l'a pas empêchée de garder la distance extérieure comme intérieure correspondant à sa modestie et à sa retenue. Frère Anton Manz, l'ancien portier du monastère, raconte ceci : « [...] Lorsque j'appris par la suite que cette visite de Monseigneur l'archiabbé très vénéré était en vérité une demoiselle très savante, je dus chaque fois admirer la modestie dont elle faisait preuve chaque fois qu'elle se présentait à la porte du monastère. Ce qui était également digne d'admiration, c'était son respect envers tous les frères, et même à mon endroit, le jeune frère convers sans valeur. Elle nous vénérait, nous moines, comme si nous étions quelque chose d'extraordinaire[23]. » Le fait également qu'elle pût « être presque quinze jours un moine heureux[24] » ou bien, comme elle l'exprime à un autre endroit, qu'elle pouvait célébrer la Sainte Nuit « dans son cher Beuron presque comme un vrai moine[25] »

---

20. L'ancien abbé Adalbert Metzinger osb, dans : *Glaubenszeugnis*, p. 160.
21. *Briefe an Roman Ingarden*, p. 195.
22. Edith Stein, dans : « Wie ich in den Kölner Karmel kam », S. 28.
23. *Das Wahre Gesicht*, p. 88.
24. *Selbstbildnis in Briefen* I, *Lettre* n° 115, p. 109.
25. *Briefe an Roman Ingarden*, p. 217.

permet de se rendre compte à quel point elle dut se sentir chez elle et à l'abri à Beuron. Les moines de Beuron avaient effectivement accueilli à leur manière dans leur communauté leur étrange « frère » — même si Edith Stein ne pouvait le savoir—, ils avaient baptisé celle dont ils ignoraient qui elle était, mais qu'ils voyaient prendre part à leur prière avec une belle régularité, lui avaient donné un nom. L'un d'eux[26] se souvient cinquante ans plus tard : « je l'ai souvent vue attendre devant la salle d'audience de l'archiabbé dom Walzer, et agenouillée à l'église chaque matin au point du jour avant les laudes, qui commençaient à l'époque à Beuron les dimanches et jours de fête à 4 heures, les jours ouvrés à 4 h15. Nous ne connaissions ni son nom, ni son origine ni son importance, nous la surnommions toujours entre nous la « matutine ».

L'attirance d'Edith Stein pour la spiritualité imprégnée par la liturgie monastique retentit encore une fois ici. La solennité de la liturgie, telle qu'elle la vivait à Beuron, a été pour elle — tout à fait dans le sens de la compréhension ultra-ancienne des moines en tant qu'unis dans une louange éternelle avec les anges — un reflet de la liturgie céleste. « La liturgie de l'Église terrestre en tant que la mise au diapason des croyants avec la liturgie du Ciel — cette idée a beaucoup importé à Edith Stein. Nous comprenons d'autant mieux sa revendication de Beuron en tant que "l'antichambre du Ciel"[27]. » Là donc où « des êtres humains sur la terre se mettent au diapason dans ce chant du rédempteur — là s'ouvre pour Edith Stein la porte du Ciel, là est "l'antichambre"[28]. »

Encore entièrement emplie de l'atmosphère de la liturgie de Beuron[29], elle commence en ces termes une conférence prononcée en 1928 lors de la rencontre principale de l'Union des enseignantes catholiques de Bavière : « Permettez-moi de commencer par une petite remarque personnelle. Il y a deux jours, j'ai quitté Beuron, où il m'a été donné de passer la semaine sainte ainsi que les jours

---

26. Père Mauritius Schurr osb, dans : *Glaubenszeugin*, p. 162.
27. M. A. Neyer, « Edith Stein und das Beten der Kirche », dans : *Erbe und Auftrag*, année 1986, p. 420.
28. Idem, *ibidem*.
29. C'est à Pâques de l'année 1928 qu'elle effectua son tout premier séjour à Beuron.

pascals, pour arriver ici [...] au beau milieu des préparatifs de cette session. On ne saurait guère imaginer de contraste plus saisissant : là-bas, la silencieuse vallée de la paix, où [...] on chante jour après jour et année après année la louange au Seigneur, [...] — et, ici, ce congrès qui se tient pour agiter les questions brûlantes d'actualité. Ce fut presque une chute brutale du Ciel sur la terre[30]. »

Il n'y a cependant pas lieu de supposer qu'Edith Stein ait voulu éviter « une telle chute sur la terre » ou l'ait seulement déplorée — l'attention et l'intérêt étaient trop éveillés en elle, le sens des responsabilités, qui la guidait dans le monde, était aussi trop aigu chez elle. Un texte de Hermann Bahr dont elle offre en 1927 le petit livre à son ami et collègue philosophe Roman Ingarden et à propos duquel elle émet plus tard cette remarque : « J'ai trouvé le petit livre de Bahr tout à fait catholique. Sinon je ne vous l'aurais pas envoyé[31] », ce texte donc renferme dans la voix d'un abbé la recommandation sans cesse variée de ne pas jouer l'un contre l'autre, le Ciel et la terre (ou encore, comme le texte le dit souvent : l'ici-bas et l'au-delà) ni de dévaloriser et de mésinterpréter la terre comme le lieu éloigné de Dieu. Mais quelle que soit la détermination avec laquelle est rejetée dans les paroles de Bahr une orientation religieuse vers le Ciel perdant le lien avec la terre comme le seul chemin possible pour accéder au Ciel, le Ciel et la terre, l'ici-bas et l'au-delà restent néanmoins dans une relation dualiste[32] aussi longtemps que des idées tournent autour du fait que « [...] le peuple [...] est facilement égaré dans l'ici-bas, que même des catholiques par ailleurs véritables gémissent sur cette vallée de larmes oubliant que l'ici-bas est en réalité pour nous la porte de l'au-delà, qu'il est le théâtre de nos actions dans lequel soit nous nous gagnons le Ciel par nos mérites soit nous l'obtenons[33]. » Ce dualisme n'est cependant

---

30. Edith Stein, *ESGA* 13, p. 1 (= *La femme*, trad. par M.-D. Richard, p. 40).
31. Lettres à R. Ingarden, p. 194 (*Correspondance* I, trad. par C. Rastoin, p. 368).
32. « L'ici-bas est le complément de l'au-delà », écrit Bahr p. 44 dans : *Himmel auf Erden*, Maison d'édition « Ars sacra », Munich, 1928.— Ce petit livre est dédié à un moine beuronois, le père Willibrord Verkade osb (1868-1946) à l'occasion du 25ᵉ jubilé de son sacerdoce.
33. *Himmel auf Erden*, p. 15.

dépassé que lorsque plus aucune question relative au Ciel et à la terre ne se fait entendre dans le cœur de l'être humain, parce que le Ciel en tant que présence de Dieu toujours présente est expérimentée au plus intime de son être. Edith Stein était sur la voie de faire une telle expérience[34]. Quelle que pût être sa joie à Beuron en tant que l'antichambre du Ciel, son désir visait toujours le Saint des Saints lui-même. C'étaient peut-être sa résolution ainsi que sa « radicalité d'une certaine manière sans conditions[35] » qui la préservaient du danger de perdre de vue, par le Ciel sur la terre, le véritable Ciel. Mais non seulement pour sa famille et certains amis, mais même pour son ami et accompagnateur spirituel dom Raphael Walzer, la radicalité de sa décision d'entrer dans un carmel thérésien paraissait rendre nécessaires des objections — abstraction totalement faite de ce que l'archiabbé accordait une grande importance aux tâches qu'Edith Stein aurait encore pu assumer en tant que chrétienne « dans le monde », et s'opposa tout d'abord de ce fait à son entrée au Carmel.

Edith Stein a cependant suivi sa voie droit devant elle, donnant librement cours à sa disposition à suivre totalement et inconditionnellement le Christ.

« Lorsque je n'ai plus pu lui refuser plus longtemps l'entrée au Carmel en raison des conditions existentielles d'alors dans le Troisième Reich », écrit dom Raphael Walzer, « elle alla vers la réalisation de ses rêves. Elle écouta la voix du Saint des Saints et obéit sans demander où le chemin la mènerait[36]. » Elle était prête à sonder le mystère de la Croix avec sa propre vie.

---

34. Sur la transformation de la compréhension d'Edith Stein de la liturgie, voir : Neyer, Maria, Amata, « Edith Stein et la prière de l'Église », dans : *Erbe und Auftrag (Héritage et mission)*, année 1986, pp. 417 *sqq*. (Voir *infra*, pp. 149 *sqq*).
35. Stein, Edith, *Lettres à Hedwig Conrad-Martius*, Munich (Kösel), 1960, p. 68.
36. Dans : *Glaubenszeugin*, p. 143.

*Abbaye de Beuron vers 1930 : tableaux de l'école d'art de Beuron dans l'autel latéral*

Dans le texte déjà mentionné, intitulé simplement « Le mystère de Noël » et composé dans les premiers jours de janvier en 1931 à Beuron[37], tout de suite après l'introduction qui, semblable à un choral festif, laisse retentir la magie de Noël, telle que la nature, les coutumes et la liturgie nous la font vivre, de sombres tonalités évoquent la proximité de la Crèche et de la Croix : « Aujourd'hui encore, l'étoile de Bethléem brille dans une nuit profonde[38]. » Peu de temps après, Edith Stein qualifie les ténèbres de « nuit de l'inconcevable endurcissement, de l'aveuglement[39]. »

Cela nous fait inexorablement penser aujourd'hui à la situation politique d'alors et au malheur de plus en plus menaçant qui se préparait. Cela devait finalement amener des êtres humains de notre pays à mettre un terme de manière effroyable à la vie de six millions de Juifs dans la Shoah — parmi lesquels Edith Stein et sa sœur Rosa.

---

37. C'est le texte d'une conférence qu'Edith Stein prononça en janvier 1931 à Ludwigshafen.
38. Edith Stein, « Le mystère de Noël », voir *supra* pp.109-120.
39. *Idem, ibidem.*

Si Edith Stein, quand elle écrivit ces lignes en 1931, pensait déjà à la situation politique, nous ne le savons pas. Toutefois, étant donné qu'elle a dit dès 1930, lors du retrait des troupes françaises du Palatinat : « Vous allez voir, maintenant va commencer la persécution des Juifs et puis il s'ensuivra la persécution de l'Église[40] », c'est parfaitement concevable[41]. Certes, son contact avec dom Raphael Walzer — « la clairvoyance de ce dernier fit plus tard son malheur[42] » — a contribué à lui permettre de jauger avec lucidité la situation politique plus tôt que la plupart de ses contemporains.

Mais il n'est finalement pas essentiel de savoir si l'obscurcissement du paysage politique joue déjà un rôle dans les sombres tonalités du mystère de Noël. Si le « Suis-moi » est accepté sur le fondement de l'être humain, il suscite en lui la force et la disposition à aller vers l'ultime, vers le plus élevé ou bien, disons-nous dans la perspective inverse, à aller vers le plus effroyable, le plus bas, vers la Croix. Cette disposition se fait déjà sentir dans les paroles d'Edith Stein dès 1931, quoique plus faiblement que dans ses écrits ultérieurs : « Devant la crèche elle-même s'accomplit la séparation dans la disposition à suivre : entre celle de la bonne volonté et celle d'une volonté enténébrée. La vérité pesante de cette décision prise près de

---

40. À Uta Freiin von Bodman, dans : *Glaubenszeugin*, p. 155.
41. Concernant ce passage, sœur Amata Neyer du carmel de Cologne fait part de ses doutes dans une lettre du 6 mai 1998 en ces termes : « Mme von Bodman n'a toutefois émis cette remarque qu'à un âge avancé (elle avait plus de 80 ans). Ne pourrait-elle pas s'être trompée ? Elle a aussi rencontré Edith Stein plus tard encore, et également au carmel encore. Edith Stein pouvait-elle songer en 1930, dans la République de Weimar par conséquent, lorsque le retrait des troupes se fit par Spire, à une persécution des Juifs, puis à celle de l'Église ? Elle qui écrivit quand elle était encore à Münster : « Je ne redoute pas pour l'instant des attaques dirigées contre l'Église et les monastères parce que le gouvernement doit avoir des égards envers des millions de gens parmi ses propres électeurs catholiques. » C'est une lettre adressée à Elly Dursy en date du 15 mars 1933 ; cette lettre n'avait pas été publiée jusqu'ici… Edith Stein se serait elle-même contredite avec ces lignes par rapport à ce qu'elle aurait dit en 1930. Bref, je ne crois pas qu'elle ait émis très tôt déjà la remarque rapportée par Uta von Bodman. En revanche, elle aurait pu l'émettre lors de la fête à l'occasion de sa prise d'habit, en 1934 par conséquent. Je sais par expérience personnelle — bien que n'ayant pas encore atteint l'âge de 80 ans — combien il est facile de confondre les dates bien des années plus tard.
42. J. Köhler, dans : *Glaubenszeugin*, p. 105.

la crèche tend [...] à se transformer en une décision entre la vie et la mort, entre la lumière et les ténèbres [...][43]. »

Dans « le mystère de Noël » comme dans sa vie, Edith Stein n'en reste pas à « la bienheureuse plénitude » — si profondément qu'elle l'ait éprouvée et qu'elle l'ait plongée dans le ravissement —, mais trace le chemin qui conduit « *sans que rien puisse l'arrêter de Bethléem à Golgotha*[44] » ; elle parcourt déjà le chemin qui mène « *de la crèche à la croix*[45] » sans pouvoir savoir à ce moment-là dans quelle proximité temporelle la crèche et la croix se trouveront un jour dans sa propre vie.

« Nous ignorons » où la parole de Jésus « Suis-moi » « *veut nous conduire sur cette terre, et nous n'avons pas à le demander avant le temps. Tout ce que nous savons, c'est que pour ceux qui aiment le Seigneur toute chose aboutit au bien, et que les chemins tracés par le Seigneur mènent au-delà de cette terre*[46]. » « *Celui qui appartient au Christ doit vivre toute la vie du Christ. Il doit [...] un jour entamer son chemin de croix, vers Gethsémani et le Golgotha*[47]. » Même une bonne année après, le mystère de son propre chemin de croix reste encore caché à Edith Stein, quoique des contours commencent déjà à se dessiner en raison des événements politiques, chemin qu'elle appréhende avec une vigilance lucide et qu'elle est prête à suivre inconditionnellement. « *Tout homme doit souffrir et mourir* », avait-elle écrit en 1931 à Beuron, « *mais lorsqu'il est un membre vivant du Corps du Christ, sa souffrance et sa mort tiennent de la divinité du Chef une force rédemptrice. C'est la raison objective pour laquelle tous les saints ont demandé à souffrir, et il ne s'agit pas là d'un goût maladif pour la souffrance. Il est vrai qu'aux yeux de la raison naturelle cela semble de la perversion, mais à la lumière du mystère de la Rédemption, cela se révèle parfaitement raisonnable*[48]. »

---

43. H.-B. Gerl dans son introduction à son ouvrage intitulé *Edith Stein. Le mystère de Noël*, p. 26, Fribourg-Bâle-Vienne, éd. Herder, 1988.
44. Edith Stein, « Le mystère de Noël », voir *supra*, pp. 109-120.
45. *Idem, ibidem*.
46. *Id., ibid.*
47. *Id., ibid.*
48. *Id., ibid.*

*Dr Raphael Walzer tel qu'Edith Stein l'a connu.*

La foi en la force rédemptrice de la souffrance ne l'avait cependant pas conduite à la passivité, au fatalisme voire à un désir perverti de souffrir. Son désir du Ciel ne lui avait pas fait détourner son regard de la terre. Au début de l'année 1933, elle avait décidé de demander au pape de rédiger une encyclique relative à la question juive. « Je n'avais pas cessé au cours des dernières semaines de penser et repenser à la question juive [...] » écrivait-elle au carmel de Cologne. ... « *J'avais finalement arrêté le projet de me rendre à Rome et de demander au Saint-Père, lors d'une audience privée, une encyclique à ce sujet. Mais je ne voulais pas accomplir une telle démarche de ma seule autorité [...] Depuis que j'avais trouvé à Beuron une sorte de patrie monastique, il m'était permis de considérer le père abbé dom Raphael Walzer comme "mon abbé" et de lui soumettre toutes les décisions importantes que j'avais à prendre*[49]. » Mais son plan échoua[50]. À la place de l'audience privée, on ne lui accorda qu'une audience en petit groupe. Edith Stein renonça donc à entreprendre le voyage à Rome et exposa à la place sa requête dans une lettre[51]. Elle écrit elle-même à ce sujet : « *Je sais que ma lettre a été remise scellée au Saint-Père ; j'ai reçu au bout de quelque temps sa bénédiction pour moi et pour les miens. Rien d'autre ne s'ensuivit. Plus tard, je me suis pourtant souvent demandé si cette lettre ne lui était pas quelquefois revenue à l'esprit. Ce que je prédisais alors sur l'avenir*

---

49. Edith Stein, « Wie ich in den Kölner Karmel kam », p. 12 (= « Comment je suis venue au carmel de Cologne », p. 30, dans : *Vie d'une famille juive*, trad. par C. et J. Rastoin, p. 491).
50. Note de Katharina Oost : « Le lendemain du jour où j'ai écrit ce texte parut sur la première page du quotidien cette nouvelle : "Après de longs préparatifs, le document longuement attendu avec suspense et relatif à la coresponsabilité des catholiques dans l'extermination des Juifs pendant la Deuxième Guerre mondiale est publié ce lundi. » Ce document devait, poursuivait le quotidien, mettre un terme à la controverse persistante sur le silence de la tête de l'Église quant au régime d'Hitler et à ses aides qui avaient participé au massacre de masse des Juifs. » (*Badische Zeitung*, 16/03/1998). — Sur l'arrière-plan concernant la non-rédaction d'une Encyclique contre le racisme et l'antisémitisme, voir : Nota, J. H., « Edith Stein et le projet d'une encyclique contre le racisme et l'antisémitisme », dans : *Glaubenszeugin*, pp. 109 sqq.
51. Des indices laissent penser que cette lettre se trouve dans les archives de la secrétairie d'État au Vatican. On s'efforce actuellement d'en obtenir la publication. [— Sur cette publication effective, voir dans ce volume la note 3, p. 222.]

*des catholiques en Allemagne s'est en effet réalisé point par point dans les années qui suivirent*[52]. » Durant son voyage de Münster à Beuron, où elle voulait passer la semaine sainte et les jours pascals et parler avec l'archiabbé dom Raphael Walzer de son projet de se rendre à Rome, Edith Stein fit une profonde expérience lors d'une séance de méditation à Cologne. Elle relate à ce sujet ceci : « *C'était la veille du premier vendredi du mois d'avril et, en cette année sainte 1933, on faisait partout mémoire avec une solennité particulière de la passion de Notre Seigneur. À huit heures du soir, nous nous retrouvâmes au carmel de Cologne-Lindenthal pour célébrer l'heure sainte... Je parlais avec le Sauveur et je lui dis que je savais que c'était sa Croix dont était maintenant chargé le peuple juif. La plupart ne le comprendraient pas ; mais ceux qui le comprendraient devaient le prendre sur eux de plein gré au nom de tous. Je voulais le faire, il devait seulement me montrer comment. Lorsque le temps de prière toucha à sa fin, j'avais la certitude intérieure d'avoir été exaucée. Mais en quoi devait consister ce portement de Croix, je ne le savais pas encore*[53]. »

Nous qui le savons sommes touchés par les paroles d'Edith Stein avec lesquelles elle achève le « mystère de Noël » qu'elle composa à Beuron : c'est comme si sur le fond de cette ignorance avait reposé un profond savoir — incomparablement plus profond que toute intuition ou vision prémonitoire pouvait l'être, parce que celle-ci a le regard dirigé vers l'extérieur, tandis que cette certitude se forme au plus intime de l'être humain dont l'attention se nourrit de la paix de Dieu. La disposition à s'en remettre à lui quoi qu'il puisse arriver, la foi en la force rédemptrice de la souffrance et l'abandon inconditionnel et radical de tout ce qui pouvait constituer un obstacle sur le chemin menant vers le Ciel véritable ont amené Edith Stein à se dépouiller de plus en plus profondément de son Soi où ne vaut plus qu'une seule chose : devenir un avec la volonté du Père.

---

52. Edith Stein, « Wie ich in den Kölner Karmel kam », p. 14 (= « Comment je suis venue au carmel de Cologne », p. 493, dans : *Vie d'une famille juive*, trad. par C. et J. Rastoin).
53. *Idem, ibidem*, p. 12 et 14 (= « Comment je suis venue au carmel de Cologne », p. 492, dans : *Vie d'une famille juive*, trad. par C. et J. Rastoin).

« Je me représente également son amour de la Croix et son désir du martyre non comme une attitude de l'esprit par trop consciente, lesquels se seraient exprimés dans des intentions de prière et dans des vœux formés, mais plutôt comme une disposition profondément ancrée au fond de son âme à suivre partout le Seigneur », écrit dom Raphael Walzer[54], qui devait être à son tour victime de ce système injuste qu'était le national-socialisme, quoique d'une tout autre manière qu'Edith Stein[55]. Ce qui s'est exactement passé pour l'archiabbé dom Raphael Walzer n'est pas clair de nos jours encore.

« Je ne crois pas qu'elle se soit volontairement abstenue de fuir à temps en Suisse pour échapper à une mort cruelle. Dans son obéissance inconditionnelle, elle aurait accepté cette solution. Mais d'un autre côté, elle ne se souciait pas de mener ce projet à bien, toujours portée par une absence sainte de désir et par son abandon à la volonté du Tout-Puissant[56]. »

Edith Sein achève sa méditation sur le mystère de Noël par ces lignes : « *C'est l'ombre de la Croix qui tombe sur la clarté de la Crèche. La lumière s'éteint dans l'obscurité du Vendredi saint, mais remonte plus éclatante, soleil de grâce, au matin de la Résurrection. C'est à travers les souffrances et la Croix que le Fils de l'Homme fut élevé à la gloire de la Résurrection ; traverser la souffrance et la mort, avec le Fils de l'Homme, pour atteindre la gloire de la Résurrection, c'est le chemin ouvert à chacun de nous, à l'humanité tout entière*[57]. »

---

54. E. Endres, *Erzabt Raphael Walzer*, Baindt-Ravensbourg, 1998, p. 318. — Dom Raphael Walzer ne savait manifestement pas au moment où il écrivait ces lignes qu'Edith Stein s'était efforcée d'entrer légalement avec sa sœur Rosa au carmel suisse Le Paquier.
55. Voir J. Köhler, *Edith Stein-Ein Opfer des Nationalsozialismus*, dans : *Glaubenszeugnis*, p. 105 *sqq.*
56. E. Endres, *Erzabt Raphael Walzer*, Baindt-Ravensbourg, 1998, p. 318.
57. Edith Stein, « Le mystère de Noël », voir *supra* p. 109-120.

Loue, Sion[58],

ton Sauveur, loue-Le, Sion,
par des hymnes et des cantiques,
Lui qui est ton guide et ton berger.

Ose de tout ton pouvoir ;
car Il est plus grand que toute louange
et à Le louer tu ne suffis pas.

…

Bon Pasteur, vrai pain,
aie pitié de nous !
Nourris-nous pendant notre pérégrination !
Fais-nous voir, Jésus, nos biens dans la véritable patrie des vivants.

Toi qui sais et peux tout,
Qui nous nourris ici-bas dans cette vallée de mort,
Là-haut où la Lumière s'étend sur Ton royaume,
Sois notre destinée et prépare notre table
Dans la communauté des Saints ! Amen.

Alleluja.

---

58. Début et fin de la séquence dans la transposition d'Edith Stein (voir *supra* note 11, p. 7).

# 2.
# En mémoire d'Edith Stein
*Paulus Gordan osb*[1]

L'impression paralysante qu'a provoquée l'enregistrement des faits dans le procès d'Eichmann ne peut être exorcisée efficacement que par la prière et l'offrande. Nous trouvons l'une et l'autre en la personne de la carmélite, sœur Thérèse Bénédicte de la Croix, ainsi que s'appelait Edith Stein au sein de l'ordre, incarnées d'une manière d'autant plus impressionnante qu'elle appartenait elle-même à ce peuple ou, comme Eichmann l'aurait dit, « à cette race » pour laquelle valait la politique d'extermination systématique par une domination criminelle de la terreur, et qui y succomba elle-même en tant que victime. En 1961, elle serait entrée dans sa soixante-dixième année, le premier janvier de cette année convie à commémorer le quarantième anniversaire de son baptême. Nous publions à cette occasion la nouvelle impression d'un article de la carmélite, épuisé depuis longtemps et datant probablement de 1936. Cet article intitulé « La prière de l'Église » est alors paru sans indication d'année en tant que le fascicule numéro quatre dans une série d'écrits publiés dans la rubrique « Du courant de vie dans l'Église[2] » par la maison d'édition Bonifacius à Paderborn.

Cet article offre, outre la valeur durable d'une assertion religieuse, quelque chose s'apparentant à la biographie intérieure de son auteur : celle-ci a en effet grandi, passant de l'enthousiasme enflammé pour la louange liturgique de l'Église, telle qu'elle l'a co-célébrée si souvent et si intimement à Beuron, à la prière silencieuse, cathartique et brûlante, la prière mystique du Carmel. Sa grande réformatrice, Thérèse d'Avila, avait un jour indiqué dans son autobiographie le

---
1. *Erbe und Auftrag (Héritage et mission)*, 38, 1962, fascicule 1, pp. 27 *sqq*.
2. [« Vom Strom des Lebens in der Kirche »].

chemin permettant d'accéder à une vérité supérieure à la philosophe Edith Stein, qui était alors en quête de la vérité.

Nous faisons succéder au texte d'Edith Stein une étude biographique sur cette grande figure féminine qui a véritablement accompli sa haute mesure d'humanité par son acceptation aimante de la volonté crucifiante de Dieu et s'est par là même transcendée pour atteindre à la dimension de la sainteté. Car Dieu l'a prise au mot par amour de sa propre véracité — dans tant de paroles pieuses et dévouées, telles qu'elles furent si souvent prononcées par elle comme par les autres carmélites et par d'autres moniales au cœur sincère et telles qu'elles le seront —, mais ici c'est avec un sérieux allant jusqu'au point ultime.

La question de savoir comment tant de choses effroyables purent se produire et quelle signification elles revêtent ne saurait être repoussée eu égard à un tel destin. L'article de P. Thomas Sartory intitulé « La faute des chrétiens à l'égard des juifs[3] » tente de faire pressentir une réponse à partir d'un aspect déterminé et du point de vue qui nous concerne. Nous aimerions y ajouter deux remarques qui nous paraissent importantes ; ces deux remarques ont trait à la position d'Edith Stein vis-à-vis du judaïsme.

1. Dans la plupart des biographies d'Edith Stein, on parle du peuple juif, auquel elle appartenait, de la façon dont les nazis ont enseigné au monde à parler et à penser : Edith Stein a en réalité senti complètement comme une Allemande dans sa culture et dans son vécu initiaux, et n'a rien vu dans son appartenance religieuse initiale et « raciale » à Israël qui aurait pu porter préjudice à son sentiment de la patrie et de l'État. Cette situation psychologique et historique est de nos jours encore plus difficile à reconstruire ; mais le fait est que les Juifs allemands « assimilés » se sentaient de façon générale, et les juifs silésiens ne faisaient pas exception, non pas seulement comme une minorité loyale, mais réellement comme les membres de la culture et de l'espace vital allemands. Ils participèrent avec

---

3. [« Christliche Schuld an den Juden »].

passion au plébiscite en Haute-Silésie en faveur de l'Allemagne en sacrifiant temps, argent et énergie[4] ; la vie spirituelle allemande était l'air qu'ils respiraient, de même que c'était l'atmosphère qu'ils reflétaient. Abstraction faite des rares sionistes à cette époque, ils se voyaient comme une communauté religieuse, non comme un groupe au sein du peuple au sens ethnique et national. On peut, aussi paradoxal que cela puisse paraître, comparer le positionnement des Juifs vis-à-vis de la totalité du peuple ainsi que leur mise à l'écart avec le sentiment clanique qu'avait la noblesse qui était aussi consciente d'avoir des devoirs envers toute la nation, dirigeant et servant à la fois, mais dont le statut entretenait en elle un certain sentiment de supériorité, et, là aussi de manière analogue aux Juifs, était imbriquée de manière particulière sur le plan international.

2. Dans la bouche d'Edith Stein, le terme « mon peuple » avait un sens totalement « religieux », même et surtout après son baptême, voire encore après l'horreur de la persécution ; après son exclusion de la communauté formée par le peuple allemand, elle n'a pas accepté une appartenance au peuple ou à l'État juif. Cela n'existait pas encore, et elle ne l'aurait pas du tout envisagé non plus. Dans ce contexte, elle laisse au terme « peuple » le sens qu'il revêt dans l'histoire du Salut, lequel ne recouvre pas l'acception qu'il a dans le monde séculier, mais va bien au-delà. C'est la signification de sa prière pour la conversion d'Israël et de son sacrifice pour « son peuple ». Certes, nous devons dire aujourd'hui que les assertions d'Edith Stein (notamment le jour de l'incendie de la synagogue : « C'est l'ombre de la Croix, qui tombe sur mon peuple ! Oh ! si seulement il pouvait acquérir du discernement! C'est la réalisation de la malédiction que mon peuple a attirée sur lui ![5] »), que ses assertions donc, magnanimes de cœur et à la fois bouleversées et bouleversantes, trahissent une théologie non éclairée et préconçue, et sont déterminées par des formulations dont elle était imprégnée, mais qu'elle n'a pas assimilées de manière autonome. Lorsque saint

---

4. M. Bienias, « Das Lebensopfer der Karmelitin Edith Stein », maison d'édition Brentano, Stuttgart (tiré-à-part de l'annuaire des prêtres silésiens), p. 4.
5. M. Bienias, art. cité, p. 24.

Paul dit que Dieu voulait apporter le salut aux païens pour « rendre Israël jaloux » (Rom. 11, 11), le feu de l'enfer que fut la persécution ne saurait avoir été le moyen approprié à cette fin. Le fait également que la crucifixion de Jésus pèse comme une faute collective sur les Juifs de tous les temps et qu'ils sont maudits pour cette raison, si bien que tout le mal que l'on peut leur faire leur échoirait en fait à juste titre — Edith Stein ne peut guère avoir sérieusement pensé cela. La « faute » des Juifs est leur incrédulité ; la méchanceté abyssale de leurs persécuteurs (chrétiens) les « excuse » presque : car comment pourraient-ils croire en la puissance d'amour et en la force rédemptrice du Christ, si ceux qui sont dénommés selon le Christ demeurent eux-mêmes redevables du témoignage de l'amour rédempteur au peuple aîné de l'alliance divine ? Edith Stein, qui fut prête à expier pour son propre « peuple », a, peut-être sans le savoir, pris davantage encore sur elle, selon l'exemple du Christ lui-même, la faute de ses persécuteurs et des persécuteurs de son peuple. Que cette double mort d'amour qui fut la sienne n'ait pas été attestée — au sens de procès-verbaux enregistrés dans les actes — peut sans doute poser problème aux fonctionnaires permanents du procès de canonisation ; il n'est fait nulle mention de la force de son témoignage lui-même par cet ultime et authentique silence carmélitain.

# 3.
# Edith Stein et la prière de l'Église
Idées quant à sa béatification le 1er mai 1987

*Maria Amata Neyer ocd*\*

---

Dans son exposé intitulé « comment je suis venue au carmel de Cologne » — une contribution à la chronique du carmel de Cologne —, Edith Stein a écrit ceci : « [...] je considérais Beuron comme l'antichambre du Ciel[1]. » Dans les années où Edith Stein se rendit souvent à Beuron, le père abbé dom Raphael Walzer était l'archiabbé de Beuron. Nous avons de sa part aussi un témoignage ; il y pose la question suivante : « en quoi consistait pour Edith Stein la véritable force d'attraction de Beuron[2] ? »Et, en guise de réponse, il évoque la haute forme liturgique grâce à laquelle la vie monastique et les offices de l'abbaye prirent forme.

Nous allons tout d'abord rappeler ce qu'il faut comprendre par « liturgie ». Le terme est d'origine grecque. À l'époque de la cité classique, *leiturgia* désignait un service accompli pour le bien du peuple. Ce terme est passé dans la Bible grecque et désigne dans l'Ancien Testament le service cultuel que les prêtres et les lévites ont à accomplir en tant que représentants et pour le bien de tous. De même, cette notion a son entrée dans le Nouveau Testament en tant que désignation de l'office dirigé par des officiers ecclésiaux. Étant donné que les premiers chrétiens continuèrent à fréquenter le temple et la synagogue, la liturgie spécifiquement chrétienne se limita d'abord à la célébration de l'eucharistie. Après que les

---

\* *Erbe und Auftrag (Héritage et mission)*, 62, 1986, fascicule 6, pp. 409 *sqq.*
1. Edith Stein, « Wie ich in den Kölner Karmel kam », p. 14 (= « Comment je suis venue au carmel de Cologne », p. 497, dans : *Vie d'une famille juive*, trad. C. et J. Rastoin).
2. Rapport de dom Raphael Walzer, archives Edith Stein au carmel de Cologne : G I 16/47.

chrétiens se furent distanciés du judaïsme, la première Église développa lentement une liturgie propre de grande ampleur, laquelle englobait, outre la célébration de l'eucharistie, tout ce qui était un office public et officiel : les prières de la paroisse le matin, le midi et le soir (ce qui donna lieu plus tard à la prière des Heures). Ce déroulement devint particulièrement intensif lorsque l'Église acquit sous l'empereur Constantin une pleine liberté extérieure et une reconnaissance étatique. Le laïque peut encore établir aujourd'hui que dans l'organisation des maisons de Dieu et dans le vêtement liturgique, dans le cérémonial, dans l'expression langagière, voire dans l'articulation conceptuelle de textes liturgiques, maints éléments empruntés au monde d'alors, à savoir l'Antiquité romaine et hellénistique tardive, s'y glissèrent. Edith Stein connaissait parfaitement ce contexte.

L'Église dans laquelle Edith Stein fut accueillie de par son baptême — le 1er janvier 1922 —, était l'Église préconciliaire. Ce terme est entendu à la fois dans un sens temporel et dans un sens spatial : c'était l'Église d'*avant* le concile Vatican II. Dans les pays chrétiens, c'était une Église dans laquelle presque tout le monde était baptisé peu après la naissance. Des millions d'écoliers fréquentaient des écoles purement catholiques. On les amenait régulièrement à confesse, puis on les préparait à la première communion et à la confirmation. De nombreuses associations catholiques naquirent. Presque toutes les institutions caritatives purent être dirigées par elles. Les vocations sacerdotales elles-mêmes au sein du clergé diocésain attinrent un nombre fort élevé. Six messes et plus encore pour les messes dominicales, outre les temps de méditations les plus diverses dans les églises paroissiales, n'étaient pas quelque chose de rare ; on était bien entendu marié et enterré de manière religieuse.

Cette « église du peuple », au sein de laquelle d'innombrables personnes ne durent jamais prendre une réelle décision pour la foi qui leur avait été transmise — cette église, Edith Stein a dû la connaître relativement tard. J'ai le sentiment qu'elle ne l'a jamais tout à fait comprise, mais qu'elle dut prendre douloureusement conscience de ce qu'elle existait aussi : des millions de chrétiens qui avaient un certificat de baptême, mais qui, pour la plupart, étaient « des gens qui allaient à l'église ». Edith Stein elle-même était en effet devenue catholique par une autre voie. Sa décision de recevoir le sacrement du baptême, alors qu'elle était âgée de trente et un ans, était le fruit d'une décision authentique qu'elle avait prise elle-même. En ce sens, elle appartient en tant que croyante totalement à *notre* époque.

Dans ses notices autobiographiques, Edith Stein a écrit ces lignes sur la Première Guerre mondiale (1914-1918) : « Quiconque a grandi pendant ou après la guerre ne peut se faire aucune idée du sentiment de sécurité dans lequel nous vivions avant 1914. La paix, la stabilité de la propriété et la permanence de l'état de choses auxquelles nous étions habitués étaient comme un fondement indestructible sur lequel notre vie était bâtie[3]. » Il est sûr que l'on pourrait en dire autant de la vie ecclésiale de l'époque. (Ainsi, par exemple, le cardinal comte de Galen, très compétent en d'autres domaines, crut devoir dire au philosophe Peter Wust que son livre intitulé *Incertitude et audace* n'était pas une lecture appropriée pour ses étudiants de théologie, et ce, parce que la foi n'était ni incertitude ni audace[4].)

On s'est souvent plaint de ce que les chrétiens catholiques avant la Première Guerre mondiale se seraient laissé enfermer dans un ghetto ou s'y seraient en partie enfermés eux-mêmes. Dans cette atmosphère de mise à l'écart, ils étaient coupés de manière effrayante de la vie intellectuelle et culturelle, ainsi que de presque toute responsabilité publique. Cette réputation de mentalité de ghetto et de « manque de culture », qu'eurent encore longtemps après les catholiques, fut lors de la conversion d'Edith Stein à la base de l'horreur particulière éprouvée par sa fratrie, laquelle, à la différence de sa mère, était peu touchée par des scrupules liés à la foi :

Il n'y avait dans le cercle d'amis de la famille Stein pas un seul catholique qui eût reçu une formation !

---

3. Edith Steins Werke, VII, ²1985, pp. 261-262, Druten und Fribourg-en-Brisgau-Bâle-Wienne (= *Vie d'une famille juive*, trad. par C. et J. Rastoin, p. 345).
4. Peter Wust, *Gesammelte Werke*, vol. VIII, p. 82, Münster 1967.

*Beuron vers 1910.*

Lorsque avec la catastrophe de 1918, l'entourage libéral de ce ghetto fut à son tour ébranlé et que l'Europe tenta de s'en rapporter aux forces intellectuelles pour un nouveau commencement, une transformation intervint aussi chez les catholiques allemands. Les hommes et les femmes qui se sentaient appelés à coopérer se donnèrent l'instrument adapté à leurs visées dans des associations et des mouvements, lesquels devinrent des courants qui eurent un fort impact dans l'espace allemand. Dans la mesure où Edith Stein s'y attacha plus tard, il faudrait nommer les alliances catholiques de la jeunesse comme le Neudeutschland ou Quickbirn (Château Rothenfels, Guardini) ; les grandes unions de prêtres sous Ludwig Wolker (1887-1995) ; l'association catholique des universitaires avec son génial inspirateur Franz Xaver Münch (1883-1940) ; en outre, les importantes associations féminines catholiques, avec de remarquables figures directrices à leur tête. Bornons-nous à mentionner : Maria Schmitz (1891-1962), Gerta Krabbel (1881-1961) et Helene Weber (1891-1962), qu'Edith Stein connaissait toutes personnellement, et qui, de leur côté, estimaient fort Edith Stein. On peut dire sans exagérer qu'avec son baptême, Edith Stein entra dans des cercles qu'il est permis de qualifier d'élite. C'étaient des cercles de croyants engagés dans l'Église qu'animait la volonté de commencement et de renouveau, telle que nous l'avons décrite. Tous avaient repris le « mouvement liturgique » qui était alors à son apogée et se l'étaient approprié avec un élan presque incroyable. Un véritable réveil de la vie liturgique attirait des cercles toujours plus larges sans que ce large impact ait pu émousser le sérieux et la profondeur du mouvement. Quel fut le sérieux de cet enthousiasme, c'est ce qu'a montré le national-socialisme. J'aimerais prendre deux exemples que j'emprunte aux souvenirs autobiographiques d'Edith Stein. Ainsi, peu après la « prise du pouvoir », Edith Stein écrivit ceci : « Je crois qu'il échoit actuellement aux associations de jeunesse catholiques une tâche plus importante que jamais. Mais je n'attends pas grand-chose d'une organisation qui partirait d'en haut. Cela doit venir des jeunes eux-mêmes[5]. »

---

5. *Lettre* du 11 juin 1933 à Callista Kopf op (= *Correspondance* I, trad. par C. Rastoin, p. 696).

*Première inscription d'Edith Stein dans le livre d'hôtes de la pension privée Mayer située près du pont en bois à Beuron (voir la traduction infra p. 248).*

Et c'est ce qui arriva. Le fait que des jeunes catholiques fidèles à la foi et à l'Église aient tenu ensemble ne serait guère concevable si le mouvement liturgique n'avait suscité une force créatrice de communauté. Ce fut la jeunesse qui fit des complies allemandes un bien liturgique commun. À la pire époque de l'espionnage du fait des nationaux-socialistes et dans la pire détresse due aux bombardements quotidiens, elle n'a cessé d'être chantée comme la prière vespérale de l'Église dans les cryptes et dans les pièces des tours, dans les appartements privés voire dans les caves, et ce, par d'innombrables groupes de jeunesse. Cet exemple fait apparaître l'une des découvertes les plus fécondes du mouvement liturgique. Il découvrit en effet la prière des heures ecclésiales en tant que prière des laïques.

Pour le second exemple, j'aimerais faire mention de l'Union des universitaires catholiques dont la naissance à Maria Laach ne fut pas le fruit d'un hasard. Il fait au contraire nettement ressortir qu'elle s'appropria dès le début le nouveau commencement du mouvement liturgique. Au demeurant, elle visait la fusion de la piété ecclésiale et de la haute formation intellectuelle. Lorsque l'Union des universitaires catholiques tint en 1930 à Salzbourg l'une de ses plus grandes réunions automnales, la décision fut prise de fonder les semaines universitaires, lesquelles eurent lieu annuellement à partir de 1931. Edith Stein a prononcé en 1930 à Salzbourg son importante conférence intitulée « L'éthos des professions féminines[6]. » Balduin Schwarz dit à juste titre d'Edith Stein qu'« elle faisait absolument partie de l'histoire interne de l'œuvre intellectuelle réalisée à Salzbourg[7]. » Ce qui me paraît important pour notre sujet, c'est l'atmosphère de part en part religieuse dans laquelle se déroula la session, et cette atmosphère prit à son tour forme dans un encadrement liturgique global que l'on éprouva alors comme coupant le souffle. « Chaque jour », écrit Paulus Gordan osb dans l'écrit rédigé à l'occasion du jubilé en 1981, « commençait par la *Missa recitata* alors considérée comme une audace liturgique, lors de laquelle nous nous prenions presque pour des conspirateurs — en conflit avec Rome, en union avec le futur[8]. » Et cette « conspiration » était annoncée dans le programme officiel. Et Balduin Schwarz d'ajouter : « [...] et avec les complies vespérales, on fit la tentative de faire de l'auditoire une communauté vivante de prière, ce qui était radicalement nouveau »[9]. Qu'une telle liturgie fût possible dépend sans doute du fait que les sessions à Salzbourg seraient inconcevables sans la faculté théologique des bénédictins de S$^t$ Pierre. Les deux hommes qui dirigeaient les semaines universitaires, professeurs à ladite faculté, étaient des moines des deux fiefs du renouveau liturgique. Aloys Mager (1883-1979) venait de l'archiabbaye de S$^t$ Martin à

---

6. Première impression : Haas & Grabherr, Augsbourg, 1931.
7. Dans : *Christliche Weltdeutung — Salzburger Hochschulwesen, 1931-1981*, p. 95, éd. par Paulus Gordan osb, Kevelaer-Graz-Vienne-Cologne.
8. *Ibidem*, p. 18.
9. *Ibid.*, p. 91.

Beuron et Thomas Michels (1892-1979) venait de l'abbaye de Maria Laach.

Avec l'introduction de l'audacieuse *Missa recitata*, on avait réussi à prendre à la racine le mal foncier d'un peuple qui avait cessé de prendre part aux offices à l'église, et cela, du fait que c'est précisément lors de la célébration de la messe que l'évolution de la liturgie de la paroisse en liturgie du clergé s'était fait le plus fortement ressentir. L'eucharistie, jadis la commémoration pascale par la paroisse réunie autour de l'autel, co-orante et co-célébrante, co-participante au repas sacrificiel de Jésus, était souvent réduite à la messe privée et silencieuse du célébrant. Rien n'empêchait que de telles messes soient « lues » de manière juxtaposée en nombre quelconque derrière les autels ou sur leur côté, tandis que les croyants, instituant des prières privées, ne pouvaient suivre que de manière lacunaire depuis la nef. La vue manquante sur l'autel, le latin incompréhensible à la plupart ainsi que la participation très rare à la communion aggravaient la situation. Certes, l'Esprit souffle où il veut ; même avec de telles pratiques, il a produit des saints. Mais, dans sa totalité, la vie religieuse dut subir de graves dommages ; et cela, surtout à des époques où intervenaient de l'extérieur des forces qui favorisèrent la dissolution de l'ordre ecclésiastique et la distanciation générale vis-à-vis de la foi.

C'est ici qu'intervint le mouvement liturgique. Son dessein était, dans un monde menacé par une déchristianisation progressive, de donner au peuple un nouvel accès aux très anciens trésors liturgiques de l'Église. Ce mouvement partit de l'idée que seule une rencontre vivante avec le Seigneur glorifié peut susciter l'union du Christ avec l'individu et, partant, la vie de la foi de la paroisse. La co-célébration des mystères saints au cours de l'année ecclésiale, la co-pénétration dans l'œuvre rédemptrice du Christ grâce à la participation consciente et éveillée à la sainte messe et à la communion, la consécration de toute la journée par la participation à la prière ecclésiale des heures — tout cela devint désormais accessible au simple croyant également.

*Sœur Teresia Benedicta a Cruce ocd. Fin 1938.*

Le mouvement liturgique était en effet à ses débuts étroitement lié à un « printemps monastique ». C'est au bénédictin Prosper Guéranger (1805-1875), le fondateur et le premier abbé français de Solesmes que l'on doit le premier germe de cette floraison. Son œuvre en quinze volumes, *L'année liturgique*, parut dès avant le tournant du siècle dans une édition allemande. Le principal domaine de recherche de Guéranger était le choral grégorien. Voilà pourquoi son dessein fut avant tout le soin et la réintroduction de ce choral dans les abbayes, et puis aussi, de façon générale, la revivification religieuse. Il espérait y atteindre par le moyen de la liturgie. Son *Année liturgique* apporte, outre la traduction en langue maternelle de textes imprimés jusqu'ici uniquement dans le latin ecclésial, de vastes éclaircissements des écrits patristiques ainsi que des recherches menées dans le domaine de l'histoire ecclésiale et de l'archéologie ; bref, ce fut comme si elle permit à de larges cercles de laïques intéressés de plonger un nouveau regard dans des mondes nouveaux, et, soulignons-le, non dans un monde offrant des trésors comme un musée, mais dans un monde qui interpelle chacun, qui veut le saisir au plus profond de lui-même et façonner sa vie. Dans une préface enflammée, l'abbé Prosper a su présenter les intentions de son œuvre monumentale. Edith Stein a fait la connaissance de cet ancêtre parfois très contesté du mouvement liturgique au plus tard au carmel de Cologne, où avant toutes les fêtes ecclésiales, la lecture faite à table était tirée de cette œuvre classique de Guéranger.

Les travaux de Guéranger trouvèrent vite des continuateurs sur le sol allemand. Le 15 août 1884, Anselm Schott osb (1843-1896), moine de l'abbaye de Beuron, rédigea la préface à la première édition de son livre intitulé le Missel de la Sainte Église (*Das Messbuch der heiligen Kirche*). Des décennies durant, le « Schott » — augmenté plus tard par les moines bénédictins de Beuron Pius Bilhmeyer et Sebastian Gögler jusqu'à « un missel romain complet, en latin et en allemand — connut édition sur édition. La 34e édition, « le Missel de la Sainte Église », éditée en 1929 par Pius Bilhmeyer osb contient dans la préface le passage suivant : « Les traductions furent soigneusement vérifiées et sont en partie nouvelles. La présentation de la nouvelle traduction de la séquence *Lauda Sion* (p. 545) est du Dr E. St. » Dans une lettre du 30/12/1975, le bibliothécaire de l'abbaye Maria Laach, le père Angelus Häubling, à qui je suis fort reconnaissante de m'avoir évité une recherche dans le Schott, qui m'aurait coûté beaucoup de temps, m'écrivit ceci : « Le Dr E. St. mentionné dans la préface est l'abréviation pour le nom d'Edith Stein, ainsi que le successeur de père Pius Bilhmeyer dans la rédaction du Schott, le père Sebastian Gögler osb me le dit personnellement. » Le père Angelus pense que le texte d'Edith Stein fut imprimé avec des modifications mineures. Je pus le vérifier personnellement lorsque je comparai le manuscrit d'Edith Stein avec la version imprimée dans le Schott.

À l'époque d'Edith Stein, il n'existait pas d'instituts liturgiques tels qu'ils furent fondés après la Deuxième Guerre mondiale par les conférences épiscopales dans de nombreux pays. L'abbaye de Maria Laach était au centre des recherches scientifiques sur la liturgie. Il suffit de songer aux savants moines bénédictins, l'abbé Ildefons Herwegen (1874-1946) et Odon Casel (1886-1948), avec leur domaine de recherche particulier ayant trait à l'histoire de l'ancien monachisme et à la théologie des mystères. Leurs ouvrages les plus connus parurent à l'époque où Edith Stein exerçait une activité publique, à savoir : la collection de Herwegen intitulée *Ecclesia orans*, l'annuaire de Casel pour la science liturgique, *Die Liturgie der Mysterienfeier* (La liturgie des célébrations des Mystères) ainsi que *Das christliche Kultmysterium* (Le culte chrétien des Mystères). Les travaux de liturgie populaire réalisés par le chanoine augustinien Pius Parsch de l'établissement religieux autrichien, le monastère de Neubourg, connurent une large diffusion. Edith Stein a vraisemblablement entendu comme lecture de table au carmel de Cologne *Das Jahr des Heils* (L'année du salut). Elle était en lien avec Maria Laach par le philosophe Petrus Wintrath osb (1876-1962), c'est dans cette abbaye qu'elle se rendit en dernier lieu avant son entrée dans l'ordre des carmélites (15 août 1933).

Outre l'abbaye de Beuron que nous avons mentionnée maintes fois déjà, Edith Stein avait des contacts amicaux avec d'autres abbayes bénédictines : c'est prouvé avec certitude pour Neubourg près de Heidelberg, pour S$^t$ Joseph à Gerleve, pour S$^t$ Peter à Salzbourg et pour Seckau dans la Steiermark. Elle a manifestement fait régulièrement un don aux Missionnaires bénédictins de Münsterschwarzach, car une charmante petite lettre en provenance de cette abbaye lui est adressée ; cette lettre qui a été conservée est datée du jour de l'entrée d'Edith Stein au carmel (14 octobre 1933). J'aimerais en livrer ici le libellé :

Père Dustan Rüger[10] osb à Edith Stein[11]

Abbaye des Missionnaires bénédictins de Münsterschwarzach
Post Kitzingen-Land
Bavière
Compte chèques : Nuremberg 3535
Gare : Dettelbach-ville

14 octobre 1933

Mademoiselle,

Nous avons eu grand plaisir à lire votre lettre amicale. Nous comprenons bien que vous ne pourrez naturellement plus contribuer financièrement[12]. Ne vous en inquiétez pas, le bon Dieu continuera d'aider par une autre voie. Et si vos supérieures

---

10. Dunstan (Karl) Rüger osb, moine de l'abbaye de Münsterschwarzach (1895-1979). Il fut au service des missions en Allemagne et dans de nombreux pays, dont les États-Unis, où il récolta des subsides et convainquit une centaine de jeunes gens d'entrer dans l'ordre. Depuis 1924, il travaillait à la Procure de Saint-Ottilien. Il était, d'après ses frères, « une des personnalités les plus remarquables de l'histoire de notre abbaye ».
11. Edith Stein-Archiv Köln, D II 27 (*Correspondance II (1933-1942)*, pp. 31-32, Introduction, traduction et annotations de Cécile Rastoin, Ad Solem-Les Éditions du Cerf- Éditions du Carmel, 2012).
12. La contribution était une somme de 3 RM que les bienfaiteurs s'engageaient à verser régulièrement pour aider les missionnaires.

sont d'accord, nous enverrons le *Journal des Missions*[13] au carmel de Cologne-Lindenthal pour que vous continuiez à suivre ce qui se passe à Münsterschwarzach et que vous puissiez surtout bien prier pour nous. Nous serions heureux de pouvoir connaître votre nom de religion.

Nous vous souhaitons beaucoup de bonheur et les plus riches bénédictions divines pour cette étape importante. < Que Celui qui seul peut nous rendre véritablement heureux vous fasse trouver au Carmel la paix désirée. Nous ne vous oublierons jamais dans nos prières et le père abbé[14] vous donne, en plus de son salut amical, sa bénédiction pour cette démarche courageuse. Il ne nous reste qu'à vous souhaiter encore les plus riches bénédictions divines pour toute la vie qui s'ouvre devant vous, >[15] que Dieu vous bénisse !

Avec amitié et en nous recommandant à vos prières,
Avec ma reconnaissance
Votre « oncle des missions » de M[ünster] Schwarzach

Nous posons de nouveau la question de savoir ce que la liturgie a signifié pour Edith Stein, tout en ayant toujours cependant présent à l'esprit combien peu cette femme, unie à Dieu, nous a livré de sa vie intérieure. On peut discerner avec certitude que le sens liturgique d'Edith Stein — si ce terme est permis ici — remonte à un vécu de sa prime enfance. On reconnaît de manière générale de nos jours que les impressions reçues dans les premières années de vie restent profondément ancrées dans l'être humain et ont tendance, même après des années d'enfouissement et d'oubli, à remonter à la surface si elles sont réveillées par des évènements correspondants. Par l'expression « sens liturgique », nous voulons dire qu'Edith Stein avait une sympathie quasi innée, un flair, une joyeuse tendance

---

13. Il portait le nom de *Journal des Missions. Revue illustrée pour le monde catholique*. Il était très probablement lu au carmel de Cologne.
14. Père abbé Placidus Vogel (1871-1943). Il prononça ses vœux en 1891 à Münsterschwarzach et fut ordonné prêtre en 1895. Il fut abbé de 1914 à 1937. L'abbaye fut supprimée par les nazis en 1941 et transformée en hôpital militaire. Dom Placidus mourut en « exil » en 1943 et fut enterré en Bavière.
15. [Ces lignes ne figurent pas dans le texte cité par sœur Amata Neyer.]

naturelle qui la portait vers l'élément liturgique ; elle y fut réceptive sa vie durant, sans qu'elle ait dû se livrer à un travail préliminaire lui permettant d'y pénétrer par la réflexion, voire à une appropriation laborieuse.

Tous les chrétiens n'ont pas cet accès « inné » à la liturgie, pas davantage tous les grands saints. Edith Stein avait grandi dans un foyer où l'élément liturgique faisait partie de la vie quotidienne. Nous devons prêter attention au fait que la liturgie juive ne se joue nullement à la synagogue uniquement — où de magnifiques offices très anciens sont célébrés — mais est en grande partie liturgie au foyer et en famille. La mère d'Edith Stein était une juive croyante et considérait comme son devoir de maintenir l'usage de la liturgie, c'était pour elle une joie et une affaire de cœur. Dans ses notices autobiographiques intitulées *Vie d'une famille juive*[16], Edith Stein parle de cet usage. Certes pas sa présence, mais bien sa participation intérieure cessa avec l'enfance. La joie qu'elle décrit, suscitée par la vie liturgique au foyer familial, est aussi très enfantine : Edith évoque assurément l'atmosphère solennelle dans toute la maison avec les nombreuses prières et lumières ; elle se rappelle également l'émotion intérieure de sa mère qui demeurait, lors des grandes fêtes, de nombreuses heures à la synagogue. Quelque chose d'autre était cependant à la base de sa joie et de celle de ses frères et sœurs, à savoir l'interruption bienvenue dans la vie quotidienne, la liberté des enfants juifs vis-à-vis de l'école, lesquels portaient en ces jours de fête des habits festifs et des souliers neufs, et qui avaient la permission de lire de beaux livres toute la journée, et enfin la succession de repas festifs avec les meilleurs mets et une pâtisserie délicieuse. Mais Edith considérait aussi comme importants et comme méritant d'être mentionnés les rigoureux jours de jeûne, la saveur du (pain) « azyme » et des « herbes amères ». Que tout cela ne lui soit pas resté gravé à la mémoire comme un poids et une contrainte, mais comme un vécu saint, on ne saurait guère le surestimer pour le chemin religieux ultérieur d'Edith. Et même si Madame Augusta Stein n'a

---

16. Edith Steins Werke, vol. VII, Druten und Fribourg-en-Brisgau-Bâle-Vienne, 1985, pp. 43 *sqq.* (*Vie d'une famille juive*, trad. par C. et J. Rastoin, pp. 80 *sqq.*).

jamais réussi à faire réellement comprendre à ses sept enfants adultes la richesse de la spiritualité juive, les fêtes liturgiques ont cependant contribué à ce qu'Edith conserve un sens ouvert pour les cérémonies et les rites saints. D'autres talents encore d'Edith sont, semble-t-il, dus à son vécu au sein du foyer familial. Chaque liturgie est en effet un service rendu à Dieu sous une forme définie et organisée ; ses actions sont prescrites, soustraites à l'état d'âme, à l'inclination, voire au libre arbitre du célébrant ; ses pensées sont largement conçues en des phrases qui posent des limites au libre choix des mots ; leur allégresse suprême, leur plainte la plus profonde paraissent domptées, enfermées dans de saintes limites — non d'une manière qui opprime, mais plutôt d'une manière qui soulage et libère. Prier de la sorte paraît avoir correspondu aux dispositions d'Edith. Le fait que les liturgies des grandes religions ont des normes éthiques élevées et satisfont en outre à de hautes exigences artistiques dut pareillement correspondre à ses inclinations.

Je présume même que la réceptivité innée d'Edith Stein pour la liturgie s'apparente à la racine à sa fascination qui s'est manifestée dès l'enfance pour les pièces de théâtre classique et pour la musique d'orchestre. À son origine, en effet, le théâtre n'est pas concevable sans un monde sacré. Les jeux à Mystères au Moyen Âge en témoignent encore, et il en est ainsi jusqu'aux drames baroques dans les collégiales de jésuites. Il est par ailleurs permis de supposer que la disposition particulière d'Edith Stein à se laisser impressionner et subjuguer par ce qu'elle avait vu et entendu de véridique, à co-vivre ce faisant des destinées, à s'enthousiasmer pour la victoire du cœur de l'être humain dans son combat pour le bien, le vrai et le saint, de craindre la suprématie du mal, de la séduction et de la violence, et de se laisser révolter par cela — il est permis de supposer que ce talent manifeste était comme une préparation de son être intérieur à participer à l'accomplissement d'une grande liturgie. Le chemin de foi de l'être humain est toujours un entrelacs mystérieux d'inclinations humaines et de guidance divine. Ainsi, il n'est pas audacieux d'admettre que le vagabond saint Benedikt-Joseph Labre a atteint d'une tout autre façon qu'Edith Stein précisément « la force de l'âge de notre Seigneur Jésus-

Christ » (Éph. 4, 13). La liturgie de l'Église ressortit à *son* chemin. Et, me semble-t-il, dans la transformation de sa compréhension et de son accomplissement de la liturgie se reflètent nettement le mûrissement ainsi que la transformation intérieure se sa vie.

J'aimerais prouver l'idée que je viens d'avancer par deux citations. La première est extraite d'une conférence ; Edith Stein a tenu cette première grande conférence publique le 12 avril 1928 à Ludwigshafen où l'Union catholique bavaroise des enseignantes tint sa quinzième réunion principale. La conférence commence ainsi : « Permettez-moi de commencer par une petite remarque personnelle. Il y a deux jours, j'ai quitté Beuron, où il m'a été donné de passer la Semaine sainte ainsi que les jours pascals, pour arriver ici [...] au beau milieu des préparatifs de cette session. On ne saurait guère imaginer de contraste plus saisissant : là-bas, la silencieuse vallée de la paix, où [...] on chante jour après jour et année après année la louange au Seigneur, [...] — et, ici, ce congrès qui se tient pour agiter les questions brûlantes d'actualité. Ce fut presque une chute brutale du ciel sur la terre[17]. »

Dans sa conception initiale, ce passage était libellé en ces termes :

« [...] et lorsque je songe à l'île silencieuse de paix, où j'ai passé les Vendredi saint et les jours pascals, et que je me vois à présent dans cette grande réunion, le contraste paraît presque insurmontable[18]. »

Le lecteur qui ne connaîtrait rien en dehors de ce texte pourrait avec inquiétude se poser les questions suivantes : à quel endroit a atterri cette conférencière venue de Beuron ? sur une scène de discothèque dominée par un essaim d'hommes à la longue crinière et tonitruants ? Non point : Edith Stein se trouve devant un essaim d'enseignantes catholiques bavaroises, et le matin, conformément au programme, ces dames avaient bien entendu toutes participé à l'office festif.

---

17. *ESGA* 13 p. 1 (= *La Femme*, trad. par M.-D. Richard, p. 40).
18. Voir note précédente.

J'aimerais extraire la seconde citation des notes qu'Edith Stein avait pu envoyer au carmel d'Echt à la fin de sa vie depuis le camp de regroupement néerlandais :
« Westerbork, Baraque 38, 4 août 1942
[...] nous sommes tout à fait paisibles et joyeuses. Naturellement, jusqu'à présent pas de m[esse] ni de com[munion] [...] Nous commençons seulement un peu à expérimenter comment on peut vivre purement à partir de l'intériorité[19]. »

Et deux jours plus tard :

« Westerbork, le 6 août 1942, Baraque 36 :
« [...] demain matin part le premier transport [...]. Le plus nécessaire est : des bas de laine, deux couvertures. Pour Rosa, tous les sous-vêtements chauds et ce qui était à la lessive ; pour nous deux des serviettes et des gants de toilette. Rosa n'a pas non plus de brosse à dents [...]. J'aurais aussi bien aimé avoir le prochain volume du bréviaire (j'ai pu pour l'instant prier royalement. — Nos cartes d'identité, nos cartes de séjour et de pain.
Mille mercis, amitiés à toutes,
Votre enfant reconnaissante,

B[énédicte][20]. »

Westerbork était ce qu'il est convenu d'appeler un camp de regroupement ; des transports d'êtres humains y étaient organisés. Personne n'y était torturé et assassiné. On ne peut toutefois rien dire de mieux de cet endroit effroyable. D'après les rapports de témoins oculaires qui furent relâchés au dernier moment, il se passait à Westerbork parmi ces êtres « rejetés » quelque chose d'indescriptible qui était entre une résignation pétrifiée et un rebiffement désespéré. Pendant ce séjour de trois jours, une décadence rapide de la

---

19. Edith Steins Werke, vol. IX, *Selbstbildnis in Briefen*, 2ᵉ partie, p. 176. (= *Correspondance* II, trad. par C. Rastoin, p. 715).
20. *Idem, ibidem*, p. 178 (= *Correspondance* II, trad. par C. Rastoin, p. 717-718).

disposition d'esprit se produisait chez une partie des prisonniers. En raison de l'impassibilité brutale de la part des surveillants, de la démoralisation à cause de la faim, de la soif, d'une chaleur inhabituelle, du supplice dû à la totale impuissance et à la séparation d'avec les êtres les plus chers, de la peur croissante jusqu'à l'extrême de l'avenir, des états proches de la folie se manifestaient chez certains détenus. Bien qu'Edith Stein se trouvât avec sa sœur dans une baraque réservée aux moniales où la maîtrise de soi et l'aide réciproque se maintinrent, il est néanmoins certain qu'elle fut témoin des choses effroyables qui se déroulaient dans le camp. Il est attesté qu'elle se chargea des enfants dont les mères désespérées ne pouvaient plus s'occuper.

Edith Stein avait été emprisonnée au carmel, alors qu'elle demeurait dans l'adoration silencieuse dans le chœur des moniales devant le tabernacle ouvert. Si elle eut cette impression dans sa vie, alors c'est à Westerbork beaucoup plus qu'à Ludwigshafen qu'Edith Stein aurait pu éprouver « la chute brutale du Ciel sur la terre » et parler de « contrastes insurmontables ». Mais à présent, dans cette misère innommable du camp, elle veut avoir le livre liturgique des prières de l'Église. Aussi longtemps qu'il s'agit de combattre, elle veut le prier, et elle dit que cette prière est « magnifique ». Est-il erroné de dire que la liturgie est parvenue ici à son accomplissement en Edith Stein ? Il n'y a plus de chute brutale du Ciel sur la terre, car le Ciel est en elle. Les contrastes de l'« insurmontable » n'existent plus ; ils sont dépassés dans le mystère de la Croix.

Les deux situations que nous avons décrites, à Ludwigshafen et à Westerbork, permettent de voir comment sa compréhension de la liturgie explique son chemin de foi. Ce qui suit doit nous permettre de poursuivre plus avant dans cette direction.

À cette fin, nous devons aller chercher plus loin. Nous considérons d'abord un texte relatif à la constitution de la liturgie et extrait du concile Vatican II :

« Chaque fête liturgique est [...] dans un sens privilégié une action sacrée dont l'efficacité en rang et en mesure n'est atteinte par aucune autre action de l'Église. Dans la liturgie terrestre, nous prenons part — en la goûtant par anticipation — à cette liturgie céleste qui est célébrée dans la ville sainte de Jérusalem, vers laquelle les pèlerins que nous sommes se rendent, où le Christ est assis à la droite du Père, le serviteur du sanctuaire et de la tente véritable. Dans la liturgie terrestre, nous chantons au Seigneur avec tout l'essaim de l'armée céleste le chant de louange de sa gloire [...]. En elle, nous attendons le rédempteur jusqu'à ce qu'il apparaisse comme notre vie et que nous apparaissions avec lui en gloire[21]. »

Ce texte dense renferme plusieurs idées qu'Edith Stein — des décennies plus tôt — a exprimées avec prédilection. C'est en premier lieu la conception très ancienne de la liturgie céleste et terrestre, cette dernière apparaissant comme le reflet de la première. La louange des êtres humains dans la liturgie terrestre est interprétée comme un écho, comme un chant de réponse à la louange perpétuelle des anges. À quel point l'on comprenait jadis avec sérieux cette conception, c'est ce que montre un topos qui remonte à des temps reculés, le topos des moines semblables aux anges, voire identiques aux anges. Cette expression ne fait pas des moines des anges et ne veut pas du tout désigner une pureté dans un sens moral, mais le service du monachisme est conçu ici comme une participation à la louange perpétuelle des anges. La liturgie de l'Église terrestre comprise dans le sens où les croyants se mettent au diapason de la liturgie du Ciel — cette idée a revêtu une signification importante pour Edith Stein. Nous comprenons ainsi beaucoup mieux le sens de sa comparaison de Beuron avec « l'antichambre du Ciel ». Cette formulation d'Edith Stein est tout simplement une assertion sur sa façon personnelle de croire et de prier. Le Ciel — ce n'est manifestement pas pour elle le bien-être de l'être humain, pas même sous la forme de la béatitude et du fait d'être chez soi après toute la peine sur la terre, bien qu'elle sache que cela aussi nous sera accordé lorsque le Seigneur séchera toutes les larmes de nos yeux.

---

21. Extrait du petit compendium du Concile, p. 55, éd. par K. Rahner sj, Herder-Bücherei, n° 270-273.

Le Ciel n'est pas non plus au premier chef la clarté du discernement, la détention de la vérité, bien qu'elle sache par ailleurs qu'après toute notre quête et tous nos fourvoiements, tous nos combats et toutes nos scrutations, nous verrons l'ultime, quand les miroirs terrestres se brisent. Le Ciel — c'est pour Edith Stein l'adoration du trois fois Saint, la fête qui glorifie les grandes actions du Seigneur dans la création et dans la Rédemption, la perpétuelle action de grâce « à sa grande gloire », la louange de son amour. Or, là où les êtres humains sur terre se mettent au diapason dans ce nouveau chant des rachetés — là s'ouvre pour Edith Stein la porte du Ciel : c'est « l'antichambre » !

Une deuxième chose est frappante dans notre texte du concile. On y fait en effet clairement allusion à des notions issues de l'Ancien Testament. La ville sainte de Jérusalem, le fait de siéger à la droite de Dieu, le sanctuaire, la tente véritable — toutes ces notions apparaissent dans une seule phrase ! Edith recourt elle aussi — peut-être de manière inconsciente — à cet usage langagier. Le Ciel a-t-il une antichambre ? Pourquoi ne dit-elle pas : modèle, aperçu, intuition, joie anticipée, avant-goût ? Parce que le sanctuaire de l'ancien temple de Dieu à Jérusalem a une antichambre ! Il avait échappé depuis de nombreux siècles à la conscience du croyant chrétien à quel point notre liturgie est issue du service à Dieu de l'ancienne Alliance. Notre mode d'expression est imbibé de conceptions que nous n'aurions pas du tout sans la liturgie de nos pères croyants juifs. Edith Stein a mis en lumière ces liens à une époque où ils étaient inconnus à la plupart des chrétiens et semblaient tout à fait étonnants à beaucoup. Erich Przywara dit d'Edith Stein : « L'élément bénédictin dans la liturgie signifiait pour elle la christianisation immanente de sa tradition juive, de même que les psaumes de l'ancienne Alliance sont le noyau central de la liturgie chrétienne [22].» Les chrétiens d'avant la Deuxième Guerre mondiale étaient encore très éloignés de la conviction que le concile Vatican II exprimera plus tard dans une explication propre, à savoir que « l'Église du Christ [...] reçut les prémisses de sa foi et de son

---

22. Cité dans : *In und Gegen*, p. 71, Nuremberg, 1952.

élection » par l'intermédiaire des pères de l'ancienne Alliance, et nous sommes en droit d'ajouter que la liturgie les reçut elle aussi par ce biais. Paul parle expressément du fait que ses frères, les Israélites, sont non seulement les héritiers de l'Alliance et de la promesse, mais aussi du service rendu à Dieu. Edith Stein indique que Jésus priait, sacrifiait, fréquentait le temple et célébrait le repas de Pessach avec ses disciples comme tous les juifs croyants jusqu'à ce qu'il institue « le soir avant sa Passion » par testament sa nouvelle Alliance qui parachevait et dépassait tout ce qui existait jusque là. La liturgie de l'ancienne Alliance n'est pas du tout par là vidée de sa substance ; car l'élection divine est irrévocable. Chaque fois que des juifs croyants célèbrent les grandes actions de Dieu, ils sont — de nos jours encore, qu'ils le sachent ou non — axés spirituellement sur le peuple de la nouvelle Alliance parce qu'ils célèbrent l'origine de ce qui, dans le testament de Jésus, s'accomplit en plénitude. De même : partout où la liturgie de l'Église est célébrée, elle renvoie aux pères de notre foi, aux patriarches, à Moïse et aux prophètes, et en même temps elle rappelle cette promesse selon laquelle Jésus réconciliera par sa Croix et unira en Lui les juifs et les païens jusqu'à ce que tous magnifient à l'unisson Dieu le Père.

Nous avons relevé jusqu'ici dans le rapport d'Edith Stein avec la liturgie de l'Église un double aspect : d'une part, l'unité de la liturgie céleste et terrestre, de l'autre, la naissance de sa foi chrétienne à partir du terreau dans lequel s'enracinait la foi juive. Il nous faut à présent parler d'un autre aspect encore. Nous avons déjà dit qu'Edith Stein commença à exercer son activité publique à Ludwigshafen. Elle écrit :

« Toute mon activité de conférencière m'est tombée dessus sans que j'aie pu y réfléchir de manière fondamentale. [...] Au fond, je n'ai à dire qu'une simple petite vérité : comment on peut commencer à vivre en tenant la main du Seigneur[23]. »

---

23. *Lettre* du 28 avril 1931 à Adelgundis Jaegerschmid osb (= *Correspondance* I, trad. par

À un autre endroit, elle explicite cela en ces termes :

« Or, c'est Dieu lui-même qui, dans la liturgie de l'Église, nous donne les directives pour cette vie placée entre Ses mains. [...] Quiconque participe en esprit et en vérité à la prière de l'Église verra sa vie tout entière façonnée par cette vie de prière[24]. »

C'est ce *façonnement de vie* qui lui importe. Elle veut aider à éduquer des êtres de telle sorte qu'ils se réjouissent de leur état de chrétiens. S'agissant des femmes, elle veut les rendre conscientes des tâches dont elles sont chargées en tant que chrétiennes dans l'Église et dans le monde. Là, la liturgie devient son aide indispensable, elle la conçoit comme un grand secours de grâce, que le Seigneur répand sur les Siens pour les faire participer à Sa vie.

Edith Stein ne considère aucunement la liturgie comme un simple instrument pédagogique ou ascétique pour la formation des êtres humains. En réalité, le premier sens de la liturgie est la louange, l'action de grâces et l'adoration. Mais si le chrétien — c'est ainsi qu'argumente Edith Stein — se met en quête de tout cela avec sincérité, grâce sur grâce lui sont accordées de surcroît pour sa sanctification personnelle. Dans son *Nachlass* se trouvait le livre de son ami Dietrich von Hildebrand (*Liturgie und Persönlichkeit*)[25] dans lequel elle avait trouvé son idée exposée :

« La transformation la plus profonde de la personne se trouve toujours là où ne sont pas utilisés des moyens en vue de cette transformation, mais où un comportement en soi sensé produit cet effet transformateur à la façon d'un présent [...]. L'effet pédagogique

---

C. Rastoin, p. 512).
24. Edith Stein, *La Femme*, vol. 13, p. 00 (vol. V, pp. 15 *sqq.*) (= *La Femme*, trad. par M.-D. Richard, p. 85).
25. Dietrich von Hildebrand, *Liturgie und Persönlichkeit* (*Liturgie et personnalité*), Salzbourg, 1933.

le plus profond est réservé à ce qui n'est pas utilisé comme un moyen pédagogique, à ce qui produit l'effet dans son abondance de teneur comme un présent de la surabondance[26]. »

Edith Stein partage cette conviction. Tout importe pour elle : ainsi, il lui importe que l'on ne se borne pas simplement à assister à la célébration liturgique en ce que de nouveaux exercices obligatoires remplacent les anciens ; il lui importe également que les textes liturgiques ne soient pas seulement entendus pour être de nouveau aplatis sous le rouleau compresseur que constituent les impressions quotidiennes ; il lui importe enfin qu'en quittant la maison de Dieu, l'espace vital spirituel ne soit pas non plus délaissé. En réalité, la célébration liturgique doit — c'est l'élément décisif pour Edith Stein — mettre en branle un cheminement, un processus de vie qui ne connaisse pas de fin sur cette terre. Plus jamais les mystères saints ne doivent être enfermés derrière des portails d'église, ne doivent être enterrés sous des couvertures de livres. Ils veulent pénétrer jusqu'à la profondeur de nos cœurs, se fondre dans notre propre substance de vie. Liturgie en tant que rencontre — c'est ainsi que nous pourrions résumer le souhait d'Edith Stein. On doit parvenir à un échange existentiel entre le Seigneur et nous, à un entretien amical constant avec Lui.

Nous voilà ici arrivés à un point décisif dans la vie intérieure d'Edith Stein. La prière comme entretien amical avec Dieu Qui nous aime — c'est en même temps la parole centrale de la grande Thérèse d'Avila, le docteur de l'Église pour la mystique, qui fut à l'origine de la « conversion » d'Edith Stein. Son autobiographie fut selon les propres mots d'Edith Stein ce qui mit un terme à sa longue quête de la véritable foi.

C'est depuis une chose avérée que cette dernière incitation au baptême fut un choix confessionnel. Les amis juifs d'Edith Stein, qui s'étaient convertis, étaient tous protestants. La famille Stein aurait beaucoup mieux compris si Edith était devenue protestante. Un témoin oculaire, « qui avait co-vécu très fortement ma conversion »,

---

26. *Idem, ibidem*, pp. 10 *sqq*.

écrit Edith à son sujet, a relaté avec quel enthousiasme elle fut initiée au bréviaire (dès avant son baptême) et comment il l'entendit dire que ne serait-ce qu'à cause de la liturgie, elle ne pouvait pas faire autrement que de devenir catholique. Si donc nous-mêmes, dans notre quête de secours de la foi, nous nous plongeons, à l'instar d'Edith Stein, dans l'autobiographie de sainte Thérèse d'Avila, il peut nous arriver que nous reposions ce livre avec « frustration » ou avec « un hochement de tête » : ce déferlement baroque, ce fourmillement de visions, de voix, d'élévations […] ces prières redondantes dans le ton de la cour d'Espagne à son époque dorée […] !

Pour comprendre tout à fait notre confession, il nous reste encore à établir que tout ce que Thérèse a écrit — on y trouve aussi du hautement intellectuel, du solide sur le plan théologique, et c'est sans faille du point de vue ecclésial — est pour nous totalement aliturgique. Jetons un œil — pour nous en convaincre à l'aide d'un exemple — sur la table des matières, qui se trouve dans le dernier volume (VI$^e$) de son œuvre[27]. Le terme « liturgique » est absent, de même que le terme « eucharistie ». Un seul passage est indiqué pour le terme « messe » (ou plutôt « messe sacrificielle »), et ce, pour nous faire part du fait non étonnant que la sainte l'appréciait fortement. Parmi les sacrements, seul le sacrement de l'autel est cité à plusieurs reprises, la plupart du temps en tant que « le fait de recevoir la communion » et ce dernier également sans aucun lien liturgique. « Le baptême » et « la confirmation » ne sont cités nulle part. Pour la « prière du choral », un seul passage est mentionné pour les six volumes, et uniquement pour dire que les visiteurs devaient contrôler les nonnes. À la lettre H, nous pouvons nous informer sur « églantine » (*Hagebutten*), « enfer » (*Hölle*) et « hystérie » ; mais il n'est fait nulle mention de « heure » (*Hora*) ni d'« hymne ». À la lettre P, on a les « affabulateurs » (*Phantasten*), les « portières », les « prêcheurs » et les « prieures », mais celui qui a établi l'index ne se

---

[27]. *Sämtliche Werke der hl. Theresia von Jesus*, éd. par Aloys Alkofer ocd, Munich, 1$^{re}$ éd., 1933-1941 (le lecteur français pourra se reporter aux œuvres complètes de sainte Thérèse d'Avila parues aux Éditions du Cerf).

souvient d'aucun « psaume ». Des mots clés, qui se rapportent à la prière intérieure ou à des phénomènes mystiques, sont en revanche attestés sur de nombreuses pages avec des références. Et cela indique ce qui est important.

Edith Stein a peut-être appris de Thérèse que la prière liturgique ne constitue pas à elle seule « la prière de l'Église ». Alors qu'elle vivait depuis quelques années déjà au carmel, elle a écrit un article sous ce titre. Nous y lisons :

« Toute prière *véritable* est prière de l'Église : *à travers* toute prière véritable, il *se passe* quelque chose dans l'Église et c'est l'Église elle-même qui la prie, car c'est l'Esprit Saint vivant en elle qui, en chaque âme unique [...] Que serait la prière de l'Église si elle n'était pas l'offrande de ceux qui, brûlant d'un grand amour, se donnent au Dieu qui est Amour [28] ? »

Il paraît essentiel à Edith Stein que la prière de l'Église ne cesse pas quand la célébration liturgique est terminée. La liturgie terrestre est forcément limitée du point de vue temporel. Elle s'élève en quelque sorte de la prière de l'Église, cette mer incommensurable, et se retire comme marée haute et marée basse. Au cours de l'année ecclésiastique, elle monte jusqu'aux hauteurs festives et même dans le quotidien le plus simple, elle a sans cesse des heures solennelles : les laudes, l'heure de l'Eucharistie, les vêpres, les complies [...] Mais de même que l'océan ne diminue pas à la marée basse, mais se retire pour battre de nouveau le rivage avec un nouvel élan, de même la vie de prière bat sans cesse dans ses membres vivants, même si le repas sacrificiel du Seigneur n'est pas célébré à chaque heure, même si le service du chœur n'est pas organisé, même si la communauté des croyants n'est pas rassemblée. Il est donc logique qu'Edith Stein considère la prière silencieuse du croyant solitaire comme la prière de l'Église. Cela ne nous étonnera guère d'apprendre qu'Edith Stein, dans son cher Beuron, n'assistait pas seulement avec une endurance à toute épreuve au service choral. Même dans une église vide, elle s'agenouillait souvent des heures

---

28. « La prière de l'Église », voir *supra*, p. 58.

durant devant le tabernacle, absorbée et immobile, comme s'il n'y avait rien d'autre au monde[29]. Edith Stein, cette femme si instruite qui se penchait au demeurant avec un esprit exercé sur les questions les plus essentielles ressortissant au domaine philosophique et théologique, qui fascinait dans ses grands discours des centaines de personnes, qui lisait régulièrement la presse quotidienne et qui était informée à chaque instant des événements politiques du présent — cette femme, donc, ne se laissait ni déranger ni déconcentrer lors de la prière intérieure.

Et Edith Stein comprend cette prière tout à fait personnelle, qui a lieu dans le plus profond silence sur terre, comme une participation à la prière du Ciel au même titre que la liturgie la plus insigne. Car les chœurs célestes des anges — argumente-t-elle — chantent certes inlassablement ensemble dans leur louange éternelle le « Saint, Saint, Saint », mais sont en même temps immergés dans l'adoration la plus profonde, à l'écoute, dans la contemplation et dans le silence. Nous ici-bas, tant que nous sommes *in via*, nous sommes soumis à la loi de la temporalité et nous sommes aussi tributaires dans la prière de la succession temporelle, et plus nous sommes éloignés du but, d'autant plus fortement, écrit Edith Stein. C'est une phrase grandiose, car elle signifie ceci : l'être humain qui est proche de son accomplissement vit de plus en plus dans l'entrelacs du temporel et de l'éternel, du signe et du réel, du terrestre et du céleste. Voilà pourquoi Edith Stein n'est plus désespérée non plus — nous aurions encore considéré sans le savoir sa disposition comme une piété particulière — de ce que dans la détresse la plus extrême du camp de déportation, la sainte messe et la communion fassent défaut ; dans la situation donnée, elle trouve cela tout naturel. Elle vit « de l'intérieur ». Là, elle est en communion avec la prière des chœurs des anges.

Il nous faut ici encore mentionner le fait qu'Edith Stein, comme pour la liturgie, met, pour la prière intérieure, l'accent sur l'enracinement dans la piété de l'ancienne Alliance. Moïse et Élie, tous deux

---

29. < Note de la traductrice : Notons qu'Edith Stein avait été fortement impressionnée avant sa conversion, quand, visitant avec une amie la cathédrale de Francfort-sur-le-Main, elle vit entrer une femme avec son panier à provisions et s'agenouiller sur un banc pour prier un court instant. Voir *infra*, p. 185. >

des préfigurateurs du Fils de l'Homme et, partant, des prototypes également de tous les enfants de Dieu, ont prié dans la solitude. Et les Évangiles parlent de la prière intérieure et personnelle de Jésus à son Père presque plus fréquemment encore que de sa fréquentation du temple et de la synagogue. Les autres prières d'allégresse, d'actions de grâce et de demandes des grands prieurs, lesquelles sont transmises dans les Évangiles et proviennent du cœur, sont elles aussi totalement issues du trésor de la foi de l'ancienne Alliance : le cantique de Zacharie, le *Magnificat* de la Mère de Dieu et la louange de Marie par Élisabeth, la prière de Siméon au temple, le cri d'abandon de Jésus sur la Croix... L'unité décrite selon l'essence entre l'office liturgique et l'entretien méditatif intérieur avec le Seigneur — ce n'est certainement pas en premier lieu par la pensée qu'Edith Stein en vit consciemment, mais par l'expérience et par son vécu : ce fut son chemin personnel de foi.

Pour finir de développer cette idée, je voudrais soulever encore une question. Qu'est-ce qu'Edith Stein aimerait nous enseigner aujourd'hui ? Pour notre liturgie, pour notre méditation, pour notre prière « charismatique » en groupe ? De nombreuses choses ont en effet changé depuis l'époque où Edith Stein apprit à connaître la liturgie de notre Église ainsi que ses autres formes de prière et de méditation, s'exprima à son sujet et la vécut elle-même. Lorsque l'Europe se releva des ruines de la Deuxième Guerre mondiale, une transformation s'était produite dans la vie de l'Église également, transformation qui nécessita vraiment un concile pour la gérer. Le concile a essayé d'amener les nouvelles idées qui germaient à la lumière de la conscience ecclésiastique, de les formuler, de les interpréter et de les ajouter à la totalité de la foi. Ce ne fut d'ailleurs pas seulement l'émergence de nouvelles articulations conceptuelles qui mit en branle le concile, mais ce furent bien plus encore des expériences tout à fait nouvelles qui se firent jour dans l'Église du monde ; ce fut l'éveil d'un nouveau sentiment de vie chez de nombreux êtres humains, voire une nouvelle façon de croire, y compris au sein de l'Église.

Il faut ici toutefois prendre en considération le fait que la « nouveauté » au sein de l'Église, dans la liturgie notamment, ne signifie pas nécessairement « que ce ne fut jamais là ». Au contraire : ce qui est éprouvé de nos jours comme nouveau est bien souvent plus proche de l'origine, va de soi à travers de nombreux siècles passés, à travers ce qui depuis toujours est essentiel, ce qui, recouvert par maintes strates conditionnées par l'époque, est resté vivant à l'intérieur de l'Église et demande à présent à être de nouveau présentifié. De même, la lumière « nouvelle » du jour est entièrement l'« ancienne » lumière, et pourtant cela produit un jour qui n'était pas là auparavant.

Que dirait Edith Stein de notre « nouveau » jour ? Quelles seraient ses idées quant à certaines innovations et certaines nouveautés à notre époque ? Dans ses textes, Edith Stein nous a laissé certains points de repère pour une réponse.

Ainsi, elle dit par exemple :

« [...] en raison d'une conception erronée selon laquelle, au sein de l'Église, tout est fixé d'une manière irrévocable pour toujours ; on perd naïvement de vue le fait que l'Église a une histoire, le fait que, selon sa face humaine, elle était d'entrée de jeu faite pour évoluer, à l'instar de tout facteur humain, et le fait que cette évolution se déroule aussi fréquemment sous forme de luttes. La plupart des définitions dogmatiques sont les résultats finaux des combats spirituels qui les ont précédées et qui ont souvent duré des décennies et des siècles ; il en va de même pour les décrets canoniques, pour les formes liturgiques, et, d'une façon générale, pour toutes les créations objectives dans lesquelles la vie spirituelle s'exprime. L'Église est le Royaume de Dieu en ce monde et doit tenir compte des modifications de tous les facteurs terrestres ; elle ne peut introduire la vérité éternelle et la vie éternelle au sein de la temporalité qu'en prenant chaque époque telle qu'elle est et en la traitant conformément à sa spécificité[30]. »

---

30. Edith Stein, *Die Frau*, volume 13, p. 116 (= « Problèmes de l'éducation féminine », dans : *La Femme*, trad. par M.-D. Richard, p. 282).

Edith Stein n'émet nullement de telles assertions en tant que concessions à bon compte ; elle songe par là à quelque chose de très important :

« La fermeté inébranlable de l'Église repose précisément sur le fait qu'elle allie à la défense inconditionnelle de l'<ordre>[31] éternel une souplesse incomparable dans son adaptation aux circonstances et aux exigences temporelles du moment[32]. »

D'autres questions surgiront certainement à notre époque : qu'en est-il par exemple si la jeunesse préfère le rythme au chant grégorien ? Ou bien si elle veut célébrer la « libération » dans l'eucharistie, là où Edith Stein parlait de « sacrifice de Rédemption » ? Une chose est sûre : ce serait abonder dans le sens de cette femme au grand cœur que de répondre à de telles questions avec des pensées de paix et de réconciliation.

« La jeune génération actuelle est passée par tant de crises qu'elle ne peut plus nous comprendre ; mais c'est nous qui devons essayer de la comprendre, nous pourrons alors peut-être l'aider encore un petit peu[33]. »

Dans un rapport sur cette compréhension d'Edith Stein des formes transformables et à transformer, l'archiabbé dom Raphael Walzer de Beuron a émis des remarques saisissantes. Il écrivait que dès les années vingt, Edith Stein lui avait fait des propositions relatives au renouveau de la vie bénédictine, lesquelles lui avaient alors semblé incompréhensibles à cette époque ; mais qu'à présent il y discernait des stimuli de l'Esprit saint dans un être saint. Il poursuit :

---

31. [< ordre > : ajout de la traductrice].
32. Edith Stein, *Die Frau*, volume 13, p. 107 (= « Problèmes de l'éducation féminine », dans : *La Femme*, trad. par M.-D. Richard, p. 270).
33. *Lettre* du 20/10/1932 à Callista Kopf op (= *Correspondance* I, trad. par C. Rastoin, p. 633).

« Avec son sens inné pour ce qui est simple, pour ce qui est détaché de tout ce qui est pompeux, pour tout ce qui est silencieux et non affecté, pour ce qui est totalement vrai, libre de tout semblant de compromis [...], Edith Stein avait une sensibilité maternelle pour le devenir des choses importantes dans le Royaume de Dieu[34]. »

Et, de nos jours, Edith Stein aurait certainement ajouté aussi :

« Lorsqu'il (s.e. le fleuve mystique) lui arrive de faire éclater les formes traditionnelles, c'est parce que l'Esprit vit en lui, cet Esprit qui souffle où il veut : lui qui a suscité toutes les formes traditionnelles et doit toujours en susciter de nouvelles[35]. »

---

34. Dom Raphael Walzer osb, Rapport de 1947, archives Edith Stein au carmel de Cologne.
35. « La prière de l'Église », voir *supra*, p. 57

# 4.
# « Dieu seul suffit »
## Martin Zielinski*

---

## I. Le développement spirituel d'Edith Stein

« *Solo Dios, basta* — Dieu seul suffit » ou encore, comme la parole de Thérèse d'Avila est aussi traduite, « Dieu avant tout le reste ». Cette parole qui marque la disposition spirituelle de Thérèse d'Avila devait aussi revêtir dans la vie d'Edith Stein une importance croissante.

Étant donné que ce développement spirituel d'Edith Stein ne peut être considéré de manière abstraite, en dehors de ses conditions existentielles, nous allons commencer par retracer son chemin de foi ainsi que son chemin existentiel, et ce, en ayant toujours en vue les données temporelles, familiales, sociales et politiques.

### 1. Quelques dates biographiques de référence

*a) Souvenirs d'enfance*

Edith Stein était la septième enfant d'une famille juive. Sa mère, Augusta Stein, très pieuse, tenta d'élever ses enfants entièrement dans la foi juive. Ainsi, le rite du sabbat fut toujours rigoureusement observé. Dans son autobiographie intitulée *Vie d'une famille juive*, Edith Stein accorde à son déroulement une importance particulière en ce qu'elle écrit de manière exhaustive à ce sujet :

« La veille au soir, on devait prendre le souper lorsqu'il faisait encore grand jour ; ensuite, dès que la première étoile apparaissait dans le ciel, le service divin commençait à la synagogue. Ce soir-là, ma

---

\* Dans : *Erbe und Auftrag (Héritage et Mission)*, 76 (2000), fascicule 5, pp. 401 *sqq*.

mère ne s'y rendait pas seule, mes grandes sœurs l'accompagnaient et mes frères eux-mêmes considéraient comme de leur honneur de ne pas y manquer. [...] Le jour suivant, [...] nous restions au lit le plus longtemps possible (il était permis en cette occasion de lire au lit) [...]. Nous les petites nous allions à la synagogue participer à la célébration pour les défunts ; ma mère y tenait beaucoup parce que nous devions y faire mémoire de notre père [...] Le soir, le plus souvent un de mes frères allait chercher ma mère et la raccompagnait à la maison. C'était toujours une grande joie de voir que toute la famille était à nouveau réunie et que tous avaient bien surmonté l'épreuve de la journée. L'obligation de jeûner concerne [...] les filles après douze ans. Je m'y serais volontiers scrupuleusement conformée mais on me considéra comme encore trop fragile à douze ans et on me permit seulement de rester à jeun jusqu'à midi. Mais à partir de mes treize ans, je l'ai toujours observée et personne ne se dispensait chez nous du jeûne, même lorsque nous ne partagions plus la foi de notre mère et que nous n'observions plus les prescriptions rituelles en dehors de la maison[1]... »

Sa mère exerça aussi une influence sur le comportement social de ses enfants. Ainsi, Edith Stein, comme elle l'écrit dans ses souvenirs, avait « dès ses premières années de vie conscience de ce qu'il était beaucoup plus important d'être bon qu'intelligent[2] ». Cela transparaissait surtout dans son comportement vis-à-vis des êtres qui avaient particulièrement besoin de son aide de quelque nature qu'elle soit[3].

---

1. *ESW* VII, pp. 46-47 (= *Vie d'une famille juive*, trad. par C. et J. Rastoin, pp. 84-85).
2. *Ibidem*, p. 114.
3. Voir à ce sujet les descriptions de Teresia Renata Posselt sur l'attitude d'Edith Stein dans le camp de rassemblement de Westerbork sur le chemin d'Auschwitz. Tandis que les femmes et les mères, séparées de leurs maris, tombaient dans l'apathie, Edith Stein leur disait des paroles réconfortantes et se consacrait à ceux qui avaient faim et aux enfants abandonnés à eux-mêmes en les soignant et en leur procurant de la nourriture. (Voir Teresia Renata : *Edith Stein. Eine große Frau unseres Jahrhunderts*, p. 192, Fribourg-en-Brisgau, [9]1963).

*b) Distanciation vis-à-vis de la foi juive*

En ce qui concerne sa foi, un changement décisif intervint chez elle, alors qu'elle était âgée de quinze ans. Elle était en visite pour quelque temps chez sa sœur Else qui était mariée à Hambourg et attendait son deuxième enfant. Elle devait l'aider à tenir sa maison après la naissance de l'enfant. Comme elle était ici limitée au cercle très étroit de son entourage, elle vivait encore plus exclusivement qu'à la maison dans son monde intérieur[4]. Cet isolement intérieur lui donna dès ses premières années la possibilité d'assimiler dans son monde intérieur secret tout ce qu'elle entendait ou voyait dans la journée[5]. Les livres ressortissant à la spécialité de son beau-frère, lesquels n'étaient pas précisément destinés à une jeune fille de quinze ans[6], l'interpellaient fortement aux tréfonds de son être. Mais aussi la disposition agnostique de Max et de Else exerçait une influence non moindre sur Edith. Ces deux faits furent pour elle une occasion suffisante de se désaccoutumer consciemment et délibérément de prier[7]. Ce développement s'était amorcé tout à fait manifestement quelques années auparavant déjà, lorsque, âgée de dix ans, elle prit part à l'office mortuaire pour son oncle, lequel avait choisi de se donner la mort à cause des soucis occasionnés par ses affaires. Mais ce n'est pas ce destin qui provoqua en elle un sentiment de manque de consolation, c'est l'allocution du rabbin, laquelle ne permettait pas de discerner une foi en une vie personnelle et en des retrouvailles après la mort. Et de poursuivre : « L'incapacité à faire face à l'effondrement de sa situation sociale et à l'assumer est liée, je crois, au manque de perspective sur la vie éternelle. L'immortalité personnelle de l'âme n'est pas article de foi[8]. » Si l'on ôte à un Juif sa raison de vivre ici-bas, « le ressort de sa vie est brisé ; la vie lui semble alors un non-sens, et il peut facilement prendre la décision de s'en débarrasser[9]. »

---

4. Voir *ESW* VII, p. 120
5. *Ibidem*, p. 48 *sq.*
6. *Ibid.*, p. 121.
7. *Ibid.*
8. Voir *ESW* VII, p. 56 (= *Vie d'une famille juive*, trad. par C. et J. Rastoin, p. 96).
9. *Ibidem*, p. 57 (= *Vie d'une famille juive*, trad. par C. et J. Rastoin, p. 96 *sq.*).

Au cours de ses études, sa rencontre avec le juif très croyant et fidèle à la loi, Eduard Metis, eut pour effet de l'éloigner davantage encore de la foi juive. Ainsi écrit-elle : « Lorsque à Göttingen je commençai à me préoccuper de questions religieuses, je l'interrogeai une fois par lettre sur l'idée qu'il se faisait de Dieu : s'il croyait à un Dieu personnel. Il me répondit laconiquement : Dieu est Esprit. On ne pouvait en dire plus. C'était comme si on m'avait donné une pierre au lieu d'un morceau de pain[10]. »

Tous ces événements se produisirent « à l'époque de sa jeunesse », qui fut aussi pour Edith Stein une époque de profond changement intérieur. Ainsi n'est-il pas étonnant qu'elle se soit de plus en plus éloignée des contenus de la foi, qu'elle avait reçus dans son enfance mais qui n'exerçaient plus aucun charme sur elle. Ses frères et sœurs s'étaient eux aussi distanciés de la foi juive en avançant en âge.

*c) Métamorphose intérieure*

Cette évolution ne doit cependant pas être considérée comme la preuve d'une attitude agnostique générale d'Edith Stein. En réalité, la question de la compréhension de Dieu doit être considérée comme une quête du sens ultime de la vie. Edith Stein commença par trouver ce sens dans les contenus de ses études à Breslau. Elle n'éprouva pas comme oppressante la tension constante que les études exigeaient d'elle, mais cela suscita plutôt en elle « le sentiment grisant de vivre sur un plan supérieur[11] ». D'un autre côté, les phases dépressives faisaient, semble-t-il, pareillement partie de sa vie. L'été 1912, la lecture du roman intitulé *Helmut Haringa* la plongea dans une crise émotionnelle dont elle ne se remit que difficilement. Il est caractéristique de constater d'où elle reçut de l'aide. Dans le cadre d'une fête en l'honneur de Bach, qui fut organisée cet été-là à Breslau, le *lied* intitulé *Notre Dieu est une citadelle* fut entonné lors d'une soirée de chant. Les souvenirs positifs de moments

---

10. *Ibid.*, p. 181 *sq.* (= *Vie d'une famille juive*, trad. par C. et J. Rastoin, p. 250).
11. *Ibid.*, p. 184 (= *Vie d'une famille juive*, trad. par C. et J. Rastoin, p. 253).

antérieurs de recueillement à l'école, qui furent par là éveillés, provoquèrent en elle une guérison intérieure, laquelle revêtit à ses yeux un caractère significatif quand elle songea rétrospectivement à cet événement. Le changement de son lieu d'études à Göttingen, changement dû à la force d'attraction intellectuelle exercée par E. Husserl, devait déboucher sur des orientations décisives pour toute sa vie. Ce furent surtout les personnes qu'elle rencontra dans le cadre de l'approfondissement de ses études philosophiques qui la marquèrent fortement. Car, parmi ces personnes imprégnées de philosophie, Edith Stein avait fait la connaissance d'une série d'êtres croyants. « À présent, je me rendais même quelquefois avec mes amies dans une église protestante (le mélange de politique et de religion, qui prédominait dans le sermon, ne pouvait, à vrai dire, pas me conduire à la connaissance de la foi pure et me rebutait souvent) ; mais je n'avais pas encore retrouvé le chemin vers Dieu[12]. »

Max Scheler, une figure aussi déterminante que Husserl dans la phénoménologie, faisait partie du cercle des phénoménologues. Il s'y entendait à enthousiasmer par la force de son langage pour les idées catholiques et pour la foi en tant que telle. Il en alla également ainsi pour Edith Stein à qui fut de la sorte « ouvert un domaine de "phénomènes" devant lesquels elle ne pouvait plus passer en aveugle[13]. » Certes, elle ne fut pas encore gagnée par là à la foi, mais, écrit-elle, « les barrières des préjugés rationalistes dans lesquels j'avais grandi sans le savoir tombèrent et l'univers de la foi apparut soudain devant moi. Des personnes que je côtoyais quotidiennement, pour lesquelles j'avais de l'admiration, y vivaient. Elles méritaient assurément que j'y réfléchisse sérieusement. Pour le moment, je n'en vins pas encore à m'occuper systématiquement des questions de la foi ; j'étais encore beaucoup trop absorbée par d'autres sujets pour le faire. Je me contentais d'accueillir en moi sans résistance les stimulations qui venaient de ceux qui m'entouraient, et j'en fus progressivement transformée — presque sans m'en apercevoir[14]. »

---

12. *ESW* VII, p. 283.
13. *Ibidem*, p. 230 (= *Vie d'une famille juive*, trad. par C. et J. Rastoin, p. 307).
14. *Ibid.*

Les membres de la société philosophique à Göttingen la stimulèrent eux aussi en ce sens. En faisait partie en particulier Adolf Reinach, qui était l'assistant de Husserl et par lequel elle fut mise davantage encore en contact avec la phénoménologie. Or, le couple Reinach s'était lui aussi converti au christianisme.

Le travail commun dans le séminaire de Reinach, ainsi que le temps passé au sein de la société philosophique, lui donnèrent la force de surmonter les périodes de dépression. Il en fut également ainsi lorsque, lors de sa préparation à l'examen d'État, elle acquit au prix de grandes tortures la clarté intellectuelle. « C'était la première fois de ma vie que je me trouvais devant quelque chose dont je ne pouvais pas venir à bout par ma seule volonté. [...] J'en arrivai au point que la vie me sembla insupportable. Je ne pouvais plus traverser la rue sans souhaiter qu'une voiture m'écrase. Il est probable que nul ne soupçonnait dans quel état je me trouvais[15]. »

Dans cette situation, Reinach parvint à lui insuffler du courage et à transformer son cerveau en un tout clair et bien ordonné. La mort précoce de Reinach en septembre 1917 l'atteignit d'autant plus. Cette mort s'avéra être le facteur déclenchant pour sa propre conversion à la foi chrétienne.

*d) Décisions*

Au printemps 1918, Edith Stein se rendit à Göttingen pour aider Anna Reinach à classer le *Nachlass* de son époux et pour la consoler en même temps. Contre toute attente, elle ne trouva pas une veuve éplorée, mais une femme qui gardait sa contenance intérieure et qui faisait preuve d'un courage que la vie ne lui avait pas ôté[16].

Adolf Reinach avait décidé avec sa femme, au cas où il ne reviendrait pas du front, de considérer sa mort comme une participation à la mort du Christ sur la Croix. C'est ainsi qu'Edith Stein fit l'expérience de la force que la foi en la mort rédemptrice de

---

15. *Ibidem*, p. 252 *sqq*. (= *Vie d'une famille juive*, trad. par C. et J. Rastoin, p. 327).
16. Voir Neyer, Maria Amata, *Edith Stein. Ihr Leben in Dokumenten und Bildern*, Würzburg, ⁴1988, p. 21.

Jésus sur la Croix peut transmettre à celui qui souffre. Cet événement orienta Edith Stein pour la première fois vers la foi chrétienne[17].

Ce fut le premier contact intensif avec la doctrine chrétienne et avec les conséquences qui en découlaient, comme elle avait pu dans ce cas le sentir chez Anna Reinach. « Ce fut ma première rencontre avec la Croix et avec la force divine qu'elle confère à ceux qui la portent. J'eus pour la première fois sous les yeux de manière évidente l'Église née de la souffrance du Rédempteur dans sa victoire sur l'aiguillon de la mort. Ce fut l'instant où mon incrédulité s'effondra et où le Christ rayonna : le Christ dans le mystère de la Croix[18]. »

Quelque temps auparavant déjà, elle avait pu connaître une particularité de la vie de la foi chrétienne d'une manière marquante. Ainsi, en se rendant de Breslau à Fribourg en juillet 1912, elle fit un crochet par Francfort-sur-le-Main où elle entra dans la cathédrale. Alors qu'elle se tenait là dans un silence respectueux avec son amie Pauline Reinach, une femme entra avec son panier à provisions et s'agenouilla sur un banc pour une courte prière. « C'était là pour moi quelque chose de tout à fait nouveau. Dans les synagogues et les temples protestants que j'avais fréquentés, on ne venait que pour les services divins. Mais là, quelqu'un venait, au beau milieu de ses occupations quotidiennes, dans l'église déserte comme pour un entretien intime. Je n'ai jamais pu l'oublier[19]. »

C'est la *Vie* de sainte Thérèse d'Avila, qu'elle lut chez son amie Hedwig Conrad-Martius, qui fut le dernier facteur déclenchant pour une conversion au christianisme, telle qu'elle était vécue dans l'Église catholique. Stimulée par cette autobiographie dans laquelle elle reconnut l'expression de la vérité, Edith Stein se fit baptiser le jour de l'an 1922 à Bergzabern dans la paroisse catholique. Un

---

17. Voir à ce sujet également une prise de position du professeur Johannes Hirschmann sj qui connaissait Edith Stein personnellement et qui, dans une lettre adressée à Teresia Renata Posselt (la Mère prieure du carmel de Cologne à l'époque où Edith Stein y entra), relata qu'il fallait voir dans la façon dont se passa la rencontre avec Anna Reinach la cause décisive de la conversion d'Edith Stein au christianisme. Lettre du 13 mai 1950 de J. Hirschmann sj à T. R. Posselt. L'original se trouve dans les archives Edith Stein au carmel de Cologne (Voir *ESW* XIV, p. 103, annotation 2).
18. T. R. Posselt, *Edith Stein. Eine große Frau unseres Jahrhunderts*, cité dans *ESW* X, p. 39.
19. *ESW* VII, p. 362 (= *Vie d'une famille juive*, trad. par C. et J. Rastoin, p. 470).

mois plus tard seulement, elle reçut le sacrement de la confirmation dans la chapelle privée de l'évêque de Spire, Dr Sebastian. Hedwig Conrad-Martius, une chrétienne protestante, se tenait là en tant que marraine de baptême, une situation peu courante.

Sa vie de foi fit l'objet dans les années suivantes d'un approfondissement grâce à la pratique liturgique, telle qu'elle était pratiquée à l'archiabbaye S$^t$ Martin à Beuron. La chapelle des grâces de l'abbaye était en particulier pour elle un lieu très recherché où elle aimait se retirer. Déjà à Spire, où elle enseignait depuis 1923 au lycée de jeunes filles, elle s'était installé un prie-dieu dans un coin de l'église du monastère pour pouvoir s'y retirer dans le silence et pouvoir ainsi prier sans être dérangée[20]. Cette forme de pratique de foi et de prière parut être le but auquel elle avait atteint après un long chemin de quête et de combat intérieur. Ici et plus tard au carmel, elle trouva les lieux appropriés pour pratiquer cette forme de vie consistant à se tenir-devant-Dieu.

Que le chemin direct au Carmel ne lui fût tout d'abord pas accessible immédiatement après son baptême avait sa raison d'être dans la disposition intérieure de sa mère. Lorsqu'elle se retrouva face à sa mère quelques mois après son baptême, Edith vit clairement « qu'elle ne pourrait pour l'instant supporter ce second choc. […] Cela la remplirait d'une amertume dont je ne pouvais prendre la responsabilité[21]. » Même son conseiller spirituel, l'archiabbé dom Raphael Walzer, l'en dissuada par égard pour sa mère. Le refus intérieur de sa mère de sa conversion et, au bout du compte, de son entrée dans l'ordre du Carmel s'exprima totalement dans un dialogue qui se déroula le 12 octobre, le jour de son anniversaire et la veille de son départ pour le carmel de Cologne. Edith était avec sa mère sur le chemin du retour de la synagogue. Dans ses souvenirs intitulés « Comment je suis venue au carmel de Cologne », Edith relate ainsi leur discussion sur la foi : « Est-ce que le sermon n'était pas beau ? — Si. — Il y a donc aussi une façon juive d'être pieux ! — Bien sûr, lorsqu'on n'en est pas venu à connaître autre chose. »

---

20. Voir A. Neyer, *op. cit.*, p. 38.
21. T. R. Posselt, *op. cit.*, p. 20 (= *Vie d'une famille juive*, trad. par C. et J. Rastoin, p. 494).

La réplique arriva alors, désespérée : « Pourquoi en es-tu venue à connaître cela ? Je ne veux rien dire contre lui. Il se peut bien qu'il ait été un homme très bon. Mais pourquoi s'est-il fait Dieu ?[22] » Autant sa mère tirait une nette ligne de démarcation entre le judaïsme et le christianisme, autant Edith Stein éprouvait sa conversion à la foi catholique comme la redécouverte de la teneur religieuse du judaïsme et comme son retour à lui[23].

## 2. L'espace du silence comme condition extérieure de la spiritualité

Autant sa conversion était un signe extérieur de sa nouvelle orientation, autant elle s'était aussi réorientée intérieurement. Ainsi, selon elle, « il faisait partie de sa vie spirituelle de se retirer dans le silence et de prier chaque fois que les autres tâches le lui permettaient. » Edith Stein a également recommandé cette prière intérieure à d'autres. « C'est justement l'être humain complètement attelé à toutes sortes de tâches [...] qui a besoin d'un tel recueillement dans l'intime de son être, là où Dieu habite en nous[24]. » Tel était le chemin sur lequel elle pouvait suivre le Seigneur. « L'accueillir au plus profond de son cœur ; prendre part à la survie mystique du Christ ; Lui appartenir dans un don total de soi ; être unie au Christ dans une communauté de vie durable. [...] — Il faut en arriver à une union entre Lui et nous, à une entretien amical ininterrompu avec Dieu[25]. »

« L'isolement est le temps dans lequel nous nous mettons en silence à l'écoute. Là nous pouvons laisser la parole divine agir en nous jusqu'à ce qu'elle éprouve le besoin d'être fécondée dans le sacrifice de louange et dans le sacrifice de l'acte[26]. » Le dialogue silencieux

---

22. T. R. Posselt, *op. cit.*, p.46 (= *Vie d'une famille juive*, trad. par C. et J. Rastoin, p. 505).
23. A. Ziegemann, « Benedicta a Cruce — Jüdin und Christin », p. 133, dans : *Edith Stein. Leben, Philosophie, Vollendung*, éd. par L. Elders, Wurzbourg 1991.
24. A. Neyer, *op. cit.*, p. 38.
25. *Idem, ibidem*, p. 48.
26. *ESW* XI, p. 23.

du cœur avec Dieu est la condition pour que soient préparées les pierres vivantes avec lesquelles le Royaume de Dieu sera édifié.

Ce devenir vide et ce devenir silencieux devant Dieu offre la possibilité de nous ouvrir à la grâce, c'est-à-dire de nous dépouiller complètement de notre volonté et de la rendre prisonnière de la volonté divine, de remettre toute notre âme prête à accueillir et à être façonnée dans les mains de Dieu[27]. Cette forme de vie de prière offrit à Edith Stein la possibilité d'accomplir sa vie en se tenant constamment devant la face de Dieu.

### 3. La vie en tant que le fait de se tenir devant Dieu

La question se pose de savoir en quoi le fait de se tenir devant Dieu était précieux aux yeux d'Edith Stein. Une double réponse peut valoir : d'une part, dans la possibilité d'un dialogue intérieur silencieux du cœur avec Dieu et, d'autre part, dans la prière-vicaire, de l'efficience de laquelle elle était profondément convaincue[28]. Dans le dialogue du cœur avec Dieu, elle voyait la possibilité de prendre part au courant mystique qu'elle qualifie de vie intérieure de l'Église[29]. Ce courant mystique représente en même temps le lien intérieur à Jésus Christ dont la vie de prière possédait pour elle un caractère de modèle absolu. Et même ce dialogue solitaire de Jésus avec Dieu le Père remonte à l'ancienne Alliance dans la tradition de laquelle il entend se tenir.

De même que le Grand Prêtre présentait de façon vicaire dans le Saint des Saints du Temple son intention de prière et accomplissait des actions sacrificielles, de même Jésus prie en plénitude dans son dialogue avec Dieu. « Il ôte au Grand Prêtre son secret : tous les Siens ont le droit d'entendre comment il parle au Père dans le Saint des Saints de son cœur ; ils doivent faire l'expérience de ce dont il s'agit, et doivent apprendre à parler au Père dans leur cœur[30]. »

---

27. Voir *ESW* V, p. 88 (= *La Femme*, trad. par M.-D. Richard, p. 96 *sq.*).
28. Voir à ce sujet les nombreuses demandes de prières de secours dans ses nombreuses lettres : *ESW* VII et IX.
29. Voir *ESW* XI, p. 21.
30. *Ibidem*, p. 17 *sq.*

D'une façon générale, comme les Évangiles nous le font découvrir, la vie de Jésus consiste à se tenir constamment devant Dieu, dans Sa vie comme dans Son agir quotidien et dans Ses prières également. Les deux choses sont intimement liées chez lui et doivent nous servir de modèles. Dans sa vie, Jésus se voit constamment lié intimement au Père. Ainsi, c'est pour lui une évidence que de rendre grâce à Dieu dans la prière lors des repas avec tous les êtres qui l'accompagnent. « Il rend grâce parce qu'Il se sait d'avance exaucé. Il rend grâce pour la force divine qu'Il porte en Lui et par laquelle il montrera aux êtres humains la toute-puissance du Créateur[31]. »

De manière analogue, nous pouvons nous sentir nous aussi concernés par cette assertion d'Edith Stein sur Jésus, étant donné que nous pouvons partir du fait que Dieu veut communiquer à tous les êtres humains sa force et sa puissance, afin que ces derniers puissent participer de manière créatrice en tant qu'images de Dieu à la création. Nous y sommes appelés, et Edith Stein s'y sentait elle aussi appelée. En nous tenant devant Dieu, nous devenons Ses instruments pour communiquer quelque chose de Lui à notre prochain, ainsi qu'Edith Stein le formule dans sa lettre à Erna Hermann : « Je ne suis qu'un instrument du Seigneur. Je voudrais conduire à Lui quiconque vient à moi[32]. » Nous pouvons considérer cela comme la spiritualité intense d'Edith Stein.

## II. Spiritualité dans la vie quotidienne — La spiritualité au quotidien

### 1. *Les conditions et les expériences dans le monde de la vie actuelle*

Si incontestées que restent les assertions d'Edith Stein de nos jours encore, il paraît néanmoins nécessaire d'exposer quelques idées et de s'interroger dans les situations et les conditions existentielles actuelles. L'être humain est à l'heure actuelle aux prises avec des

---

31. *Ibid.*, p. 12.
32. *ESW* VIII, p. 152.

rapports existentiels fondamentalement bien plus complexes qu'à l'époque d'Edith Stein. À cela vient s'ajouter une attitude d'indifférence accrue vis-à-vis des Églises ainsi que de la spiritualité au quotidien qu'elles offrent. Nous ne pensons pas par là seulement à la couche d'intellectuels qui empruntent différentes voies dans le domaine scientifique.

Même les personnes qui mènent une vie quotidienne dite normale sont soumises à de multiples relations causales en raison de la quantité d'informations qui immergent le monde et qui sont dues à internet et à d'autres formes de communication. L'être humain serait-t-il menacé de succomber à ces relations causales ? On questionne tout parce que beaucoup de choses paraissent pouvoir être questionnées et aussi expliquées et, partant, être visibles. Les référents et les rapports existentiels sont donc « technisables » au sens le plus large du terme. Nous n'avons besoin, du moins à ce qu'il semble, que de certaines techniques pour faire devenir visible ce qui nous est caché.

Mais, devons-nous nous demander, est-ce que, par « l'explication » des circonstances et des choses qui nous entourent et qui sont si multiples, l'on parvient à une élucidation ? Par élucidation, nous voulons dire ici la réponse à la question de la relation que les choses extérieures ont concrètement avec l'être humain, avec chaque individu. Il convient également de s'interroger sur les effets produits à l'intérieur de l'être humain.

Avons-nous de nos jours tendance à une extériorisation précipitée, faisant abstraction des expériences qui peuvent « atteindre » l'homme au plus intime de lui-même ?

### 2. « *Autres* » *expériences* :

Dans ce monde de vie devenu stressant, où seuls comptent la réussite, la croissance et le désir d'avoir toujours plus, on constate une quête accrue d'un pôle tranquille. On pourrait définir ce pôle tranquille comme point d'appui à un double égard sur le plan linguistique :

comme quelque chose qui permette de faire une halte et comme quelque chose sur quoi on peut se tenir.

Comme voie d'accès à cet appui, on peut considérer les formes les plus diverses de méditation dont les sources doivent être recherchées dans différentes religions. Il ne semble pas que l'endroit où se rend l'être humain en quête d'un appui pour atteindre au but qu'il s'est fixé, joue un rôle important. Ainsi, on enregistre à l'heure actuelle un intérêt croissant pour les séjours dans les monastères pour satisfaire, dirons-nous de manière superficielle, le besoin de se « déstresser » de la vie quotidienne.

On constate ce besoin non seulement chez les personnes croyantes, mais aussi chez celles qui ont un rapport à la religion purement latent, de quelque nature qu'il soit. Et même les personnes totalement éloignées de la religion doivent être comptées parmi celles qui recherchent les cercles de méditation. Le but de l'exercice est la plupart du temps de « parvenir au repos » et de concentrer son esprit, de « se ressourcer mentalement ». Cela peut tout à fait consister en la tentative d'intérioriser ce qui est éprouvé extérieurement, ainsi qu'en la tentative d'affirmer l'intime de son être, et ce, pour ne pas être complètement livré à l'extérieur, aux influences du monde.

Que lors de tels séjours, il se produise nécessairement sur place des contacts sensuels avec les événements sacrés, c'est manifeste. La question se pose simplement de savoir quels effets sont produits chez les visiteurs. Si nous sommes convaincus que la raison d'être de la spiritualité, du « Dieu dit » chrétien peut provoquer un effet qui porte durablement dans les individus, alors nous devons essayer de trouver les moyens pour que soit transmise à l'être humain concret une spiritualité « qui mette en branle », qui enrichisse sa vie de l'intérieur.

### 3. Les conditions préalables à une spiritualité personnelle

Il paraît ici important d'être prêt à admettre de multiples formes spirituelles et de donner de la sorte à l'individu la possibilité de trouver sa voie personnelle pour une pratique spirituelle.

Il faudrait cependant éviter de se concentrer sur le domaine purement spirituel et intellectuel de la vie humaine[33]. Une telle orientation exclusive de la spiritualité ferait passer à côté de l'être humain dans sa complétude. Il faut en réalité prendre tout particulièrement en considération les rapports existentiels humains et terrestres, le vécu concret de l'être humain dans le monde. Cela signifie qu'outre la complexité intellectuelle et spirituelle, la composante physique de l'être humain doit être en mesure de porter ses fruits.

La spiritualité chrétienne ne se montre que dans les formes multiples et diverses que revêtent les spiritualités personnelles des individus, en ce que l'être humain « se perd, en fonction de sa vocation, dans le service orant et agissant pour le Royaume de Dieu[34] ». Selon cette conviction, tout agir dans la vie peut être conçu comme un service rendu à Dieu, ainsi qu'Edith Stein le formule par exemple à propos de son travail philosophique sur Thomas d'Aquin. « C'est de lui qu'elle a appris, dit-elle, qu'il est possible de pratiquer l'activité scientifique comme un service rendu à Dieu[35]. » Et nous pouvons en conclure avec Edith Stein qu'il n'échoit pas une importance insignifiante à la vie dans le monde lorsqu'il s'agit pour l'être humain de se tenir authentiquement devant Dieu.

Même la vie la plus contemplative qui soit requiert le rapport au monde. Plus profondément un être humain est attiré en Dieu, plus la tâche lui incombe d'aller dans le monde et d'y agir. C'est uniquement dans cette imbrication de relations existentielles extérieures et de rapport intérieur à Dieu qu'un agir authentique devant Dieu se développe dans le monde[36]. Les définitions citées par Josef Sudbrack, lesquelles ressortissent à une spiritualité valable pour notre époque, vont dans la même direction. Un engagement accru de l'individu dans le monde se greffe incontestablement là-dessus, en particulier dans le domaine social, allant de pair avec le fait de se trouver soi-même[37]. Il

---

33. Voir Sudbrack, *op. cit.*, p. 119.
34. *Idem*, *op. cit.*, p. 123.
35. *ESW* VIII, p. 88.
36. *Ibidem*.
37. J. Sudbrack, *op. cit.*, p. 104.

s'agit donc ici d'une médiation entre les rapports quotidiens dans le monde terrestre et le rapport intérieur à Dieu.

Pouvoir maintenir cette attitude intérieure — c'est ce à quoi doit nous aider la fête commune d'une liturgie qui nous parle. Dans la liturgie, toute la création est intégrée. Les prières solennelles de la liturgie « encadrent et entrelacent et sanctifient toute autre "œuvre journalière", si bien qu'un seul *opus Dei*, une seule "liturgie" adviennent à partir de la prière et du travail[38].

La difficulté consiste de nos jours, il est vrai, à rendre accessible cette orientation aux êtres humains qui ne se sentent pas à l'aise dans ce contexte de vie.

### 4. Un exemple de spiritualité proche de la vie

Nous disions que la spiritualité chrétienne ne se montre que dans les formes multiples et diverses que revêtent les spiritualités personnelles des individus. Mais une spiritualité personnelle est en même temps une spiritualité proche de la vie parce qu'elle est toujours étroitement liée à la vie tout à fait concrète de l'individu, qu'elle croît à partir de cette vie et que, dans son accomplissement, elle exerce rétrospectivement une influence sur cette vie humaine concrète.

Conformément à l'accomplissement de la vie, cela se produit de la façon la plus différente qui soit, non seulement parce que la disposition intellectuelle et spirituelle ainsi que physique de chacun est extrêmement différenciée, mais aussi parce que Jésus-Christ rencontre chacun d'une manière unique, ainsi que le montre l'événement de Pentecôte.

*a) Possibilité de guidance vers une vie spirituelle*

Lors de la tentative de montrer des voies pour une vie spirituelle pour les personnes précisément qui ne sont pas ou plus habituées

---

38. Idem, ibidem, p. 13 *sq.*

à cette forme d'accomplissement de vie, nous devrions nous concentrer sur le fait d'atteindre le cœur des êtres humains. Il s'agit de toucher la sphère émotionnelle de l'être humain, moins l'esprit. La foi, si elle doit atteindre et saisir l'être humain au plus profond de lui-même, s'accomplit au premier chef dans l'appréhension de la réalité par la *sensation*. Ce n'est pas seulement la sphère de ce qui est extérieurement visible et discernable, mais aussi et surtout la sphère de l'invisible qui est ce qui rend visible le visible. L'intériorité de cette réalité, le fondement le plus profond, est Dieu lui-même.

Cette réalité de la réalité doit être appréhendée de façon nouvelle par la sensation, afin que soit possible une spiritualité proche de la vie. Une condition préalable est celle qui consiste à faire découvrir à l'être humain le sens en lui de l'intériorité, du mystère[39]. Le fait de pouvoir ressentir la réalité de Dieu et la sensibilisation à ce sens vont de ce fait de pair. La devise ne peut donc être rien d'autre que la concentration sur l'essentiel de notre Soi, pour discerner intuitivement de cette façon ce qui nous touche au plus intime de nous-mêmes. Cette connaissance s'accomplit toujours comme un mouvement qui va dans deux directions : d'une part, sous la forme d'une immersion dans l'intériorité, dans une vastitude intérieure qui laisse appréhender la présence de Dieu dans le noyau le plus intérieur de l'être humain[40]. D'autre part, nous trouvons par là même la force de nous mouvoir vers l'extérieur, d'aller dans le monde pour y agir conformément à notre mission créatrice.

### b) Spiritualité créatrice et active au quotidien

Dans son petit ouvrage intitulé *Taizé, trouver un sens pour la vie*, Olivier Clément parle d'une étudiante japonaise qui s'intéresse à l'accomplissement de la foi chrétienne. C'est une foi « qui [...] permet de faire à la fois une profonde expérience spirituelle et de

---

39. O. Clément, *Trouver un sens pour la vie.*, p. 52, 1999.
40. À ce sujet, voir *supra* la contribution d'A. Neyer sur l'expérience d'Edith Stein. — Voir A. Neyer, *op. cit.*, p. 38.

s'ouvrir au monde d'une manière créatrice[41]. » C'est précisément cette compréhension de la spiritualité, le lien entre l'expérience spirituelle et l'intérêt créateur porté au monde, qui est l'amorce d'une vie communautaire à Taizé et fait en même temps fortement penser à la vie spirituelle qu'a menée Edith Stein.

Les deux choses, l'expérience spirituelle et l'intérêt créateur porté au monde, sont étroitement liées. Nous pouvons même déclarer que l'une n'est pas envisageable sans l'autre, étant donné que la prière comme fondement de l'expérience spirituelle nous met dans une responsabilité vis-à-vis du monde. Dans la prière, nous plongeons dans la réalité divine et nous sommes remplis de la force de l'Esprit saint. Cette réalité divine fonde donc la responsabilité tout à fait concrète de l'individu face à son prochain et, partant, face au monde.

Nous pouvons vivre des exemples de l'endossement de cette responsabilité dans la vie concrète des frères de Taizé, dans la façon dont ils vivent chez ces êtres qui souffrent de la pauvreté et de l'abandon dans leurs quartiers pauvres. « Mais cela peut aussi signifier devenir inventif, créatif dans tous les domaines, y compris dans les choses ayant trait à l'économie, à la société mondiale, à la civilisation[42] » et à bien d'autres choses encore. Et aussi le fait de se tenir constamment devant Dieu, comme c'est le cas dans la pratique quotidienne de l'oraison dans l'ordre des Carmélites, auquel Edith Stein se rattacha consciemment et dans lequel elle trouva sa partie, signifie endosser une responsabilité vis-à-vis du monde.

Une « spiritualité au quotidien » ne veut rien dire d'autre que ceci : insérer nos actes dans la prière quotidienne devant Dieu. Même si la force pour cette prière devait manquer et même si nous pensons que notre spiritualité s'essouffle, nous pouvons formuler à la suite de frère Roger ceci : « Nous Te (Jésus) demandons : Qu'attends-Tu de moi ? Et Tu réponds par l'Esprit Saint : rien ne doit te troubler, Je prie en toi : ose donner ta vie[43]. »

---

41. Amata Neyer, *op. cit*, p. 53.
42. Id., *ibid.*, p. 54.
43. R. Schutz, *Gemeinsame Gebete für das ganze Jahr*, p. 35.

## Bibliographie

- Clément, O., *Taizé. Trouver un sens pour la vie*, Fribourg-en-Brisgau, 1999.
- Leuven, R., *Heil im Unheil. Das Leben Edith Steins. Reife und Vollendung*, Edith Stein Werke, vol. X, éd. par L. Gelber et R. Leuven ocd, Druten et Fribourg-en-Brisgau (entre autres), 1983, cité *ESW* X.
- Neyer, M. A., *Edith Stein. Ihr Leben in Dokumenten und Bildern*, Wurzbourg, [4]1988.
- Posselt, T. R., *Edith Stein. Eine große Frau unseres Jahrhunderts*, Fribourg-en-Brisgau, [9]1963.
- Schutz, R., *Taizé. Gemeinsame Gebete für das ganze Jahr*, Fribourg-en-Brisgau, [2]1997.
- Stein, E., *Aus dem Leben einer jüdischen Familie. Das Leben Edith Steins : Kindheit und Jugend. Edith Steins Werke*, vol. VII, éd. par L. Gelber et R. Leuven ocd, Druten et Fribourg-en-Brisgau (entre autres), 1985. Cité : *ESW* VII.
- Stein, Edith, *Wie ich in den Kölner Karmel kam*, éd. et pourvu d'explications et de compléments par Maria Amata Neyer, Wurzbourg, 1994.
- Sudbrack, J., « Spiritualität », dans : *Herders theologisches Taschenlexikon 7*, éd. par K. Rahner, Fribourg-en-Brisgau (entre autres), 1973.
- Ziegenhaus, A., « Benedicta a Cruce — Jüdin und Christin », dans : *Edith Stein. Leben, Philosophie, Vollendung*, pp. 122-143, éd. par L. Elders sdv, Wurzbourg, 1991.

# 5.
# Les voies intellectuelles d'Edith Stein
*Bruno H. Reifenrath**

Quiconque se tient au bout de la rampe — depuis longtemps envahie par les herbes et par les broussailles — de l'ancien camp d'anéantissement Auschwitz-Birkenau, voit en regardant au loin et en arrière la longue porte du bâtiment, aperçoit les nombreuses cheminées des baraques tombées entre-temps en décrépitude, lesquelles se dressent dans le ciel tels des doigts exhortatifs, ainsi que les ruines des crématoires que l'on a fait sauter, et ose imaginer ce qui s'est passé d'effroyable à cet endroit dans les dernières années de l'ère nazie, ce sont une honte et un effroi involontaires qui s'emparent de lui au plus intime de son âme. C'est ce que j'éprouvai quand je pénétrai ce lieu de l'effroi à la fin de l'été 1981 en compagnie de quelques amis et collègues polonais. Qui connaît les noms des millions de personnes qui, saisies de peur et d'angoisse de mort, furent poussées ici dans des installations fonctionnant à la perfection et faites pour anéantir, des installations faites pour anéantir des êtres humains ?! — Je trouvai une quantité de noms dans les archives du camp, parmi eux les noms des Juifs de Cologne également. Bon nombre d'entre eux ne furent pas enregistrés à leur arrivée. Le plus grand nombre, parmi eux surtout les femmes et les enfants, furent directement

---

* *Erbe und Auftrag* (Héritage et mission), 73, 1997, fascicule 3, pp. 196 *sqq.* — Les expositions qui suivent se basent sur une étude qui a pour titre « Über die Bedeutung von Glauben und Wissen im Werk Edith Steins » (« Sur la signification de la foi et de la science dans l'œuvre d'Edith Stein ») et qui a été publiée en 1987 dans la revue *Impulse* de l'archiévêché de Cologne. Nous avons renoncé aux sections I et II de cette étude : les idées introductives ont été conservées et mises au cœur de la section III, mais ont été remaniées et considérablement élargies en raison de la parution de nouvelles

poussés dans les chambres à gaz et incinérés ; ces personnes furent « enregistrées au ciel » seulement, comme les SS avaient coutume de le dire avec cynisme.

Cela m'a ôté la voix ; je fus sans voix parce que je n'étais plus capable de formuler ce que j'ai ressenti là-bas après ce qui s'était passé à Auschwitz. C'est peut-être la raison pour laquelle précisément l'effroi se mue souvent en silence : la langue défaille dès lors qu'il s'agit d'objectiver des événements de dimension apocalyptique, ou, du moins, dans la langue sobre de la science, que j'ai l'habitude de parler. — Des paroles *d'autrui* me vinrent alors à l'esprit, des paroles d'Edith Stein, la célèbre philosophe et carmélite, dans la *Science de la Croix* de laquelle je m'étais plongé peu avant mon départ pour la Pologne, et qui — comme j'en eus soudainement conscience en toute lucidité — avait péri le 9 août 1942 ici à Auschwitz-Birkenau, à l'instar de bon nombre de ses compagnons de détresse.

Edith Stein, sœur Thérèse Bénédicte de la Croix (bénie par la Croix), dans sa *Science de la Croix*, une étude sur saint Jean de la Croix, compare de manière métaphorique la dernière marche de l'élévation de l'âme humaine vers Dieu avec l'immersion dans « la nuit obscure » que personne d'autre que le Christ dans la nuit avant sa mort n'a vécue dans une telle densité existentielle. « Aucun cœur humain n'est entré dans une telle nuit obscure que l'Homme-Dieu à Gethsemani et au Golgotha », écrit Edith Stein. « Aucun esprit humain scrutateur ne peut pénétrer dans le mystère insondable de l'abandon de Dieu. Mais Jésus peut donner à goûter un peu de cette amertume extrême à des âmes élues. Ce sont ses plus fidèles amis à qui Il le demande pour mettre une ultime fois leur amour à l'épreuve[1]. » J'interprète les paroles d'Edith Stein de cette façon : seul peut regarder sans crainte la « nuit obscure » et seul peut consciemment l'endurer jusqu'au bout celui auquel la foi donne l'assurance que cela n'est pas la fin, mais signifie le nouveau commencement de ce que veut dire le *mysterium fidei* par la

---

1. Stein, E., *Kreuzeswissenschaft. Eine Studie über Johannes a Cruce*, ESW I, p. 25, éd. par Mme le Dr L. Gelber et par P. Fr. Romaeus Leuven ocd, Louvain et Fribourg-en-Brisgau, 1950.

Résurrection de la chair. Il ne fait pas de doute que le point est arrivé ici où la philosophie, comme la science, échoue de manière tout à fait générale, ne sait plus que dire ; eu égard aux « choses ultimes », elle a perdu la compétence de pouvoir co-parler. La philosophie se meut dans de curieux mouvements circulaires et fabrique des cercles vicieux quand elle se tourne vers les « choses ultimes », comme par exemple le phénomène de la mort. Ainsi, selon Heidegger, le mort est « la possibilité extrême » de l'être humain et la peur, de ce fait, l'état fondamental de l'être-là. Edith Stein a cependant attiré l'attention sur le non-sens d'un tel discours en mettant au jour un cercle vicieux dans la pensée de Heidegger : « Si c'est le sens ultime de l'être-là », argumente-t-elle, que d'être pour la mort, le sens de l'être-là devrait alors être élucidé par le sens de la mort[2]. » Pour Edith Stein, une solution n'est possible que si l'on sort du cercle que nous venons d'envisager. Lors de l'entrée dans la mort, la signification de son être-au-monde est ôtée à l'être-là. « On pourrait donc dire : il est possible que l'être-au-monde de l'être humain finisse sans qu'il cesse d'exister par là dans un autre sens[3]. » Le passage du mode d'être de l'être-au-monde à un autre mode d'être s'avère pour la philosophie certes possible conceptuellement, mais non en tant que certitude ; elle ne peut plus répondre à la question « du destin de l'âme ». Il est intéressant de constater que c'est précisément une philosophe aussi remarquable qu'Edith Stein qui arrive à cette conclusion et que son esprit, troublé par aucune réflexion scientifique, puisse trouver confirmée la conception qu'il avait toujours soutenue, à savoir que la science, que toute « l'activité philosophique » porte de toute façon plutôt préjudice à la foi et ne sert à rien « eu égard à l'éternité ».

Une telle réponse serait il est vrai déjà infirmée par une assertion de Kant selon laquelle il ne saurait y avoir de contradiction ou de conflit entre la science et la foi, étant donné que le domaine de la science est le monde de l'expérimentable, tandis que la foi s'oriente

---

2. Stein, E., « Martin Heideggers Existentialphilosophie », dans : *Welt und Person*, ESW VI, p. 101, éd. par Mme le Dr Gelber et par P. Fr. Romaeus Leuven ocd, Louvain et Fribourg-en-Brisgau, 1962.
3. *Idem, ibidem.*

vers quelque chose qui se trouve en deçà de toute expérience et de ses formes, mais dont l'acceptation est un « besoin » de la raison. C'est pourquoi il — Kant — a dépassé la science « pour laisser place à la foi[4] ».

Si l'on suit Edith Stein, les choses sont à vrai dire plus compliquées que ce que l'on vient de voir à la lumière de ce qu'écrit Kant. Elle concéderait certes qu'il y a un domaine du savoir accessible à la pure expérience et, au-delà, un univers de la foi, mais, entre les deux, il n'y a pas à son sens un fossé infranchissable. Les vérités de la foi exigent de l'être humain qu'il se penche sur elles avec son entendement tandis que les conceptions basées sur l'expérience nécessitent d'être complétées par les vérités de la foi. Pour le dire dans les termes d'Edith Stein : « La théologie puise à la Révélation. Elle se sert de l'entendement naturel [...] pour rendre compréhensibles ("*fides quaerens intellectum*[5]" !) autant que possible à l'être humain les vérités de la foi, les ordonner et les développer dans leurs conséquences[6]. » La réflexion philosophique commence par l'expérience, mais, dans sa discussion sur les problèmes existant entre l'être humain et le monde, elle est confrontée à des questions lors de l'élucidation desquelles l'entendement échoue. « S'il doit y avoir pour nous une solution à ces questions — écrit Edith Stein —, alors soit notre entendement humain doit par lui-même avoir accès à la connaissance autrement encore que par l'expérience et par la conception philosophique. Soit la solution doit nous être donnée par un esprit à qui est accessible ce que l'entendement humain ne peut atteindre à partir de lui-même. [...] La possibilité de recevoir des explications par un esprit supérieur sur ce que l'esprit humain ne peut atteindre par lui-même est réalisée dans le fait de la Révélation, c'est-à-dire du dévoilement de réalités par Dieu pour l'être humain[7]. » Il s'agira d'envisager ailleurs le rapport fondamental de la théologie

---

4. Kant, I., *Kritik der reinen Vernunft*, Préface à la 2ᵉ édition (137— Rc 32).
5. < Note de la traductrice : il s'agit d'une phrase célèbre tirée d'un écrit d'Anselme de Canterbury : « Je crois afin de comprendre ». >
6. Stein, E., *Der Aufbau der menschlichen Person*, ESW XVI, p. 49 *sq.*, éd. par L Gelber et M. Linssen ocd, Fribourg-en-Brisgau-Bâle-Vienne, 1994.
7. *Idem, ibidem*, p. 194.

et de la philosophie, tel qu'il se présente dans la pensée d'Edith Stein. Pour notre présent objet, il est important de garder présent à l'esprit ce passage selon lequel chez Edith Stein, la foi ne rend pas la réflexion superflue, mais la réclame au contraire. Toutefois, — et il faut obvier aussitôt à ce malentendu — la signification de la foi ne se mesure ni chez Edith Stein ni selon la doctrine de l'Église au fait que nous discernons sa vérité avec notre raison naturelle, mais au fait qu'elle repose sur l'autorité de Dieu.

Quiconque souhaite s'attacher aux voies intellectuelles d'Edith Stein ne peut pas ne pas prendre conscience de l'étroite interpénétration de la foi et de la science, telles qu'elles sont propres à sa pensée. Il appert clairement ce faisant que cette interpénétration ne s'effectue pas de manière linéaire, mais qu'elle se déploie de manière dialectique. Les biographies qui tentent de retracer la genèse de la *persona* d'Edith Stein mettent plus ou moins clairement cette structure dialectique en évidence.

Il y a certes de nombreuses publications relatives à la biographie d'Edith Stein, lesquelles s'efforcent de se dépasser qualitativement les unes les autres et qui mettent chaque fois l'accent ailleurs sur la base d'une autre perspective : ainsi, elles commencent avec l'histoire de la vie d'Edith Stein (sœur Renata de Spiritu Sancto[8]) et s'achèvent avec l'ouvrage de Hanna-Barbara Gerl[9] en passant par les réflexions substantielles de Waltraud Herbstrith[10]. — Si j'essaie à mon tour d'esquisser brièvement le chemin existentiel d'Edith Stein, c'est avec l'intention de prendre ses voies intellectuelles comme le fil directeur de son chemin existentiel ou plutôt d'en expliciter les rapports existentiels.

---

8. Voir T. Posselt : *Edith Stein. Schwester Teresia Benedicta a Cruce, Philosophin und Carmelitin. Ein Lebensbild, gewonnen aus Erinnerungen und Briefen durch Schwester Teresia Renata de Spiritu Sancto*, Fribourg-en-Brisgau, 1957.
9. H.-B. Gerl, *Unerbittliches Licht. Edith Stein. — Philosophie, Mystik, Leben*, Mayence, 1991.
10. W. Herbstrith (éd.), *Edith Stein. Ein Lebensbild in Zeugnissen und Selbstzeugnissen*, Mayence, 1993.

## I.

Josef Derbolav a révélé dans ses études praxéologiques « l'amour croyant » comme étant l'idée régulatrice de la pratique religieuse[11]. Cela signifie que « l'amour croyant » constitue le fondement de toute pratique religieuse, la mesure à son aune et marque en même temps le lieu ouvert de destination de cette pratique. On pourrait soulever quelques objections contre cette réponse générale — si l'on cherchait à comprendre par là toutes les religions du monde[12].

Ce constat est certainement pertinent pour le christianisme. « L'amour croyant » s'entend comme un amour fondé sur la foi en une personne spirituelle auprès de laquelle l'être humain cherche refuge et soutien. La foi signifie sous cet aspect « une attitude existentielle fondamentale », un « avoir confiance » (*fides qua creditur*) à la différence de la vérité de la foi (*fides quae creditur*)[13]. Il s'agit ce faisant d'une forme de confiance qui implique l'amour vis-à-vis d'un être personnel. — Dans la compréhension chrétienne, l'histoire de la formation religieuse de l'être humain, c'est-à-dire la genèse de sa personne religieuse, se laisse aussi, à mon avis, tout à fait interpréter à la lumière de cette idée régulatrice. La formation religieuse, telle que je la comprends, ne s'accomplit pas de manière linéaire, mais de manière dialectique, c'est-à-dire par-delà les contraires et les contradictions par une montée vers l'idée régulatrice de la pratique de la foi. Nous allons désigner le premier niveau de cette évolution le niveau de la naïveté, du comportement religieux au sein de la famille. Une époque de crise où tout est remis en question s'y rattache en règle générale. Nous allons qualifier de niveau de naïveté transmise le niveau le plus élevé où la propre histoire de formation religieuse est considérée de manière rétrospective. En ce que le niveau de la naïveté, de la foi enfantine, est rejeté, ce qui est lié à une distanciation et à une crise, le savoir et le faire, qui

---

[11]. Voir entre autres J. Derbolav, *Pädagogik und Politik. Eine systematische-kritische Analyse ihrer Beziehungen*, pp. 91 sqq., Stuttgart-Berlin-Cologne-Mayence, 1975.
[12]. Voir à ce sujet Reifenrath, B. H., « Anmerkungen zur Struktur der Religionspraxis », pp. 275-298, dans : *Pädagogische Rundschau* 34, 1980, fascicule 4/5.
[13]. < « La foi en ce qui est cru » à la différence de « la foi par laquelle on croit » >.

étaient liés dans la pure façon de se comporter vis-à-vis d'autrui, se dissocient, le savoir et la foi s'opposent alors également l'un à l'autre. Si l'on réussit à concilier de nouveau ces oppositions, à hisser la contradiction apparente au niveau de la naïveté transmise et de la nouvelle union avec Dieu, alors la formation religieuse est parvenue à son but provisoire, car « devenir des enfants de Dieu », c'est le but d'une histoire de l'évolution religieuse ainsi décrite.

Edith Stein a vécu le stade dont nous venons de parler : celui du caractère religieux primaire ou encore de la naïveté au sein d'un foyer familial ou plutôt, dans une « cellule maternelle » imprégnée de religion juive, car, ainsi que nous le savons par son autobiographie, à peine âgée de deux ans, elle avait perdu son père, et tous les soucis ainsi que le bien-être physique et moral de la famille reposaient sur sa mère, une *mulier fortis*, comparable aux grandes figures féminines de l'Ancien Testament. Sa mère constituait au sein de la famille « le principe formateur fondamental dans l'évolution d'Edith Stein », le « centre de gravité qui donnait force et chaleur à l'enfant qui grandissait (et à sa fratrie)[14] ». Les mœurs et la morale pratiqués dans la maison Stein et représentés dans la personne de la mère étaient — considérés d'un point de vue purement extérieur — déterminés par une coutume religieuse au sein de laquelle la pensée et le faire n'étaient pas encore dissociés —, mais en dernière instance ce comportement s'enracinait dans une foi inébranlable en Dieu qui pratique la justice et la miséricorde avec l'être humain. Parmi les jours de fête juive, qui étaient encore respectés sous l'influence de la mère dans la famille Stein, Edith grandissante aimait particulièrement la fête du Grand pardon, que sa mère avait toujours considérée comme l'anniversaire à proprement parler de sa fille, ce qui lui avait rendu son plus jeune enfant « particulièrement cher[15] ».

---

14. Herbstrith, W., *Das wahre Gesicht Edith Stein*, p. 13 *sq.*, Munich, [4]1980.
15. Voir Stein, Edith, *Aus dem Leben einer jüdischen Familie*, *ESW* VII, p. 41 *sq.*, éd. par Mme le Dr Gelber et P. Fr. Romaeus Leuven ocd, Louvain et Fribourg-en-Brisgau, 1965 (= *Vie d'une famille juive*, trad.. C. et J. Rastoin, Ad Solem-Cerf, 2001).

*Edith Stein étudiante à Göttingen en 1913.*

Quoi que ce soit qui puisse y avoir contribué — que ce soit la manière en partie libérale des cercles juifs à l'époque ou que ce soit l'attitude d'indifférence de sa fratrie —, Edith Stein prit à l'âge de quinze ans de plus en plus de recul avec la foi de son enfance. Cela ne se produisit pas par pure indifférence, mais en raison d'une négation consciente et délibérée. Ainsi écrit-elle : « Je me suis alors déshabituée tout à fait consciemment et par une libre décision à prier également[16]. » En contrepartie, elle se consacra avec beaucoup de zèle dans les dernières années de sa scolarité aux sciences de l'esprit. « Dans les écrits philosophiques de Schiller », avoue-t-elle elle-même, « je trouvai la conception du monde, qui me convenait[17]. » L'être humain est l'être qui veut la liberté. La culture et l'art en particulier doivent aider l'être humain à accéder à cette liberté[18]. De telles idées et d'autres semblables traversent tel un fil directeur les écrits théoriques et les poèmes philosophiques de Schiller. Il n'est donc pas surprenant qu'une jeune personne de l'étoffe d'Edith Stein ait pu s'y trouver confirmée dans ses aspirations.

Ce qui fut déterminant pour la poursuite de cette voie intellectuelle d'Edith Stein fut la rencontre de la jeune étudiante avec l'école phénoménologique de Göttingen, avec Edmund Husserl notamment. Du point de vue de l'histoire de la philosophie, la philosophie phénoménologique s'orientait contre la philosophie de la conscience du néo-kantisme et avait pour devise « le retour aux choses elles-mêmes ». Le monde avec toutes ses données se présente alors à son regard. Le slogan « le retour aux choses elles-mêmes » ne doit certes pas conduire à la conception erronée selon laquelle la phénoménologie n'aurait à faire qu'avec les choses et les processus concrets et appréhendables. Il s'agit ce faisant plutôt de données de la conscience[19]. Edith Stein a défini la façon de procéder de la phénoménologie tant dans sa thèse que dans son cours magistral

---

16. Stein, Edith, *Aus dem Leben einer jüdischen Familie*, ESW VII.
17. *Idem, ibidem*, p. 108.
18. Voir rubrique « Schiller », dans : *Philosophisches Wörterbuch*, p. 376, éd. par Georgi Schischkoff, KTA, vol. 13, Stuttgart, [19]1974.
19. Voir à ce sujet Danner, Helmut, *Methoden geisteswissenschaflicher Pädagogik*, p. 113, UTB 947, Munich-Bâle, 1979.

prononcé à Münster sur « la construction de la personne humaine ». Je cite à partir de cet écrit : ainsi, il s'agit avant tout « d'envisager les choses elles-mêmes ». C'est pourquoi la phénoménologie peut également affirmer qu'elle a l'expérience pour point de départ. « Ne pas interroger les théories sur les choses, écarter autant que possible tout ce que l'on a entendu, lu, s'est déjà reconstruit soi-même, mais appréhender les choses avec un regard impartial et puiser à l'intuition immédiate[20]. » Nous pouvons ajouter ici que même le savoir que la religion nous a inculqué, que la tradition nous a transmis, doit être mis entre parenthèses. La phénoménologie se met à l'œuvre sans présupposé ; c'est un fait qui sera significatif pour les travaux ultérieurs d'Edith Stein également — quoique pour ainsi dire avec des signes précurseurs inverses. Dans le cadre de ses discussions anthropologiques, Edith Stein décrit la façon de procéder de la phénoménologie en ces termes : « Si nous voulons savoir ce qu'est l'être humain, nous devons nous mettre le plus possible de façon vivante dans la situation dans laquelle nous appréhendons l'existence humaine : c'est-à-dire ce que nous appréhendons en nous-mêmes et ce que nous appréhendons dans la rencontre avec d'autres êtres humains[21]. » Husserl dans sa dernière période parlerait dans ce contexte du « monde vivant » de l'être humain dans lequel nous avons à nous plonger[22]. Edith Stein concède elle-même que sa formulation a un « fort accent d'empirisme », mais assure aussitôt qu'il ne saurait s'agir de cela, étant donné que l'on n'entend par là « que la perception et l'expérience des choses particulières »[23]. La phénoménologie est un procédé qui oriente son regard vers l'essentiel ou plutôt le fait voir. « La vision » signifie dans la phénoménologie davantage qu'une perception sensible, « il y a une intuition de ce qu'une chose est selon son essence et de ce qu'elle est selon son essence générale. [...] L'acte dans lequel l'essence est

---

20. *ESW* XVI, p. 51.
21. *ESW* XVI, p. 51.
22. Voir Husserl, Edmund, *Die Krisis der europäischen Wissenschaften und die transzendentale Phänomenologie*. HUSSERLIANA, vol. VI, éd. par Walter Biemel, Den Haag, 1954.
23. *ESW* XVI, p. 51.

appréhendée est une intuition intellectuelle[24] » lors de laquelle la structure d'une chose, l'invariant d'une chose nous sont donnés. Eu égard à ce procédé, Husserl parle d'intuition. Nous ne pourrions — écrit Edith Stein — « parler d'êtres humains, d'animaux, de plantes si nous n'appréhendions dans chaque ceci que nous appréhendons ici et maintenant quelque chose de général que nous désignons par un nom général [25]».

Cette brève digression sur l'histoire de la science était nécessaire pour expliciter dans quelle voie intellectuelle Edith Stein s'était engagée lors de son étude de la phénoménologie. Pour comprendre ce que nous allons développer ci-après, il est peut-être encore important de garder présent à l'esprit que le champ d'investigation de la phénoménologie est universel : « Elle examine tout étant, c'est-à-dire tout ce qui est ; elle examine le "monde" [26].» La phénoménologie — selon Eugen Fink — n'est pas une science régionale, elle n'a pas trait à un domaine du monde, mais elle a en tant que philosophie « le monde dans sa complétude pour objet [...][27] », et « au monde dans sa complétude » ressortissent sans nul doute les phénomènes religieux également.

## II.

C'est à l'occasion d'une rencontre avec Max Scheler à Göttingen qu'Edith Stein se retrouva confrontée pour la première fois avec le monde des phénomènes religieux, quoique un monde totalement différent de celui dans lequel elle avait vécu enfant. Ainsi qu'elle le rapporte elle-même, Max Scheler était à cette époque « entièrement empli d'idées catholiques ». Chez Max Scheler à qui nous sommes redevables de vues très importantes sur le monde des valeurs et

---

24. *Ibidem*, p. 51.
25. *Ibid.*, p. 52.
26. Danner, Helmut, *Methoden geisteswissenschaflicher Pädagogik*, p. 118, UTB 947, Munich/Bâle, 1979.
27. Fink, Eugen, *Die phänomenologie Husserls...* cité d'après Danner Helmut, *op. cit.*, p. 118.

phénomènes religieux[28] on trouve cette parole lapidaire selon laquelle « tout esprit fini [...] croit soit en Dieu soit en une idole [29] », et à un autre endroit il écrit que « La sphère d'un être absolu en général, qu'elle soit ou non accessible au vécu ou au connaître, ressortit "de façon tout aussi constitutive à l'essence de l'être humain", comme sa conscience de soi et sa conscience du monde [30]. » La conscience de soi et la conscience du monde se constituent dans l'acte de la connaissance de l'être propre et des choses du monde, la conscience de Dieu dans l'acte de la foi religieuse, en ce que pour le premier Scheler c'est une chose convenue que « l'objet des actes religieux [...] est en même temps la cause de leur existence, ou bien, en d'autres termes, que « toute connaissance de Dieu est nécessairement en même temps connaissance par Dieu[31]. » — Edith Stein se trouva confrontée — comme elle l'écrit elle-même à propos de sa rencontre avec Max Scheler — « à un monde entièrement inconnu jusque-là » qui certes « ne la conduisit pas encore à la foi », mais qui lui fraya la voie à un domaine de phénomènes qu'elle « ne pouvait plus continuer à ignorer ». Ce fut le fruit de l'école phénoménologique de Göttingen, non une attitude religieuse foncière, qui se fit perceptible ici, l'attitude philosophique fondamentale consistant « à envisager toutes les choses sans préjugés ». « Les barrières des préjugés rationalistes dans lesquels j'avais grandi sans le savoir, écrit Edith Stein sur elle-même, tombèrent et l'univers de la foi apparut soudain devant moi [32]. » Certes, à ce moment-là, il ne s'était encore produit chez Edith Stein aucun éveil religieux, aucune métanoïa ;

---

28. À l'époque de sa présence à Göttingen — l'année 1913 —, Max Scheler était fortement influencé par la pensée chrétienne dont il se détourna tout à fait consciemment et délibérément quelques années plus tard (voir à ce sujet la préface à la 3e édition de son ouvrage intitulé *Formalisme* paru en 1926).
29. M. Scheler, « Probleme der Religion », p. 261, dans : *Vom ewigen im Menschen*, *Gesammelte Werke*, vol. 5, éd. par Maria Scheler, Bern et Munich, ²1968.
30. M. Scheler, *Die Stellung des Menschen im Kosmos*, p. 68, dans : *Späte Schriften*, *Gesammelte Werke*, vol. 9, avec un appendice, éd. par M. S. Frings, Bern et Munich,1976.
31. M. Scheler, « Probleme der Religion », p. 255, dans : *Vom ewigen im Menschen*, *Gesammelte Werke*, vol. 5, éd. par Maria Scheler, Bern et Munich, ²1968.
32. *ESW* VII, p. 182 sq. (= *Vie d'une famille juive*, trad. par C. et J. Rastoin, p. 307).

elle était simplement parvenue par une voie intellectuelle à l'idée selon laquelle même les phénomènes religieux « méritaient au moins une première réflexion ».

Le contact suivant avec le monde de la foi chrétienne s'effectua de façon émotionnelle ; la Croix irradia de sa lumière sa vie pour la première fois. Adolf Reinach, l'une des figures de proue de l'école phénoménologique de Göttingen, était tombé en novembre 1917 au front Ouest. Edith Stein fut chargée par Husserl de se rendre auprès de sa veuve pour l'aider à classer le *Nachlass* de son époux. Contre toute attente, elle ne trouva pas Mme Reinach dans un état psychique de désolation, elle rencontra une femme qui « par sa foi inébranlable en un Dieu d'amour consola l'amie de son époux davantage qu'elle n'eut elle-même besoin de consolation[33] ». Que le « phénomène » de la Croix, qu'elle put ainsi appréhender *de visu*, doive être considéré comme l'élément déclenchant de sa conversion à l'Église catholique, on ne peut le dire avec certitude ; mais, comme sœur Renata, sa future maîtresse des novices, le rapporte de manière sûre, l'impression suscitée par cet événement d'un être humain s'abandonnant à la volonté de Dieu et mis à l'épreuve par la souffrance fut pour elle ineffaçable. Il est certain que pour « un intellect habitué à une pensée déductive », une conversion religieuse était aussi une « affaire d'entendement[34] » ; en tant que disciple d'Edmund Husserl, Edith Stein avait en effet appris à scruter les phénomènes et non à les réinterpréter[35]. Si l'on suit les expositions biographiques spécialisées, ce fut la biographie de sainte Thérèse d'Avila, qui aurait véritablement déclenché sa conversion à la foi catholique[36]. En dernière instance, nous n'apprendrons jamais les raisons véritables qui ont poussé Edith Stein dans cette situation

---

33. J. M., Österreicher, *Walls are crumbling. Seven Jewish Philosophers discover Christ*, cité d'après H. Graef : *Leben unter dem Kreuz. Eine Studie über Edith Stein*, p. 37, Francfort-sur-le-Main, 1954.
34. *Idem, ibidem*.
35. *Id., ibid.*, p. 51.
36. Voir W. Herbstrith, « Edith Stein — eine Provokation an uns. Der geistige Weg (Edith Steins) », pp. 15-42, dans : *Edith Stein, eine große Glaubenszeugin, Leben — Neue Dokumente —Philosophie*, éd. par W. Herbstrith, Annweiler o.j., 1986.

limite à prendre une telle décision existentielle. Lorsqu'on l'interrogea plus tard une fois à ce sujet, on dit qu'elle répondit : « *Secretum meum mihi* — mon secret m'appartient[37]. » Une chose est sûre en tout cas : s'il se produit quelque chose comme l'irruption de la grâce dans ce monde, sur laquelle compte la personne croyante, on peut dire que cela se produisit de façon extraordinaire dans la vie d'Edith Stein. Par sa vie, par sa propre confession de foi et par sa mort propitiatoire, elle est devenue à sa manière un témoin de la foi.

Les pas suivants, qui furent liés pour Edith Stein à sa décision, ne furent pas seulement de nature pratique ; elle chercha aussi par de nouvelles voies intellectuelles « à s'enraciner dans le monde vraiment catholique[38] », conciliant désormais la foi avec son savoir nouvellement acquis. Dans un sens religieux, elle s'était certes dépouillée du « vieil homme », mais n'avait pas mis un terme à sa quête philosophique fondamentale. C'est pourquoi il n'est guère surprenant qu'elle cherchât très vite à élaborer les « fondements conceptuels » de son nouveau monde, et il était presque évident pour elle de se plonger en premier lieu dans les écrits de saint Thomas d'Aquin. « Saint Thomas — ainsi qu'elle le relate elle-même — trouva une élève pleine de vénération et de bonne volonté — mais son entendement n'était pas une *tabula rasa*. [...] Les deux mondes philosophiques qui s'y rencontraient exigeaient une discussion[39]. »

C'est en premier lieu la traduction des *Questiones disputatae de veritate* de saint Thomas qui documente la première confrontation d'Edith Stein avec la philosophie thomiste[40]. Martin Grabmann, l'un des experts les plus connus de Thomas à cette époque, atteste qu'elle a, sans avoir pour autant effacé la spécificité de la philosophie thomiste, conféré à la philosophie de saint Thomas une enveloppe langagière moderne[41]. Mais il s'engagea rapidement un débat qui

---

37. M. Paulus, *Edith Stein. Teresia Benedicta a Cruce, Leben und Werk*, p. 17, Zurich, 1960.
38. E. Stein, préface à *Endliches und Ewiges Sein* (*Être fini et être éternel*), p. VIII, dans : *ESW* II, éd. par Mme le Dr L. Gelber et P. Fr. Romaeus Leuven ocd, Louvain et Fribourg-en-Brisgau, 1950.
39. *Idem, ibidem*.
40. Voir *ESW* IV.
41. Préface à la traduction d'Edith Stein *De veritate*, *ESW* III, p. 517.

n'est pas définitivement tranché sur la question de savoir si la phénoménologue Edith Stein avait non seulement traduit mais aussi interprété Thomas à partir d'idées préconçues. Ainsi, par exemple, dans son livre intitulé *Wahrheit der Dinge* (*La vérité des choses*), Josef Pieper écrit ceci : « Le lecteur qui n'a pas connaissance du texte original et qui a en main la seule traduction allemande des *Quaestiones disputatae* est en mauvaise posture parce que la traductrice, Edith Stein, la disciple de Husserl, a complètement manqué l'essentiel du premier article qui était précisément l'article fondamental, et ce, non dans ses explications, mais dans la traduction elle-même[42]. »

En quoi consistait la difficulté véritable qui se posa à Edith Stein lors de son appropriation de la philosophie thomiste ? — Je suppose que celle-ci résidait moins dans la différence des méthodes logiques ou plutôt des modes d'argumentation des deux systèmes philosophiques que dans les faits aggravants que la phénoménologie d'Edmund Husserl se met à la tâche sans présupposé, tandis que Thomas d'Aquin confère le droit à la foi et à la science de la foi « de concevoir le cadre général conceptuel dans lequel tout le savoir philosophique doit s'insérer : "Ce qui dans les autres sciences s'avère être en contradiction avec la théologie, doit être rejeté comme faux" ! (Voir Thomas I, 1, 6 ad 2)[43]. » « Contre le *Sed hoc est contra fidem* — mais cela contredit la foi, il n'y a plus d'argument [44]! »

Edith Stein esquisse les différences et les traits communs de la philosophie scolastique et de la phénoménologie entre autres dans son étude intitulée « La phénoménologie d'Edmund Husserl et la philosophie de saint Thomas d'Aquin ». Cette étude parut en 1929 dans le complément au *Jahrbuch für Philosophie und Phenomenologische Forschung* (Annuaire de philosophie et de recherche phénoménologique), annuaire conçu comme volume en hommage à Edmund Husserl à l'occasion de son soixante-dixième anniversaire.

---

42. *Ibidem*, note 48, p. 126.
43. J. Hirschberger, *Geschichte der Philosophie* (*Histoire de la philosophie*), vol. 1 : *Altertum und Mittelalter* (*Antiquité et Moyen Âge*).
44. H. Graef, *Leben unter dem Kreuz. Eine Studie über Edith Stein*, p. 67, Francfort-sur-le-Main, 1954.

— Ce n'est pas le lieu ici de retracer les investigations subtiles de cette étude. Nous allons nous borner ici à faire mention de quelques aspects essentiels qui montrent clairement vers quelles voies la pensée d'Edith Stein va s'orienter dans l'époque qui suit : ainsi, dans sa confrontation avec la philosophie chrétienne, la *philosophia perennis*, Edith Stein constate que Dieu peut faire accéder au savoir ou plutôt à la vérité par différentes voies et que des limites sont tracées à maints égards quant à l'accès à la vérité : « La connaissance naturelle n'est qu'une voie [...] Mais tout ce qui lui est accessible n'est pas accessible de façon générale à notre esprit en vertu de sa structure originelle. Il est en devenir dans le cheminement de cette vie, mais un jour il arrive au but, il arrive dans la patrie céleste[45]. » La vérité à laquelle l'être humain accède une fois parvenu au but se distingue — selon la qualité, l'ampleur et le mode — de la connaissance dont il est capable quand il est *in via* : « Une fois parvenu au but, il saisit tout ce qui est saisissable pour lui (pas tous les abysses de la vérité divine que Dieu seul saisit totalement), et cela, en contemplant tout dans une intuition éternelle. Certaines choses qu'il contemple alors [...] lui sont déjà transmises par révélation pendant son existence terrestre ; il les saisit dans la foi qui est pendant son pèlerinage terrestre une seconde voie, parallèlement à la connaissance naturelle, pour accéder au savoir. Nous connaissons d'une autre manière tant ce que nous connaissons quand nous sommes *in via* que ce que nous croyons quand nous sommes *in via*[46]. » N'est une « affaire de foi » que ce qui n'est pas accessible à la raison naturelle selon sa possibilité. « Mais certaines choses qui pourraient être connues par la voie cognitive par quelques-uns seulement ou pas avec suffisamment de certitude sont transmises par révélation[47]. » Edith Stein étaye dans un autre passage encore la nécessité et l'importance de la science de la foi en

---

45. E. Stein, « Husserls Phänomenologie und die Philosophie des hl. Thomas von Aquin », dans : *Festschrift, Edmund Husserl zum 70. Geburtstag gewidmet*. Ergänzungsband zum *Jahrbuch für Philosophie und Phenomenologische Forschung*, Halle-sur-la-Saale, p. 318, 1929.
46. *Idem, ibidem*.
47. E. Stein, « Husserls Phänomenologie und die Philosophie des hl. Thomas von Aquin », p. 319.

ces termes : « Ce qui [...] est nécessaire au salut doit être accessible à tous et ne doit point dépendre de l'état de la recherche humaine[48]. »

L'idée selon laquelle une science pourrait compléter, voire corriger la connaissance acquise sur la base de la raison naturelle à partir de la foi est, à vrai dire, étrangère à Husserl. Il n'est cependant pas du tout exclu par là pour le phénoménologue qu'il y ait une expérience spécifiquement religieuse qui se constitue à partir de la corrélation entre la sphère de l'acte religieux et celle de l'objet religieux. Pour le premier Scheler également —ainsi que nous venons de le voir — une expérience religieuse se réalise à partir de cette corrélation même si, à la différence de l'idéalisme transcendantal de Husserl, Scheler part de la réalité de Dieu et considère l'idée de Dieu dans l'être humain comme étant la condition préalable nécessaire de la corrélation entre la sphère de l'acte religieux et celle de l'objet religieux. En ce qui concerne Husserl, l'expérience religieuse est pour lui « l'instance compétente dans le domaine religieux comme les sens dans le domaine de l'expérience sensible[49] », et la foi est par là même la seule instance compétente dans le domaine de la religion, mais ne l'est point pour les problématiques philosophiques ! Pour Thomas en revanche, « la foi a voix au chapitre y compris dans les questions épistémologiques fondamentales[50] ». Il n'est donc guère étonnant qu'après son étude de Thomas, Edith Stein ait elle aussi accordé une importante voix au chapitre à la théologie dans les questions ayant trait à l'anthropologie et à l'éducation[51] ; car, d'après Thomas — c'est là l'interprétation d'Edith Stein — la foi n'est pas quelque chose d'irrationnel, mais au contraire, par-delà les possibilités de la raison naturelle, « une voie pour accéder à la vérité » : en premier lieu, la voie vers des vérités qui nous seraient sinon inaccessibles, et, en second lieu, la voie la plus sûre pour accéder à la vérité, car

---

48. *ESW* XVI, p. 195.
49. E. Stein, « Husserls Phänomenologie und die Philosophie des hl. Thomas von Aquin », p. 319.
50. *Idem, ibidem.*
51. Voir à ce sujet : E. Stein, *Was ist der Mensch ? Eine theologische Anthropologie*, *ESW* XVII, éd. par L. Gelber et M. Linssen ocd, Fribourg-en-Brisgau-Bâle-Vienne, 1994.

il n'y a pas de plus grande certitude que celle de la foi, et même mieux encore : il n'y a pour l'être humain *in statu viae* aucune connaissance de même certitude, comme elle est propre à la foi, bien que ce soit une certitude incompréhensible »[52]. Selon Edith Stein, la foi a par là eu égard à la philosophie une « double signification » : en premier lieu, la philosophie — comme la science tout court[53] — se situe dans une « dépendance matérielle » vis-à-vis de la foi ; car « Si la foi donne accès à des vérités qui ne peuvent être atteintes par un autre moyen, la philosophie ne peut alors renoncer aux vérités de la foi, [...] parce que lors de la connexion organique de toute vérité, chaque composante partielle peut être envisagée faussement si la liaison avec la foi est coupée[54]. » La seconde signification de la foi pour la philosophie comme pour la science tout court consiste, selon l'interprétation que livre Edith Stein de Thomas, dans leur dépendance « formelle » : « Si le plus haut degré de certitude que l'esprit humain puisse atteindre est propre à la foi et si la philosophie a la prétention de livrer le plus haut degré de certitude, elle doit alors s'approprier la certitude de la foi », ce qui veut dire qu'« elle doit mesurer toutes les autres vérités à l'aune de ces vérités en tant que critères ultimes[55] ». La raison « surnaturelle » et la raison « naturelle » présentent un rapport de dépendance analogue à celui qui existe entre la foi et la philosophie : « La raison naturelle » n'est même pas en mesure de se fixer elle-même des limites, seule le peut la « raison surnaturelle » à laquelle il incombe en outre de vérifier « les vérités particulières qui sont acquises par le biais de la raison naturelle ». La raison surnaturelle a en effet la tâche de « préserver la raison naturelle de l'erreur » et de « compléter matériellement » ses vérités[56].

---

52. E. Stein, « Husserls Phänomenologie und die Philosophie des hl. Thomas von Aquin », p. 330.
53. Voir *ESW* XVII, préface, p. 13.
54. E. Stein, « Husserls Phänomenologie und die Philosophie des hl. Thomas von Aquin », p. 330.
55. *Idem, ibidem*, p. 320.
56. *Id., ibid.*, p. 320 *sq.* — Dans sa préface à *ESW* XVII, Edith Stein se réfère dans ce contexte à l'article 1799 chez Denzinger-Bannwart : *Enchidirion symbolorum*, 1928.

En nous situant d'un point de vue critique à partir de notre perspective actuelle, nous devons faire remarquer ceci à propos des développements d'Edith Stein sur le rapport de la science et de la foi : la dépendance qu'elle constate à la suite de Thomas n'est même plus soutenue par la Congrégation pour la doctrine de la foi de l'Église catholique ; car dans la constitution pastorale *Gaudium et spes* du concile Vatican II, il est dit entre autres — sans nul doute par allusion à ce qui vient d'être indiqué ci-dessus — que « l'on doit déplorer certaines attitudes spirituelles qui se produisirent aussi chez les chrétiens en raison d'une compréhension insuffisante de la légitime autonomie des sciences[57] ».

Mais même si le rapport entre la science et la foi est vu de nos jours différemment, la façon dont Edith Stein chercha à concilier dans sa vie le savoir et la foi, ainsi que la façon dont elle les représenta en vérité par l'accord entre sa pensée et ses actes, sont cependant déterminantes en ce qui concerne sa personne. La vérité trouvée par la voie théorique est en effet devenue pour Edith Stein une vérité existentielle dans sa réconciliation avec la foi. Edith Stein s'est non seulement efforcée d'inculquer cette vérité dans son enseignement, mais elle a aussi vécu selon cette vérité jusque dans ses conséquences ultimes, et elle a volontairement assumé son destin, auquel elle fut livrée par la folie raciste des nationaux-socialistes qui détenaient le pouvoir, devenant ainsi victime propitiatoire pour son « ordre saint », pour ses proches, pour le peuple juif auquel elle appartenait, et enfin, pour « le salut de l'Allemagne » également[58].

Comme nous l'avons déjà vu, saint Thomas trouva en Edith Stein « une élève pleine de vénération et de bonne volonté », ce qui ne pouvait cependant exclure le fait qu'elle se colletât de manière tout à fait critique à la pensée de l'Aquinate. Ainsi, Josef Stallmach est convaincu que le fait de suivre les « voies conceptuelles de Thomas d'Aquin » ne voulait nullement dire qu'elle « renonçât à sa propre

---

57. K. Rahner, H. Vorgrimler (éd.), *Kleines Konzilkompendium*, p. 482, Herderbücherei, vol. 270, Fribourg-en-Brisgau/Bâle, Vienne, 1975.
58. Voir P. Fr. Romaeus Leuven, *Heil im Unheil. Das Leben Edith Steins : Reife und Vollendung*, parus dans *ESW* X, p. 148 *sq.*, éd. par Mme le Dr Gelber et P. Fr. Romaeus Leuven ocd, Druten-Fribourg-en-Brisgau-Bâle-Vienne, 1983.

pensée dont elle s'était empreinte. » « [...] Si la pensée d'Edith Stein — écrit Stallmach — s'oppose à celle de Thomas d'Aquin, elle reste néanmoins en accord intérieur avec la pensée de ce grand second maître ; car, en philosophie, il ne s'agit pas selon lui de penser ce que d'autres ont pensé, mais de discerner ce qu'il en est de la vérité des choses[59]. »

Pour Hedwig Conrad-Martius, qui appartenait elle aussi à l'école phénoménologique de Göttingen, l'ouverture d'Edith Stein à d'autres formes de pensée issues de la tradition chrétienne n'était pas une surprise, elle souligne même la parenté entre la phénoménologie et le monde conceptuel catholique. Eu égard à cela, elle cite et commente ainsi les développements de Peter Wust sur « l'essence de la communauté de tous les véritables phénoménologues » : « L'ouverture propre à cette école » poussa beaucoup de jeunes phénoménologues à « aller plus loin vers les choses, vers les états de choses, vers l'être lui-même, voire vers l'*habitus* de la personne catholique à laquelle rien ne convient mieux que de mesurer constamment l'esprit connaissant aux choses normatives ». Et la protestante Conrad-Martius, au demeurant marraine de baptême d'Edith Stein, commente : « Si l'on définit de la sorte ce qui est catholique, tous les phénoménologues pourraient à vrai dire être qualifiés de catholiques, même s'ils ne le sont pas sur le plan confessionnel[60]. » Mais que les rapports soient aussi simples, cela requiert pour le déterminer une discussion et un examen plus exhaustifs encore...

Évidente est en tout cas, dans l'époque qui suit, la tentative d'Edith Stein de réconcilier entre elles la théologie et la philosophie, que ce soit dans son essai d'un fondement anthropologique de la pédagogie[61] ou encore dans son ambitieuse doctrine de l'être *Endliches und ewiges Sein* (Être fini et éternel »). Ainsi, Edith Stein n'hésite aucunement à rappeler des vérités de la foi au cours de

---

59. J. Stallmach, « Das Werk Edith Steins im Spannungsfeld von Wissen und Glauben », p. 49, dans : *Rhein-Pfälzische Schulblätter*, décembre 1967.
60. H. Conrad-Martius, *Postface aux lettres d'Edith Stein à Hedwig Conrad-Martius*, p. 63, Munich, 1960.
61. Voir *ESW* XVI et XVII.

ses investigations anthropologiques pour « vérifier par elles » les résultats de l'anthropologie « ou pour voir comment y est résolu ce qui ne l'est pas sur le plan philosophique : « L'être humain est créé par Dieu et avec le premier être humain toute l'humanité en tant qu'origine unique et en tant que communauté potentielle. L'être humain est créé à l'image de Dieu. L'être humain est libre et responsable de ce qu'il advient de lui[62]. » — En ce qui concerne la doctrine de l'être d'Edith Stein, on pourrait y voir « une synthèse entre Thomas et Husserl » ou du moins supposer l'intention sous-jacente d'avoir « écrit en vue de parvenir à une telle synthèse[63] ». Une chose est sûre en tout cas : dans la doctrine de l'être présentée par Edith Stein, des idées issues de la philosophie antique comme des idées de l'Aquinate et de Duns Scot sont associées à la philosophie moderne, surtout à la philosophie d'Edmund Husserl, mais aussi à celle de Alexander Pfänder, et cela, dans un « entrelacs » magistral[64]. Dans cette œuvre, elle conçoit l'âme comme « le milieu ontologique » de l'être humain. Cela veut dire ceci : elle est en premier lieu une « entité spirituelle[65] », mais, d'autre part, elle est « liée par nature à la matière », elle est « la forme du corps » (*forma corporis*). C'est l'élément spirituel « qui émeut l'âme en profondeur », tandis qu'elle pénètre et façonne le corps dans une autre « direction », l'anime et, partant, lui donne vie. L'âme de l'être humain est subséquemment à la fois une entité façonnée et façonnante. Mais le corps et l'âme ne sont pas parachevés d'entrée de jeu, ils requièrent le « façonnement » par l'éducation également ou encore la culture (*Bildung*[66]), enfin par le

---

62. *ESW* XVI, p. 194.
63. H. Conrad-Martius, *Postface aux lettres d'Edith Stein à Hedwig Conrad-Martius*, p. 68, Munich, 1960.
64. *Idem, ibidem*, p. 69.
65. *ESW* XI, p. 393.
66. < Note de la traductrice : Notons qu'à la différence de l'anglais ou du français qui n'ont que le terme « education/éducation » et l'utilisent dans un sens extensif, l'allemand a la particularité d'avoir deux termes : *Bildung* et *Erziehung*. Le terme *Bildung* a les trois sens suivants : formation, instruction/culture et éducation. Il veut donc dire à la fois le savoir et les compétences acquises en différents domaines (y compris la maîtrise des convenances sociales) et le processus par lequel un être humain acquiert ce savoir et ces compétences par l'éducation (*Erziehung*) et par la formation (*Ausbildung*). Mais le concept de *Bildung* peut également signifier la façon dont un individu parachève

« façonnement de soi » ou par le « façonnement libre », c'est l'auto-éducation. Non seulement le corps mais surtout l'âme requièrent donc ce façonnement : « L'être humain est une personne spirituelle parce qu'il se tient librement non seulement face à son corps mais aussi face à son âme, et ce n'est que dans la mesure où il a un pouvoir sur son âme qu'il en a un sur son corps[67]. » Dans ses investigations anthropologiques, Edith Stein parvient en continuant à s'inspirer de la psychologie thomiste au résultat selon lequel le domaine spirituel de l'être humain englobe l'esprit et la faculté sensitive, et que c'est la raison pour laquelle les facultés spirituelles doivent être réparties selon la faculté cognitive et selon la faculté appétitive, mais que, ce faisant, l'entendement s'élève au-dessus des sens et la volition au-dessus de l'appétition[68]. Ces facultés correspondent aux « parties de l'âme » : la cognition et la volition se distinguent l'une de l'autre essentiellement par le fait que la volition vise toujours un changement concret de la réalité, tandis qu'il s'agit dans l'acte cognitif de participation intellective, par quoi aucun changement n'est cependant effectué dans le connu. Mais en tout cas ces deux facultés sont orientées vers un domaine d'être qui se trouve en dehors de l'être humain (dans l'acte de l'autoréflexion, elles sont certes orientées vers le propre Moi) et qu'Edith Stein désigne par l'expression « ordre ontologique objectif » ou encore domaine de l'« esprit objectif ». L'un et l'autre, l'esprit objectif et l'esprit subjectif, se situent dans un rapport de subordination l'un envers l'autre, que l'on pourrait caractériser par un terme de phénoménologie en tant que corrélation de la personne et du monde. La forme décrite ici

---

ses dispositions naturelles, se forme sur le plan spirituel et, partant, accède au monde des valeurs. Il s'agit alors d'une formation intérieure (*innere Bildung*). — Sur l'origine du terme *Bildung* et sur l'histoire de ses différentes acceptions, nous nous permettons de renvoyer le lecteur à une notice que nous avons rédigée sur ce terme (Annexe D, pp. 481-482) pour le volume d'Edith Stein intitulé *La femme*, volume introduit, traduit et annoté par nos soins (Éditions du Cerf-Ad Solem-Éditions du Carmel, Paris, 2008). >

67. *ESW* XI, p. 394.
68. E. Stein, « Probleme der Frauenbildung », p. 182, dans : *Die Frau. Ihre Aufgabe nach Natur und Gnade*, *ESW* V, éd. par Mme le Dr L. Gelber et P. Fr. Romaeus Leuven ocd, Louvain et Fribourg-en-Brisgau,1955.

de la participation intellective de l'âme à un autre étant se laisserait décrire par un autre terme, à savoir en tant que la connaissance qu'a l'âme d'un autre étant. Pour Edith Stein, il est sûr que l'esprit humain ne peut croître que s'il participe aux biens du monde spirituel et intellectuel sous la forme du savoir, de même que le corps requiert la nourriture pour sa croissance. L'esprit humain ne peut s'épanouir complètement « s'il n'entre pas en contact avec la diversité des biens culturels[69] ». Dans une interprétation encore plus substantielle de la connaissance, Edith Stein dit dans un autre passage que tout enseignement — surtout bien sûr l'enseignement de la doctrine de la foi — vise à « inciter l'âme » « à "entrer en elle-même" et à affronter sa vie de l'intérieur[70] ».

Il est apparu jusqu'ici que l'âme de l'être humain remplit une double mission, à savoir celle de l'auto-façonnement et celle du façonnement du corps. Mais il vient s'y ajouter une troisième mission, laquelle est par essence spécifique à l'âme humaine, c'est celle de la « montée de l'âme » « au-dessus d'elle-même pour s'unir à Dieu[71] ». — Nous avons ici encore une fois en mémoire la thèse de Scheler, selon laquelle la conscience de Dieu ressortit de manière pareillement inconditionnelle à l'essence de l'être humain que la conscience de Soi et la conscience du monde. Chez Edith Stein, cela revêt cependant une signification théologique encore plus poussée : de même que l'âme et l'esprit ont besoin d'un point de vue cognitif des biens spirituels et intellectuels pour se constituer, de même ils ont besoin d'un point de vue religieux de se tourner vers le divin pour « vivre ». L'âme n'est pas elle-même « une source jaillissante qui engendre la vie à partir d'elle-même. […] Cette source qui donne la vie ou éveille la vie est l'âme du Christ parce qu'elle porte en elle la plénitude de la vie divine[72] », c'est-à-dire ce qui nous échoit dans l'acte de foi par conséquent.

Dans l'ontologie de grande envergure d'Edith Stein, les frontières entre la raison naturelle et surnaturelle, entre la philosophie et la

---

69. *Idem, ibidem*, p. 168.
70. *ESW* XI, p. 405.
71. *Ibidem*, p. 324.
72. *ESW* XI, p. 324.

foi par révélation sont, à vrai dire, fluctuantes. Il se pose de ce fait la question de savoir s'il s'agit réellement encore de philosophie au sens strict du terme ou bien s'il s'agirait là d'une « doctrine de sagesse chrétienne » qu'Edith Stein briguait et à laquelle elle attribua le nom de « philosophie chrétienne ».

Quelle que soit la façon dont on doit évaluer sur le plan épistémologique son œuvre majeure, il faut dire de manière positive que chez Edith Stein la science est devenue une affaire de *conscience*. Dans sa personne, dans la vérité qu'elle a vécue, sont en effet sursumés d'une part la foi et le savoir, mais aussi le judaïsme et le christianisme, la synagogue et l'*ecclesia*. J'entends ce faisant le verbe *aufheben* à la suite de Hegel dans la triple signification de ramasser, de délimiter selon la revendication du sens et de conserver. — Prenant son point de départ dans la truculence du judaïsme, dans « la foi des patriarches », Edith Stein quitta le chemin de la foi pour une science qui, sur le terrain de la rationalité, aplanit le chemin pour l'expérience de la transcendance, du divin et de Dieu lui-même, et enfin, pour la foi en Jésus-Christ qui, en tant que parole du Père éternel, advint en ce monde et, partant, délimita la foi juive selon sa revendication du sens et en même temps l'accomplit en la dépassant. Dans son appropriation de la connaissance de la *philosophia perennis*, surtout de la philosophie de Thomas, il devint possible à ses yeux que sa nouvelle foi pût aussi subsister même devant la raison. Edith Stein a enfin réconcilié le savoir et la foi sous la forme d'une doctrine de la sagesse, qui, dans la mesure où elle résultait d'une confrontation scientifique et était établie sur une véritable connaissance des êtres et des choses, dut être fondée en pratique dans sa personne sous la forme d'une attitude chrétienne qu'elle garda jusqu'à en subir les ultimes conséquences, en dernier lieu jusqu'au passage par « la nuit obscure » et jusqu'à sa mort violente à Auschwitz.

# 6.
# « Ceux qui se taisent sont également responsables »
## Katharina Oost*

Dans le volume 2 de la nouvelle édition des œuvres d'Edith Stein[1], lequel contient la correspondance d'Edith Stein entre 1916 et 1933, on a cette annotation sous la lettre n° 251 page 273 :

*Edith Stein au pape Pie XI*

*(Beuron, 9-13/04/1933)*

Ce qui suit n'est pas la lettre d'Edith Stein, mais un texte d'Amata Neyer ocd qui a élaboré le volume et l'a pourvu de précieuses annotations instructives. La lettre d'Edith Stein qui s'y rapporte était encore au Vatican[2] lorsque le présent volume est paru en 2000. Sœur Amata donne des explications intéressantes sur l'histoire de cette lettre :

*Cette lettre d'Edith Stein adressée à Pie XI fut des années durant déclarée perdue. Moi même je reçus l'information de la part du nonce apostolique d'alors à Bad Godesberg que cette lettre était introuvable dans les archives du Vatican.*
*C'était avant le début de ce qu'il convient d'appeler le procès écrit*

---

* Dans : *Erbe und Auftrag* (Héritage et mission), 79, 2003, fascicule 3, pp. 236 *sqq.* ; à cet endroit sous le titre suivant : *Briefe von Raphael Walzer, Edith Stein und Eugenio Pacelli von April 1933* (Lettres d'avril 1933 de dom Raphael Walzer, d'Edith Stein et d'Eugenio Pacelli).
1. Œuvres complètes d'Edith Stein (*ESGA 2, Selbstbildnis in Briefen* (1919-1933), p. 273 *sq.*, introduit par H.-B. Gerl-Falkowitz, élaboré et pourvu d'annotations par Maria Amata Neyer ocd, Fribourg-en-Brisgau, 2000.
2. Archive vaticane de la secrétairie d'État (auparavant Affari Ecclesiastici Straordinari).

*en vue de la béatification d'Edith Stein. De nouveaux efforts furent effectués ensuite pour trouver la lettre recherchée. Pourtant, l'information filtrait par différents canaux que cette lettre n'était pas perdue. À partir de l'ouverture du procès de canonisation d'Edith Stein, les demandes pour voir cette lettre se firent plus insistantes mais en vain. Notre postulateur général pour la cause des saints du Carmel, le père Simon Thomas Fernandez ocd, m'assura que dans le cadre du procès écrit, il avait pu prendre connaissance de la lettre d'Edith Stein adressée au pape Pie XI. Il ne fut pas autorisé à en dire davantage sur le contenu. Comme le procès en vue de la béatification était entre-temps clos depuis fort longtemps, il fit de nouveau la tentative de recevoir une copie de cette lettre pour pouvoir l'insérer dans la nouvelle édition de la* Correspondance *d'Edith Stein. La secrétairerie d'État au Vatican répondit par la négative le 12 mars 1994. — À l'automne 1994, le père ex-provincial Dr Ulrich Dobhan rencontra à Rome le cardinal Meisner. Le cardinal Meisner se dit tout à fait prêt à appuyer sa demande de pouvoir prendre connaissance de la lettre recherchée et signa de sa propre main la requête [...] La secrétairerie d'État répondit [...], « que l'année de l'archive en question n'était pas encore accessible [...] ».*

Voilà donc ce qu'écrivit sœur Amata Neyer du carmel de Cologne à propos de l'histoire de cette lettre tenue secrète jusque récemment.

Edith Stein, enseignante en 1933 à l'Institut allemand pour la pédagogie scientifique à Münster, s'était adressée au pape Pie XI avec la lettre reproduite ci-après[3]. Le silence de l'Église catholique sur l'attitude méprisante des nazis vis-à-vis des Juifs pesait sur elle comme sur d'autres personnes. Elle aurait préféré adresser sa requête directement au pape : mais à la place de l'audience privée qu'elle avait demandée, on ne lui proposa qu'une audience de groupe. Aussi est-ce par écrit qu'elle décida d'adresser sa requête au pape. Même si elle se montre clairvoyante à l'extrême, elle n'était

---

3. Voir le document 2 mis en appendice et intitulé Lettre d'Edith Stein au pape Pie XI. — Pour la traduction de cette lettre, voir *supra*, pp. 32-33.

cependant pas la seule à se tourner ces jours-là vers le Saint-Siège avec la prière d'une intervention. Dès le 4 avril 1933, avant que la lettre d'Edith Stein n'arrive à Rome, Eugenio Pacelli s'était tourné vers le nonce apostolique Cesare Orsenigo à Berlin avec une lettre qui commençait ainsi : « Excellence, de grandes personnalités juives se sont tournés vers le Saint-Père pour le supplier d'intervenir en Allemagne face au danger des débordements antisémites[4]... »

*Tokyo 1933 : Assemblée des jésuites avec l'archiabbé dom Raphael Walzer (devant au milieu). Au dernier rang, à gauche, le père Hugo Lassallle sj, plus tard connu comme père Hugo M. Enomiya-Lassalle.*

Jusqu'ici l'on était parti de l'idée qu'Edith Stein, qui séjourna à Beuron en 1933 pendant la Semaine sainte et les jours pascals pour y co-célébrer la liturgie, avait prié l'archiabbé beuronois dom Raphael Walzer, qui accompagnait depuis 1928 son chemin spirituel et qui était sur le point de se rendre à Rome pour faire un compte rendu sur la fondation d'un monastère au Japon, de remettre sa lettre en main propre au Saint-Père. On doit corriger

---

4. Archive de la secrétairerie d'État, numéro 915/33 du journal.

cette lecture chronologique, étant donné que la lettre de réponse d'Eugenio Pacelli[5], dans laquelle la réception de la lettre d'Edith Stein est confirmée, est datée du 20 avril 1933, alors que l'archiabbé n'est parti pour Rome que le 24 avril. L'archiabbé a dû, c'est ce qu'il y a tout lieu de supposer, avoir envoyé à Rome par une voie sûre la lettre scellée d'Edith Stein conjointement à sa propre lettre du 12 avril 1933[6]. À cette époque il était déjà dangereux de porter sur soi des écrits critiques vis-à-vis du régime.

Dans la chronique de l'archiabbaye de Beuron, nous lisons ceci en ce qui concerne ces jours-là :

« Il (l'archiabbé) se réjouit de ce que, malgré les grands bouleversements survenus dans notre patrie, l'édification interne de notre monastère ait continué à prospérer tranquillement et solidement ; de ce qu'il avait laissé une partie de son cœur au Japon, surtout à Susomo[7] où le plus beau monastère de notre congrégation pourrait être édifié un jour ; de ce qu'il lui faudrait bientôt se rendre à Rome pour faire un rapport au Saint-Père sur les perspectives de fondation [...]. Le 24 avril, le père archiabbé se rendit à Rome d'où il revint dès le 29 avril et rapporta comme cadeau particulier la bénédiction du Saint-Père qu'il avait l'autorisation de nous dispenser ainsi qu'aux nombreux croyants présents lors de la fête de Pentecôte[8]. »

Dans ses souvenirs autobiographiques[9], Edith Stein relate quant à elle ceci : « Le jeudi saint, je partis pour Beuron. Chaque année depuis 1928, j'y avais participé aux célébrations de la semaine sainte et de Pâques et j'y passais mon temps de retraite en silence. Cette fois-ci, j'y allais en outre avec une préoccupation particulière.

---

5. Voir le document n° 3 : la réponse d'Eugenio Pacelli à l'archiabbé dom Raphael Walzer.
6. Voir le document n° 1 : la lettre de l'archiabbé dom Raphael Walzer qui accompagnait celle d'Edith Stein.
7. Lieu de fondation initialement prévu. Le monastère Tonogaoka fut en fait édifié en 1935 près de Chigasaki, à 60 km au sud de Tokyo.
8. CHRONIK de l'archiabbaye de Beuron, 1er semestre 1933, p. 2.
9. ESGA 1, *Aus dem Leben einer jüdischen Familie*, pp. 347 *sqq.*, réélaboré et introduit par Maria Amata Neyer ocd, Fribourg, 2002.

Je n'avais pas cessé au cours des dernières semaines de penser et repenser à la question juive. J'avais finalement arrêté le projet de me rendre à Rome et de demander au Saint-Père, lors d'une audience privée, une encyclique à ce sujet. Mais je ne voulais pas accomplir une telle démarche de ma seule autorité [...]. Depuis que j'avais trouvé à Beuron une sorte de patrie monastique, il m'était permis de considérer le père abbé Raphael Walzer comme « mon abbé » et de lui soumettre toutes les décisions importantes que j'avais à prendre [...] Renseignements pris sur Rome, je sus que je ne pouvais en aucun cas escompter une audience privée en raison de la grande affluence. On pouvait seulement m'aider à obtenir une « petite audience » (c'est-à-dire en petit groupe). Cela ne faisait pas mon affaire. Je renonçai donc à faire le voyage et présentai ma requête par écrit[10]. Je sais que ma lettre a été remise scellée au Saint-Père ; j'ai reçu au bout de quelque temps sa bénédiction pour moi et les miens. Rien d'autre ne s'ensuivit. Plus tard, je me suis pourtant souvent demandé si cette lettre ne lui était pas quelquefois revenue à l'esprit. Ce que je prédisais alors sur l'avenir des catholiques en Allemagne s'est en effet réalisé point par point dans les années qui suivirent[11]. »

Il est actuellement impossible de savoir si la réponse de Rome à Edith Stein, qu'elle évoque de manière rétrospective, a été adjointe à la lettre adressée à l'archiabbé beuronois ou est arrivée directement à son adresse à Münster.

Même si une encyclique contre la persécution des Juifs et contre le mésusage du nom de Jésus-Christ, telle qu'Edith Stein l'a souhaitée, n'a jamais vu le jour, le pape Pie XI a néanmoins pris position contre le national-socialisme en général dans son encyclique intitulée « Avec un souci brûlant » et promulguée en 1937. Un projet pour une autre encyclique qui devait être spécialement dirigée contre le racisme et contre l'antisémitisme fut pour diverses raisons[12] transmis au pape

---

10. *Ibidem*, p. 348 (= *Correspondance* I, trad. par C. Rastoin, pp. 677-678 ; « Comment je suis venue au carmel de Cologne », p. 493, dans : *Vie d'une famille juive*, trad. par C. et J. Rastoin).
11. *Ibid.*
12. À ce sujet voir J. H. Nota, « Edith Stein und der Entwurf für eine Enzyklika gegen Rassismus und Antisemitismus », dans : W. Herbstrith (éd.), *Edith Stein — eine große*

de manière différée. Une publication échoua définitivement à la mort de Pie XI en février 1939.

Nous trouvons des idées de cette encyclique projetée, qui devait porter le titre *Societatis unio*, dans l'encyclique intitulée *Summi Pontificatus* et promulguée par le pape suivant Pie XII. Toutefois, cette encyclique qu'Edith Stein put également lire en Hollande thématisait surtout l'unité du genre humain, la condamnation de l'État totalitaire, la protestation contre la persécution, la guerre et les atrocités en Pologne[13].

*Ad majora mala vitenda* — pour éviter de plus grands maux : c'est en ces termes que Pie XII justifia son silence relatif à la persécution et à l'annihilation des Juifs d'Europe dans un message adressé à l'évêque Konrad Graf von Preysing[14] un an après la mort d'Edith Stein dans les chambres à gaz d'Auschwitz. Au milieu de l'année 1942, une lettre pastorale courageuse rédigée par les évêques hollandais pour protester contre les déportations des Juifs avait eu pour conséquence que les juifs baptisés, jusque-là exclus des transports, furent eux aussi déportés, parmi lesquels Edith Stein qui vivait à ce moment-là au carmel à Echt.

Avec la lettre non datée d'Edith Stein, rendue à présent accessible à chacun, furent publiées en même temps la lettre d'accompagnement de l'archiabbé beuronois dom Raphael Walzer en date du 12 avril 1933, ainsi que la lettre de réponse datée du 20 avril d'Eugenio Pacelli, le futur pape Pie XII[15].

Dom Raphael Walzer devait être lui-même deux ans plus tard dans le collimateur du régime allemand de non-droit. On lui reprocha la fuite des devises (en lien avec la nouvelle fondation japonaise), une accusation avec laquelle le régime nazi avait coutume d'exercer une pression sur les prêtres et sur les moines gênants. Lorsque la Deuxième Guerre mondiale éclata, il vivait au sein d'une

---

*Glaubenszeugin*, Annweiler, 1986.
13. *Idem, ibidem*, p. 117.
14. F. Raddaz (éd.), *Summa injuria — oder — durfte der Papst schweigen ?*, p. 211, Francfort-sur-le-Main, 1963.
15. Malheureusement, ainsi que le frère Jakobus Kaffanke me l'assura formellement, on n'a pas trouvé trace jusqu'ici de cet échange de correspondance.

communauté bénédictine à Paris. En 1943, il ouvrit à Rivet (Algérie) un séminaire de formation pour les théologiens faits prisonniers de guerre, fonda en 1950 à Tlemcen (Algérie) un monastère de bénédictins et en revint en 1964 pour s'établir en Allemagne dans l'abbaye de Neubourg qu'il avait fondée. Il y mourut en 1960 et est enterré dans la crypte de l'église de l'abbaye à Beuron.

*L'archiabbé dom Raphael Walzer en 1944 avec les étudiants allemands de théologie faits prisonniers de guerre devant la maison d'études à Rivet près d'Alger.*

Nous ne possédons que peu de témoignages sur Edith Stein de la plume de dom Raphael Walzer. Lorsqu'on lui demanda en 1946 aux U.S.A. de parler d'elle, il la caractérise comme suit :

« Avec elle, c'est l'une des plus grandes femmes allemandes de notre époque qui a disparu. J'ai rarement rencontré une âme réunissant tant de qualités si élevées en un seul esprit. Elle était en même temps la modestie et la simplicité en personne. Dotée d'une grâce mystique au vrai sens du terme, elle ne donnait pas une impression d'affectation ou de supériorité. Elle était restée totalement femme, avec une sensibilité délicate, voire maternelle sans vouloir materner quiconque [...]. De même qu'il ne lui était pas difficile d'être simple avec les gens simples, savante avec les savants sans aucune prétention, chercheuse avec ceux qui cherchent, j'aimerais presque ajouter pécheresse avec les pécheurs[16] ... »

Dans la même lettre, dom Raphael Walzer dénie posséder des lettres ou d'autres autographes d'Edith Stein. On doit partir du principe qu'en fuyant la Gestapo, dom Raphael Walzer a détruit tout ce qui était en sa possession.

Les trois lettres suivantes[17] doivent parler par elles-mêmes en tant que documents émouvants de l'histoire de cette époque. L'ordre de succession choisi correspond à la numérotation des pages des archives vaticanes.

---

16. Lettre du 2 décembre 1946 à Maria Aloisia ocd, Manchester, New Hampshire, archives Edith Stein au carmel de Cologne.
17. La lettre d'Edith Stein devint accessible après l'ouverture des archives vaticanes concernées le 15 février 2003. À ma connaissance, elle fut reproduite pour la première fois le 17 février 2003 dans le *Corriere della Sera* et, le lendemain, dans *Die Welt*. Sœur Amata Neyer ocd mit à disposition les lettres de dom Raphael Walzer et d'Eugenio Pacelli, lesquelles se trouvaient dans les archives Edith Stein au carmel de Cologne.

# Document n°1

## Lettre de l'archiabbé dom Raphael Walzer au cardinal à la secrétairie d'État Eugenio Pacelli

## Notes dans le document n° 1 : [1] [2] [3] [4] [5] [6]

## Traduction du document n° 1 [7]

Beuron, 12. April 1933

Eminenz ! [2]

Eine Bittstellerin hat mich aufs angelegentlichste gebeten, den beigefügten Brief, den sie mir in versiegeltem Zustand übergab, an Seine Heiligkeit weiterzuleiten. Die Bittstellerin ist mir und überall im katholischen Deutschland bekannt als eine Frau, die in ihrem Glauben, ihrer sittlichen Integrität und ihrer katholischen wissenschaftlichen Bildung (durch mehrere wissenschaftliche Veröffentlichungen) hochrenommiert ist.
Diesen günstigen Umstand wahrnehmend grüße ich Euro verehrungswürdige Eminenz untertänigst und bitte zugleich, in diesen höchst traurigen Tagen uns allen kraftvoll beizustehen. Denn wenn ich keiner Fehleinschätzung unterliege oder falls nicht zwischenzeitlich nüchterne und besonnene Männer Einhalt geboten haben sollten, befindet sich unser Vaterland und mithin auch unsere heilige Kirche in Deutschland in höchster Gefahr. Und die gegenwärtige Gefahr erscheint mir umso entsetzlicher, als so viele Menschen von trügerischen Worten und Taten getäuscht werden. Meine einzige irdische Hoffnung ist der Heilige Apostolische Stuhl. Wir indessen werden nicht rasten zu beten, zu (Gott zu) flehen und „schweigend zu harren auf Gottes Heil" [3].

Untertänigst (Euren) Segen

erbittend und den heiligen Purpur küssend,

Eurer Eminenz

unwürdiger Diener

Raphael O.S.B.

Erzabt

---

1. Je remercie sœur Amata Neyer ocd, directrice des archives Edith Stein au carmel de Cologne pour la remise amicale des copies en provenance des archives vaticanes.
2. Signatures des archives vaticanes.
3. Blason et devise sur le blason de l'archiabbé dom Raphael Walzer osb, archiabbé de l'archiabbaye bénédictine S$^t$ Martin à Beuron. Blason : bouclier bleu, trois abeilles en or. Devise du blason : *prodesse magis quam praeesse* : servir plutôt qu'être à la tête.
4. *Eminentissime Princeps* : apostrophe ancienne pour les cardinaux de la curie, dans le cas présent, c'est le cardinal à la secrétairie d'État, Eugenio Pacelli, qui est apostrophé en ces termes.
5. Ajout de sœur Amata Neyer.
6. Signature de l'archiabbé dom Raphael Walzer osb.
7. Voir *supra* la traduction française dans la première contribution de ce volume, pp. 31-32.

## Notes dans le document n° 1 : [8] [9] [10]

## Document n° 2
## Lettre d'Edith Stein au Pape Pie XI[11]

Heiliger Vater !

Als ein Kind des jüdischen Volkes, das durch Gottes Gn
seit elf Jahren ein Kind der katholischen Kirche ist, wage ich es
vor dem Vater der Christenheit auszusprechen, was Millionen von
Deutschen bedrückt.

Seit Wochen sehen wir in Deutschland Taten geschehen,
die jeder Gerechtigkeit und Menschlichkeit - von Nächstenliebe gar
nicht zu reden - Hohn sprechen. Jahre hindurch haben die national-
sozialistischen Führer den Judenhass gepredigt. Nachdem sie jetzt
die Regierungsgewalt in ihre Hände gebracht und ihre Anhängerschaft
- darunter nachweislich verbrecherische Elemente - bewaffnet hatte
ist diese Saat des Hasses aufgegangen. Dass Ausschreitungen vorge-
kommen sind, wurde noch vor kurzem von der Regierung zugegeben. In
welchem Umfang, davon können wir uns kein Bild machen, weil die
öffentliche Meinung geknebelt ist. Aber nach dem zu urteilen, was
mir durch persönliche Beziehungen bekannt geworden ist, handelt es
sich keineswegs um vereinzelte Ausnahmefälle. Unter dem Druck der
Auslandsstimmen ist die Regierung zu "milderen" Methoden überge-
gangen. Sie hat die Parole ausgegeben, es solle "keinem Juden ein
Haar gekrümmt werden". Aber sie treibt durch ihre Boykotterklärung
- dadurch, dass sie den Menschen wirtschaftliche Existenz, bürger-
liche Ehre und ihr Vaterland nimmt - viele zur Verzweiflung; es
sind mir in der letzten Woche durch private Nachrichten 5 Fälle
von Selbstmord infolge dieser Anfeindungen bekannt geworden. Ich
bin überzeugt, dass es sich um eine allgemeine Erscheinung handelt
die noch viele Opfer fordern wird. Man mag bedauern, dass die Un-
glücklichen nicht mehr inneren Halt haben, um ihr Schicksal zu
tragen. Aber die Verantwortung fällt doch zum grossen Teil auf die,
die sie so weit brachten. Und sie fällt auch auf die, die dazu
schweigen.

EDITH-STEIN-ARCHIV
Karmel „Maria vom Frieden"
Vor den Siebenburgen 6
D - 50674 Köln

[1] Archivsignatur Karmel Köln.
[2] Archivsignatur Rom.
[3] Archivsignatur Rom.

---

8. Pour la traduction, je remercie M. le Dr Christophorus Barck, Fribourg-en-Brisgau.
9. Apostrophe formelle d'un cardinal, ici le cardinal à la secrétairie d'État, Eugenio Pacelli.
10. *Praestolari in silentio salutare Dei* (Lamentations, 3, 26) : « Il est bon d'attendre en silence le secours de l'Éternel. » — Thème de l'homélie du Vendredi saint (1930) de l'archiabbé dom Raphael Walzer.
11. Voir la traduction de cette lettre *supra* pp. 32 -33.

## Notes dans le document n° 2 : 1 [12] [13] [14]

> Alles, was geschehen ist und noch täglich geschieht, geht von einer Regierung aus, die sich „christlich" nennt. Seit Wochen warten und hoffen nicht nur die Juden, sondern Tausende treuer Katholiken in Deutschland – und ich denke, in der ganzen Welt – darauf, dass die Kirche Christi ihre Stimme erhebe, um diesem Missbrauch des Namens Christi Einhalt zu tun. Ist nicht diese Vergötzung der Rasse und der Staatsgewalt, die täglich durch Rundfunk den Massen eingehämmert wird, eine offene Häresie? Ist nicht der Vernichtungskampf gegen das jüdische Blut eine Schmähung der allerheiligsten Menschheit unseres Erlösers, der allerseligsten Jungfrau und der Apostel? Steht nicht dies alles in äusserstem Gegensatz zum Verhalten unseres Herrn und Heilands, der noch am Kreuz für seine Verfolger betete? Und ist es nicht ein schwarzer Flecken in der Chronik dieses Heiligen Jahres, das ein Jahr des Friedens und der Versöhnung werden sollte?
>
> Wir alle, die wir treue Kinder der Kirche sind und die Verhältnisse in Deutschland mit offenen Augen betrachten, fürchten das Schlimmste für das Ansehen der Kirche, wenn das Schweigen noch länger anhält. Wir sind auch der Überzeugung, dass dieses Schweigen nicht imstande sein wird, auf die Dauer den Frieden mit der gegenwärtigen deutschen Regierung zu erkaufen. Der Kampf gegen den Katholizismus wird vorläufig noch in der Stille und in weniger brutalen Formen geführt wie gegen das Judentum, aber nicht weniger systematisch. Es wird nicht mehr lange dauern, dann wird in Deutschland kein Katholik mehr ein Amt haben, wenn er sich nicht dem neuen Kurs bedingungslos verschreibt.
>
> Zu Füssen Eurer Heiligkeit, um den Apostolischen Segen bittend

---

12. Signature des archives du carmel de Cologne.
13. Signature des archives de Rome.
14. Signature des archives de Rome.

# Document n° 3

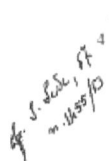

Aus dem Vatikan, den 20. April 1933.

Hochwürdigster Herr Erzabt,

Mit besonderem Dank bestätige ich Euer Gnaden den Eingang des gütigen Schreibens vom 12.d.M. und der ihm angefügten Beilage. Ich stelle anheim, die Einsenderin in geeigneter Weise wissen zu lassen, dass ihre Zuschrift pflichtschuldig Sr. Heiligkeit vorgelegt worden ist. Mit Ihnen bete ich zu Gott, dass er in diesen schwierigen Zeiten Seine hl. Kirche in Seinen besonderen Schutz nehme und allen Kindern der Kirche die Gnade des Starkmuts und grossherziger Gesinnung verleihe, welche die Voraussetzungen des endlichen Sieges sind.

Mit dem Ausdruck besonderer Wertschätzung und mit meinen innigen Wünschen für die ganze Erzabtei

Euer Gnaden

ganz ergebener

(Eugenio Pacelli)

Sr. Gnaden
Hochwürdigsten Herrn Erzabt Raphael Walser O.S.B.
Erzabtei Beuron

EDITH-STEIN-ARCHIV
Karmel „Maria vom Frieden"
Vor den Siebenburgen 6

## Notes dans le document n° 3 : 15 16 17 18 19 20 21 22

---

15. Signature des archives du carmel de Cologne.
16. Signature des archives de Rome.
17. Signature des archives de Rome.
18. Signature des archives de Rome.
19. Signature des archives de Rome.
20. Sigle manuscrit d'Eugenio Pacelli.
21. Note illisible d'un archiviste vraisemblablement.
22. Ajout de sœur Amata Neyer, carmel de Cologne.

*La visite du nonce apostolique Eugenio Pacelli à Beuron du 28 août au 1er septembre 1929. Le nonce Eugenio Pacelli et l'archiabbé dom Raphael Walzer quittent l'entrée du monastère pour se rendre sur la place de devant.*

# IV.
## Eugenio Pacelli et Beuron
### « ... avec tous mes vœux pour toute l'abbaye »

*Frère Jakobus Kaffanke osb*

# IV.
# Eugenio Pacelli et Beuron[1,2]
## « ... avec tous mes vœux pour toute l'abbaye »
*Frère Jakobus Kaffanke osb*

Les bouleversements dans l'histoire ecclésiastique allemande et dans l'histoire du monastère de Beuron au cours de la tyrannie exercée par les nationaux-socialistes ont encore trop peu donné lieu à des recherches et à des publications, malgré de grands efforts et malgré certains progrès. Le *mea culpa* de la part de différents papes et évêques du monde, l'aveu selon lequel l'Église officielle, mais aussi un grand nombre de ses membres ont commis de grandes fautes au cours des siècles, et, partant, se sont chargés d'une faute, doivent être complétés par un travail sincère et courageux effectué sur place. La confession publique selon laquelle des personnes concrètes subirent des injustices, ce qui entraîna des préjudices et des blessures, est la condition préalable pour qu'une attitude fondamentale puisse être suscitée et ne se borne pas à dissimuler l'injustice ou à l'occulter.

Par la plus large ouverture des archives vaticanes[3] au cours des dernières années, et par les travaux concernant le cas de l'archiabbé dom Raphael Walzer[4], des informations et des faits nouveaux ont été révélés. Un aspect important est la position de dom Raphael

---

1. Le séjour du nonce apostolique Eugenio Pacelli à Beuron du 28 août au 1er septembre 1929.
2. Voir dans ce volume la lettre d'Edith Stein datée de 1933 et adressée au Pape Pie XI ; lettre du cardinal à la secrétairie d'État Eugenio Pacelli à l'archiabbé dom Raphael Walzer osb du 20 avril 1933 : voir le document p. 233 et p. 225.
3. Voir Hubert Wolf : *Papst und Teufel. Die Archive des Vatikan und das Dritte Reich*, Munich, C. H. Beck, 2008, en particulier pp. 208-216 ; la lettre d'Edith Stein datée de 1933 et adressée au pape Pie XI aurait été archivée sous le nom de son intermédiaire, dom Raphael Walzer. La relation intense et personnelle entre ces deux hommes de robe résultait en particulier de la visite, documentée ici, de Pacelli à Beuron.
4. Jakobus Kaffanke osb/Joachim Köhler : *Mehr nützen als Herrschen ! Raphael Walzer osb, Erzabt von Beuron, 1918-1937*, Münster, LIT, 2008.

Walzer vis-à-vis du Saint-Siège. Beuron, étroitement lié au Siège de Pierre par sa fondation par des bénédictins allemands venus du monastère romain Saint-Paul hors-les-murs[1], avait jusque dans les années 1918 assumé avec succès les nombreuses tâches dont Rome l'avait chargé. Dans cette tradition, dom Raphael Walzer avait relayé et suivi avec beaucoup d'énergie entre autres les incitations du Saint-Père à entreprendre des initiatives avec l'église d'Orient[2] ou à fonder des ordres contemplatifs en Asie[3]. La rencontre notamment avec le nonce bavarois, et plus tard berlinois, Eugenio Pacelli laissa espérer une relation pleine de confiance et à toute épreuve, laquelle s'avéra effectivement utile par la suite[4]. Pacelli avait fait à Beuron en 1929 une visite assez longue, et de là il avait entrepris un petit voyage qui le conduisit jusque sur les bords du lac de Constance. Des plaques commémoratives dans diverses églises (par exemple l'église du monastère Wald, les églises citadines de Pfullendorf et de Meßkirch) rappellent encore aujourd'hui cette visite. Deux sources livrent de solides informations sur ce séjour : la chronique imprimée du monastère (1929, 2e semestre) et un recueil de discours (édité par Ludwig Kaas) qu'Eugenio Pacelli a prononcés pendant ce voyage et lors de la session catholique de Fribourg-en-Brisgau.

On a également conservé plusieurs clichés qui montrent bien en photo la situation et les protagonistes. Nous allons commencer par rapporter ici le compte rendu du chroniqueur de Beuron dans

---

1. Peter Häger/Jakobus Kaffanke osb, *Zwischen Aufbruch und Beständigkeit. Leben und Wirken des zweiten Beuroner Erzabtes Placidius Wolter (1828-1908)*, Münster, LIT, 2008. — Antérieurement déjà avec d'autres sources plus riches : Paul Wenzel, *Der Freundeskreis um Anton Günther und die Gründung Beuron*, Essen, Ludgerus, 1965.
2. L'écrit apostolique *Equidem verba* de 1924 a suscité chez l'archiabbé dom Raphael Walzer et au sein de la congrégation beuronoise de grandes activités qui conduisirent entre autres à la fondation d'un collège et d'une revue pour l'église d'Orient à Munich.
3. Pour la fondation du monastère Tonogaoka près de Chigasaki au Japon en 1933 par exemple. — À ce sujet voir Cyril Schäfer : « Tonogaoka — Beurons "Haus des Herrn" au Japon, 1933-1940 », dans : Kaffanke/Köhler, *Mehr nützen als Herrschen ! Raphael Walzer osb, Erzabt von Beuron, 1918-1937*, Münster, LIT, 2008, pp. 143-192.
4. Ainsi l'échange de correspondance en 1933 entre l'archiabbé dom Raphael Walzer/ Edith Stein et le cardinal à la secrétairie d'État Eugenio Pacelli (voir note 2 page précédente).

le texte original[5] mais avec des annotations ; puis nous citerons la brève allocution du nonce lors de la sérénade vespérale sur la place située devant la porte d'entrée de l'archiabbaye :

« Si le chroniqueur beuronois a d'abord orienté son regard vers le sud[6] dans la première moitié de cette année jubilaire riche en événements, il n'a pas besoin cette fois-ci, pour se rappeler l'événement fort joyeux pour Beuron, de regarder au-delà des rochers de la vallée du Danube. Si nous avons rencontré la dernière fois notre Révérendissime Père Archiabbé en esprit lors de son pèlerinage vers le Père de la chrétienté, auquel il apporta nos congratulations et notre hommage, le second semestre nous apporta l'immense joie de pouvoir saluer dans notre vallée silencieuse, dans les halls de notre sanctuaire, le Saint-Père dans la personne de son représentant dans notre patrie, le très vénérable nonce Pacelli. Il se fit que Son Excellence voulut être notre cher hôte à l'occasion de la session des catholiques à Fribourg, à laquelle sa présence conféra comme chaque année et cette année-là aussi une solennité et une bénédiction, et cela, les jours entre la grande réunion d'ouverture et de clôture, afin d'honorer à partir d'ici par sa visite une série d'endroits dans la région du lac. Le jeudi, le 29 août, vers huit heures du soir, nous attendîmes avec notre Révérendissime en habit pontifical l'important hôte à la porte de l'église. À son entrée, dans l'église illuminée de manière festive, le Père Abbé le salua dans une brève allocution et indiqua qu'en tant que Romain il n'était pas à proprement parler un étranger ici, mais qu'il se trouvait aussi dans une certaine mesure sur un sol romain, étant donné que "nos fondateurs avaient jadis quitté Rome" et que "nous étions à travers eux toujours liés de manière particulière à l'abbaye romaine S<sup>t</sup> Paul". Ensuite, après la récitation des prières usuelles, Son Excellence dispensa la bénédiction. Le vendredi, le vénérable Seigneur fit en compagnie du prélat Dr Kaas[7]

---

5. Extrait de la chronique de Beuron, 2<sup>e</sup> semestre 1929. — Archives de l'archiabbaye S<sup>t</sup> Martin, Beuron.
6. C'est-à-dire vers Rome.
7. Dr Ludwig Kaas, né le 23 mai 1881, décédé le 15 avril 1952 à Rome, chef de fraction

et du chanoine Dr Gröber[8] une excursion en voiture jusque sur les bords du lac de Constance, pendant laquelle il rendit entre autres visite à la famille princière à Heiligenberg[9]. À son retour, le soir, une grande fête publique fut organisée en l'honneur du représentant du Saint-Père. Sur la place devant le monastère se rassembla une foule très nombreuse qui était accourue en partie de Sigmaringen et de Tuttlingen avec des trains spéciaux ; le vénérable clergé des environs était également venu. Les maisons aux alentours étaient illuminées de manière festive. Sur un podium surélevé prirent place outre Son Excellence notre Révérendissime Père Abbé dom Raphael Walzer, le prélat Dr Kaas et le chanoine Dr Gröber. Après un chant latin de salutation et un poème récité par un écolier de Beuron avec une grande sincérité, qui réjouit manifestement son destinataire, nous le portâmes en triomphe avec l'ancien chant solennel vénérable des *Laudes Hincmari* en tant que représentant du Saint-Père dans notre patrie et en tant qu'important hôte de notre monastère. Le Père Archiabbé le présenta ensuite au peuple rassemblé en tant que notre nonce de paix, qui avait partagé avec nous douze ans de joie et de souffrance. Dans sa gracieuse réponse[10], le nonce Pacelli rendit hommage à Beuron en tant qu'un îlot de paix céleste dans cette époque de bouleversement, et nous dispensa la bénédiction apostolique en tant que gage de cette paix. Le samedi, il célébra dans l'église de notre abbaye la fête solennelle de la Mère de Dieu. L'après-midi, à une heure, Son Excellence quitta le monastère pour repartir à Fribourg en compagnie du Père Archiabbé et d'autres Messieurs, entouré encore une fois de personnes transportées de joie, lesquelles s'étaient réunies dans un enthousiasme spontané pour prendre congé. Après ces événements, nous participâmes d'autant plus joyeusement à l'élévation, qui s'ensuivit quelques mois plus tard, à la dignité de cardinal du nonce berlinois. *Ad multos annos !* »

---

    du centre au *Reichstag* allemand en 1933.
8. Dr Konrad Gröber, né à Meßkirch près de Beuron le 1er avril 1872 et décédé le 14 février 1948 à Fribourg-en-Brisgau, en 1931 évêque de Meißen, en 1932 archiévêque de Fribourg-en-Brisgau.
9. Les princes de Fürstenberg avec leur siège à Donaueschingen ont en tant que résidence d'été le château Heiligenberg près de Salem/Überlingen.
10. Voir le texte *infra*.

À l'occasion du congrès des catholiques à Fribourg[11], le nonce entreprit une excursion de deux jours à travers la Forêt-Noire badoise, sur les bords du lac et dans la vallée du Danube. Lors de la visite de l'archiabbaye de Beuron, qui s'y rattachait, une sérénade eut lieu le soir du 30 août lors de laquelle le nonce prononça à l'extérieur le discours suivant[12] :

Mesdames et Messieurs !

À vous tous, au très vénéré et très honoré archiabbé, au vénérable monastère de Beuron, à vous tous qui êtes là vont mes plus profonds remerciements pour votre accueil rempli d'une vénération et d'un dévouement émouvants, accueil qui vient de m'être réservé en tant que le représentant du Saint-Père dans cette heure vespérale solennelle passée parmi vous. La résonance spirituelle de vos chants cherche le chemin vers la Rome éternelle et rend hommage dans un amour filial et dans une solide fidélité au successeur de Petri, notre pape Pie XI, qui règne glorieusement.

Nous demeurons ici sur un îlot de paix céleste sur lequel la sagesse de la parole d'Augustin repose : *Deus, quem nosse vivere, cui servire regnare est.* (Dieu, Le connaître signifie vivre, Le servir signifie régner). Dans un lieu vénérable de *Pax benedictin*a, qui cherche et trouve dans l'immersion dans l'éternel l'attitude vis-à-vis du temporel. À notre époque précisément, dans sa liberté de circulation, dans son agitation et dans son caractère décousu, la stabilité et la paix bénédictines, le « lieu » bénédictin, la pensée de paix bénédictine prônent une conception du monde sur le fondement d'or de laquelle sommeillent des trésors pleins de force anoblissant l'être humain et façonnant le monde. Puisse la paix de Dieu, que vous cherchez en ce lieu, chère assistance, avec de nombreux autres à l'ombre de la croix de Benoît, [puisse donc la paix de Dieu] pénétrer vos cœurs, descendre sur vos familles et sur tout le peuple du lac de Constance, de la vallée du Danube et de l'Allgäu !

---

11. Session des catholiques du 28 août au 1er septembre 1929 à Fribourg-en-Brisgau.
12. Eugenio Pacelli, *Erster Apostolischer Nuntius beim Deutschen Reich, Gesammelte Reden*, extraits choisis et introduction par Ludwig Kaas, XLI, *Pax benedictina*, Erzabtei Beuron, 30 août 1929.

Nous demeurons ici en un lieu de pieuse prière. Puisse la louange et la glorification, la prière et la supplication, qui s'élèvent de ce sanctuaire nuit et jour vers Dieu, retomber comme une rosée de grâce, féconder en abondance ce pays et garder tous ses habitants dans la fidélité à la foi de leurs pères et à l'église de Jésus Christ !

Nous demeurons ici en un lieu de grâces de la Mère de Dieu. Je vous recommande tous à sa protection pleine de grâces et puissante, ainsi que tous vos proches, en particulier vos enfants et vos adolescents, vos malades et vos indigents. Apportez leur à tous mon salut que je résume dans le souhait de saint Paul : « Frères, réjouissez-vous, soyez parfaits, exhortez-vous les uns les autres au bien, soyez unis et pacifiques, alors le dieu de l'amour et de la paix sera avec vous. Que la grâce du Seigneur Jésus Christ et l'amour de Dieu et la communion de l'Esprit Saint soient avec vous tous ! »

Comme gage de tout cela, je dispense de tout cœur au nom de Sa Sainteté la bénédiction apostolique à la vénérable archiabbaye de Beuron, à ses occupants, à ses hôtes et à tous ceux qui sont venus jusqu'ici de près et de loin.

*Allocution solennelle du nonce Eugenio Pacelli à Beuron — Place devant la porte du monastère le jeudi 30 août 1929 ; à gauche à côté de Pacelli, l'archiabbé dom Raphael Walzer et le chanoine Konrad Gröber ; à droite le prélat Dr Ludwig Kaas.*

# V.
# Lettres d'Edith Stein
*Introduction de Katharina Oost*

# Lettres d'Edith Stein

## Introduction
*Katharina Oost*

Les lettres proviennent du cœur. Ainsi, à la différence des textes théoriques, quelque chose de personnel et de vivant s'exprime dans la communication épistolaire. C'est pourquoi nous avons proposé aux lecteurs à la fin de cet ouvrage un choix de lettres d'Edith Stein, qui présentent toutes un rapport avec Beuron, soit qu'elles aient été rédigées à Beuron, soit qu'elles rappellent l'endroit par le souvenir rétrospectif d'un séjour. Même si Edith Stein se montre réservée comme à l'accoutumée, l'importance que revêtait pour elle ce lieu monastique avec sa vie liturgique y transparaît.

La relation la plus importante et la plus intense d'Edith Stein à Beuron fut celle qu'elle entretint avec l'archiabbé d'alors, dom Raphael Walzer, qui devint son compagnon *in via*, son ami et son accompagnateur spirituel. C'est la raison pour laquelle se trouvent parmi les lettres le peu de lignes que l'on ait de l'archiabbé beuronois à Edith Stein. Dix ans environ séparent les premières des dernières. L'archiabbé avait dû quitter Beuron en 1935 et vivait au début de la guerre dans une communauté bénédictine près de Paris.

Toutes les lettres, y compris les annotations, sont citées dans la traduction de C. Rastoin (Ad Solem-Les Éditions du Cerf-Éditions du Carmel, vol. 1, 2009 (*Correspondance* I, 1917-1933), vol. 2, 2012 (*Correspondance* II, 1933-1942). Cette traduction a été réalisée d'après la nouvelle édition allemande des œuvres d'Edith Stein (*ESGA*), laquelle paraît depuis l'année 2000 aux Éditions Herder. À la fin de chaque lettre est indiqué le numéro du volume avec celui de la lettre.

Inscription d'Edith Stein dans le livre d'hôtes de la famille Mayer[1], Beuron

09/04/1928

*Laetatus sum in his quae dicta sunt mihi : in domum Domini ibimus.*
Quelle joie quand on m'a dit : allons à la maison du Seigneur.

Dans l'espoir que je pourrai de nouveau aller bientôt de la maison accueillante près du pont de bois à la « maison du Seigneur », et avec ma vive reconnaissance.

Dr Edith Stein[2]
Spire-sur-le-Rhin, Couvent Sainte-Madeleine.

---

1. La pension privée recommandée par les sœurs de la pension « Maria-Trost » (voir lettre 59) — « tout à côté » — était très probablement la pension Mayer située près du « Pont de bois » et tenue par la mère et la fille. Edith Stein se rendait de la pension Mayer à tous les offices du jour à l'abbaye qui était très vite accessible par le pont de bois après un beau sentier. Le très vieux pont en bois, désormais classé monument historique, est de nos jours encore utilisé par les piétons (au-dessus du Danube supérieur). Lors de sa première visite à l'abbaye, Edith Stein fit également la connaissance du jeune père abbé, dom Raphael Walzer (voir lettre 88, annotation 3), qui resta son ami et conseiller spirituel tant qu'ils purent rester en contact. — Cette inscription est la première d'une longue série dans le livre d'hôtes. La date est celle du lundi de Pâques. La citation est extraite du psaume 121 (verset 1).
2. *ESGA 2, Lettre* n° 62 (= *Correspondance* I, trad. par C. Rastoin, p. 372).

## Edith Stein à Roman Ingarden

Sainte-Madeleine, 13 mai 1928

Cher ami,

Mes vacances de Pâques ont été si bien remplies que je n'ai pas pu exaucer votre désir de recevoir une lettre de vacances. J'ai passé la semaine sainte et le jour de Pâques à Beuron et j'ai trouvé là, dans l'abbaye, ce qui avait servi de modèle au « ciel sur terre » de Bahr (s'agit-il réellement de celle-là ? Je ne sais, car il y a beaucoup d'autres abbayes bénédictines où l'on peut sûrement retrouver le même esprit). J'ai dû immédiatement après faire une intervention au congrès général de l'Association des enseignantes bavaroises catholiques[3], et l'année scolaire a ensuite commencé avec toute une série de difficultés imprévues.

Je ne sais pas comment Cohen paie[4] ; Herder m'a proposé, si je me souviens bien, 10% du prix en magasin du livre, payable dès la sortie de la première édition et ensuite de chaque millier. Des personnes averties m'ont assuré que c'était une bonne proposition : mais c'est naturellement valable pour de grandes impressions et non pour celles, réduites, que fait Niemeyer ; l'éditeur ne peut en outre s'y risquer que lorsqu'il peut compter sur une plus grande diffusion. Et c'est le cas aujourd'hui pour Thomas davantage que pour nos essais. En tant que mathématicien, vous pourrez peut-être calculer ce à quoi cela correspondrait comme somme globale. S'y ajoute de surcroît encore une série d'exemplaires gratuits pour chaque édition.

En ce qui concerne maintenant ma relecture de votre travail, je voudrais vous proposer de me réitérer votre demande quand vous

---

3. C'était le quinzième congrès de l'Association à Ludwigshafen (11-14 avril 1928) sur le thème « Formation féminine et missions présentes ». Edith Stein prononça le 12 avril la conférence intitulée « La valeur spécifique de la femme dans sa signification pour la vie du peuple ». Le texte fut d'abord publié dans Zeit und Schule, n° 5, Munich, 1er juillet 1928 (ESGA 13, p. 1-15).
4. Cohen était un éditeur de Bonn.

aurez terminé. Il m'est en ce moment vraiment difficile de dire si ce sera possible. Simplement, comme je vous l'ai déjà écrit dans ma dernière lettre, c'est presque exclu entre septembre et Pâques, car la plus grande partie du travail scolaire tombe au second trimestre, surtout les corrections de copies, et au troisième les examens. Je ne peux guère me faire déjà une idée de ce qui se passera pour les vacances. J'espère avoir terminé *d'ici-là* ma traduction en cours de saint Thomas et avancer ensuite *pendant* les vacances la grosse élaboration de la terminologie de l'ensemble, que je dois faire d'un trait — mais j'ai été ces derniers mois si dérangée que je ne peux guère attendre beaucoup des quelques semaines d'ici à juillet. Mais je le ferai volontiers si la moindre possibilité apparaît. Aussi, n'hésitez pas à me le redemander. Nous parlerons rémunération quand l'impression sera terminée.

Vous ne trouverez pas beaucoup de moi dans mon travail thomasien ; je veux simplement lui donner la parole et je ne donne qu'à la fin de chaque question un court résumé sans prise de position critique. Martin Grabmann[5] m'a promis d'écrire une introduction au volume sur la signification historique et contemporaine des *Quaestiones* [*De Veritate*]. Je m'en réjouis. Le volume [de la traduction des *lettres*] de Newman n'est toujours pas prêt mais une partie est maintenant imprimée, seuls quelques feuillets sur l'ensemble ne le sont pas encore.

Mes amitiés, avec tous mes vœux pour vous et les vôtres,

Votre Edith Stein[6]

---

5. Martin Grabmann (1875-1949), professeur à Eichstätt, Vienne et Munich, fit des recherches en histoire de la philosophie du Moyen Âge et devint spécialiste de renom dans le domaine de l'histoire de la philosophie du Moyen Âge. Il écrivit la préface de la traduction d'Edith Stein (t. I, p. V-XI).
6. ESGA 4, *Lettre* n° 122 (= *Correspondance* I, trad. par C. Rastoin, pp. 373-374).

**Edith Stein à Callista Brenzing[7]**

Sainte-Madeleine, 29 avril 1929

Vénérable, chère Madame Callista,

Comme sœur Agnella[8] est convoquée soudainement[9] et va chez vous, je peux vous faire transmettre par elle ce petit mot. Vous percevrez sûrement un reflet lumineux de Beuron chez sœur Agnella[10]. Ce que l'on en emporte demeure. Et en douze jours on peut y amasser un trésor qui nourrit longtemps et aide à assimiler tout ce qui vient de l'extérieur. C'est la réponse à la question sur ce que je deviens. Cela me ferait aussi très plaisir de pouvoir vous rencontrer. Pour l'instant, nul voyage à Munich en perspective. Mais vous savez bien que des occasions peuvent se présenter à l'improviste. J'espère sinon que vous ferez en août un voyage d'étude dans les abbayes cisterciennes de Silésie[11] et je propose d'être votre guide. Bon courage pour le semestre qui vient ! Je vous envoie celui qui vous accompagnera[12].

Cordialement

In Xo

Votre dévouée Edith Stein[13]

---

7. Sœur Callista (Maria) Brenzing (1896-1975), cistercienne à l'abbaye Seligenthal (Landshut-en-Brisgau). Elle fit la connaissance d'Edith Stein au foyer d'étudiantes de la *Türkenstrasse*, où des dominicaines de Spire résidaient aussi pour leurs études.
8. Voir *Lettre* n° 48 note 1.
9. Se rendant pour son année de stage d'enseignement (*Referendar*) à Munich.
10. Edith Stein avait invité sœur Agnella après son examen d'État à passer douze jours à Beuron.
11. Sœur Callista travaillait alors sur l'histoire des origines de son abbaye de Seligenthal, origines liées aux abbayes de Silésie.
12. Edith Stein joignit à sa lettre une image pieuse de Beuron représentant l'Enfant Jésus.
13. *ESGA* 2, *Lettre* n° 70 (= *Correspondance* I, trad. par C. Rastoin, p. 206).

## Edith Stein à sœur Adelgundis Jaegerschmid[14]

Beuron, dimanche de Pâques [20 avril] 1930

Pax !

Chère sœur Adelgundis,

Le samedi saint s'est achevé trop vite pour que je puisse vous envoyer mes vœux pour Pâques. Je peux maintenant en dire un peu plus. Je ne sais assurément pas par où commencer ni par où finir. Et le meilleur de ces jours si riches en bénédictions ne se laisse pas dire, sans parler même d'écrire. « *Praestolari in silentio salutare Dei*[15] » fut le texte du sermon du vendredi saint, que le P[ère] A[bbé][16] a fait lui-même cette fois-ci encore : silence pour préparer le jeudi saint, silence du combat le vendredi saint, silence de la victoire

---

14. Voir *ESGA* 2, Lettre n° 80, note 1 (= *Correspondance* I, trad. par C. Rastoin, p. 409) : Amélie Jaegerschmid (1895-1996), en religion sœur Adelgundis, historienne, élève de Husserl, prit part au cours d'introduction à la phénoménologie qu'Edith Stein dispensait à Fribourg. Elle fit profession solennelle en 1935 chez les bénédictines de Sainte-Lioba lors d'une célébration à laquelle assista Husserl. Sœur Adelgundis resta liée avec Husserl et sa famille, ainsi qu'avec Edith Stein.
15. « Attendre en silence le salut de Dieu » (Lm 3, 26).
16. Joseph Walzer (1888-1966), docteur en philosophie et théologie, devenu moine à Beuron sous le nom de Raphael. Dom Walzer fut élu en 1918 abbé, avec une dispense pour son jeune âge. Il montra une grande énergie en édifiant une école théologique et une grande bibliothèque, commença à développer la publication de revues bénédictines, et lança de nouvelles fondations : Grüsseau, Neresheim, Weingarten, Neubourg près de Heidelberg. Il instaura même un prieuré au Japon. En 1935, à la suite de difficultés que lui causaient les nazis, il fut contraint de quitter Beuron ; il se rendit d'abord en Suisse, puis en France et en Algérie, où il fonda le séminaire pour prisonniers de guerre (qui fut ensuite transféré à Chartres). À la suite de la guerre d'Algérie et de l'échec de sa fondation bénédictine à Tlemcen, il retourna en Allemagne, à l'abbaye de Neubourg où il mourut peu après. Son tombeau se trouve dans le caveau des abbés à Beuron. Dom Walzer, ami et conseiller spirituel d'Edith Stein, resta en contact étroit avec elle tant qu'ils purent échanger du courrier. Voir la biographie publiée par Beuron : *Raphael Walzer osb. 4. Erzabt von Beuron*, Pr. Dr J. Köhler et Br. Jakobus Kaffanke osb (éd.), LIT-Verlag, 2008.

— jubilation sans voix de la joie pascale. Il faut donc nous en tenir là.

Mais j'aimerais bien dire encore un mot. Irmgard K[och][17] et la question de son avenir furent presque le premier sujet abordé — et ce ne fut pas par moi. Sans rien demander, j'ai pu me faire une idée très précise des circonstances de son entrée. On m'a déconseillé de lui rendre visite. Ma devise « *Hic Rhodus, hic salta*[18] ! » a été absolument validée. J'ai même pu tout exprimer franchement et tout a été entendu avec bienveillance. Il n'y a là aucune sorte de « diplomatie », vous le savez bien, ni aucune arrière-pensée.

Le Très Révérend Père a quelques projets de voyage pour cet été : les 12 et 13 juillet — écoutez et soyez dans l'admiration ! —, il ira à Spire pour les jours de célébration solennelle des 900 ans de la cathédrale[19] ; dans la seconde moitié d'août, le jubilé d'Emmerich[20] en Hongrie et le jubilé de Neuburg[21]. La première moitié d'août est *a priori* libre. Mais vous ferez bien de reposer la question d'ici là à tout hasard.

C'est le père Ambrosius[22] qui a fait aujourd'hui le sermon de la fête (« Christ est vivant ! »), et j'ai aussi écouté les conférences

---

17. Irmgard Koch : voir *ESGA* 2, Lettre n° 68, note 1 (= *Correspondance* I, trad. par C. Rastoin, p. 383).
18. Voir Lettre n° 83 note 6 (= *Correspondance* I, trad. par C. Rastoin, note 2, p. 415). — Traduction latine d'une sentence d'Ésope (fable 203). Littéralement : « Voici Rhodes, saute ! » Un homme qui fanfaronne sur ses performances au saut à Rhodes se voit mis en demeure d'éprouver ses capacités. Le sens proverbial est donc : montre ce que tu sais faire ! Ce que nous faisons doit montrer la véracité de ce que nous disons.
19. Les neuf cents ans de l'érection de la cathédrale de Spire furent fêtés du 6 au 15 juillet 1930, avec de très nombreux offices et messes, des cycles de conférences, des expositions, des processions. La « chronique de Beuron » (1930-1932, p. 2) atteste que l'abbé fit le sermon à Spire le 13 juillet, alors que le même jour, l'évêque auxiliaire de Fribourg-en-Brisgau, Mgr Burger, vint à Beuron pour ordonner prêtres quelques jeunes bénédictins (qui n'étaient pas de Beuron).
20. La Hongrie célébrait le millénaire de saint Emmerich (1000 env., 1031), fils du roi Stéphane Ier. Dom Walzer n'y a finalement pas participé.
21. La toute récente fondation bénédictine de Neubourg (issue de Beuron) célébrait les huit cents ans de la première fondation de Neubourg ; dom Walzer y passa le 24 août. Le 13 octobre, il commença un voyage prévu de longue date en Terre sainte, selon la chronique de Beuron.
22. Le père Ambrosius, de son nom civil Ludwig Würth, moine à l'abbaye Saint-Martin-de-Beuron (1889-1972, hôpital de Weiler).

liturgiques du père Damasus[23] durant la semaine sainte. Je dois partir mercredi. Pour jeudi[24], je réclame fortement le soutien de votre prière et celle de sœur Placida. Et je vous remercie encore chaleureusement toutes les deux pour la charité que vous m'avez témoignée durant ma visite. Redites aussi à votre Révérende Mère Prieure[25], s'il vous plaît, combien je la remercie pour la permission d'être chez vous, avec tous mes vœux de bénédiction pour toute la maison. Sœur Placida ne doit pas être fâchée que je ne lui écrive pas en particulier. J'ai encore trop à faire.

*In Caritate Christi*

Votre E. St.[26]

---

23. Le père Damasus, de son nom civil Joseph Zähringer, moine puis 7e abbé de Beuron (1899-1977), enterré à Beuron.
24. Le jeudi 24 avril à 10 h 30, Edith Stein prononça une conférence : « Les fondements théoriques du travail éducatif social » lors du 16e congrès général de l'Association des enseignantes catholiques bavaroises, à l'hôtel Deutscher-Hof, Frauentorgraben). Cette conférence fut publiée dans la revue *Zeit und Schule*, l'organe de l'Association des enseignantes catholiques allemandes, 27e année, pp. 81-84 et pp. 90-93 (voir *ESW* XII, 52, *ESGA* 16).
25. Mère Maria Benedicta, de son nom civil Elisabeth Föhrenbach (1883-1961), avait fondé le 6 janvier 1920 la communauté des bénédictines de Sainte-Lioba, mêlant spiritualité et activités pastorales et sociales ; la congrégation fut reconnue par l'Église le 21 mars 1927.
26. *ESGA* 2, *Lettre* n° 90 (= *Correspondance* I, trad. par C. Rastoin, pp. 429-431).

## Dom Raphael Walzer[27] à Edith Stein

*Carte postale : des bâtiments de l'abbaye de Beuron, photographiés à partir du côté des frontons*
*Cachet de la poste* : Beuron (Hohenzollern), 25 avril 1930

À Mademoiselle Edith Stein
Spire, Sainte-Madeleine

M[ademoise]lle,

Comme réponse à vos deux précieuses missives, voici en retour un petit mot de remerciement et une *benedictionem omnimodam*[28] avec les chers pignons en souvenir.
Toujours in *caritate Dei*[29]

B[euron] 25 avril 1930
† R[aphael Walzer osb]

---

27. Voir *ESGA 2, Lettre* n° 91 (= *Correspondance* I, trad. C. Rastoin, p. 432).
28. Latin : « bénédiction sous tous les modes ».
29. Latin : « dans l'amour de Dieu ».

## Edith Stein à Roman Ingarden

Sainte-Madeleine, 22 décembre 1930

Cher ami,

Pardonnez-moi de ne vous remercier que maintenant pour le livre[30]. Je l'ai depuis longtemps déjà mais il me manquait le temps pour vous écrire — comme cela s'est déjà si souvent produit. Je me réjouis que vous y soyez arrivé et je lui souhaite un plein succès. Toutefois : la nouvelle édition ne va pas être si vite nécessaire que je doive me presser à faire l'inventaire des fautes. Mon saint Thomas [*De veritate*][31] est beaucoup plus urgent. Mon libraire de Breslau — Otto Borgmeyer — l'a accepté dans sa maison d'édition. Son frère, Franz Borgmeyer, à Hildesheim, s'occupe de l'impression, depuis juin. On procède à la petite cuillère avec des pauses qui durent des semaines, voire des mois, et je dois intervenir auprès des deux frères pour soutirer chaque petite cuillère. Cependant, quelques feuillets prêts à l'impression et très bien réussis sont déjà là et avec un peu de bonne volonté le premier tome pourrait être prêt très vite. — Venons-en maintenant à votre « affaire ». Si j'ai répondu précédemment de manière si dilatoire, à ce que vous me dites (je n'en sais pas plus), c'était simplement pour vous donner une pilule de tranquillisant. Je n'ai jamais sérieusement songé à accepter quoi que ce soit de vous. Quand on est père de trois fils, on a certainement davantage besoin d'un subside (l'honoraire n'est sûrement pas royal) qu'une *virgo superadulta*[32] vivant dans un couvent.

---

30. Le livre d'Ingarden : *Das literarische Kunstwerk* (*L'œuvre d'art littéraire*), Halle, 1931. Il s'agit peut-être d'un exemplaire précédant la sortie en librairie.
31. *De saint Thomas d'Aquin, Untersuchungen über die Wahrheit* (*Quaestiones disputatae de veritate*). Dans la traduction allemande d'Edith Stein. Avec une préface de M. Grabmann, 1er vol., (Quaestio 1-13), éd. O. Borgmeyer, Breslau, 1931. — Vol. II (Quaestio 14-29) ; le registre latin-allemand, 1934 (en tant que fascicule à part).
32. « Une vierge qui n'est plus dans sa prime jeunesse ». Allusion humoristique à 1 Cor 7, 36, où saint Paul recommande la virginité sans déconseiller le mariage : « Si cependant quelqu'un estime manquer aux convenances envers une jeune fille vierge, si elle a passé l'âge (*virgo superadulta*) et qu'il est de son devoir d'agir ainsi, qu'il fasse ce qu'il convient, il ne pèche pas. »

En voilà assez avec les affaires ! Dans deux jours, c'est la nuit sainte et je dois la célébrer dans mon cher Beuron[33] presque comme un vrai moine. Je vous souhaite aussi, ainsi qu'à votre famille, une très belle fête et une heureuse nouvelle année.

Cordialement

Votre Edith Stein[34]

Peut-être passerai-je par Fribourg au retour[35]. J'ai déjà des nouvelles circonstanciées de Koyré[36] à Montpellier. Cela ne peut bien sûr pas être comparé avec Paris. Mais c'est bien pour lui et pour sa femme d'avoir enfin un revenu assuré avec de surcroît un environnement splendide et sain.

*Frères au travail des champs vers 1930*

---

33. Edith Stein demeura à Beuron du 20 décembre au 3 janvier 1931, d'après le livre d'hôtes de la pension Mayer. Durant cette période eut lieu le baptême d'Alice Reis (1907-1942), dont Edith fut marraine. C'est aussi à Beuron cette année-là qu'Edith Stein écrivit sa conférence « Le mystère de Noël », qu'elle fit à Ludwigshafen le 13 janvier.
34. *ESGA* 4, Lettre n° 147 (= *Correspondance* I, trad. par C. Rastoin, p. 480 *sq.*).
35. À son départ de Beuron le 3 janvier, Edith Stein séjourna le 4 au monastère des bénédictines à Günstertal (Sainte-Lioba) et rendit probablement visite à Husserl car ses chroniques mentionnent le 4 janvier 1931 : « Edith Stein nous a récemment rendu visite » (*HChr*, p. 376).
36. Koyré avait été nommé maître de conférences à Montpellier pour l'année universitaire 1930-1931.

## Edith Stein à Ludwig Husse[37]

Beuron, 2 janvier 1931

Pax !

Très Révérend Père,

Durant les jours des fêtes de Noël passées à Beuron, ma conscience m'a maintes fois rappelé que je devrais faire une conférence le 13 janvier. Vous comprendrez cependant que nul thème ne m'est venu à l'esprit en dehors du « mystère de Noël[38] » lui-même ? Merci de m'écrire à Spire ce que vous en pensez : j'y serai de retour le 5, je pars d'ici demain matin et passerai par Fribourg[39].

En dernier lieu, je souhaite encore que le saint temps de Noël vous apporte de riches grâces, une bonne provision en vue de l'année nouvelle.

Respectueusement votre dévouée

Edith Stein[40]

---

37. Ludwig Husse (1890-1976), curé de Saint-Ludwig à Ludwigshafen. Husse reçut la Croix du service, fut citoyen d'honneur de la ville de Ludwigshafen et reçut du pape Jean XXIII le titre de prélat pontifical. Il s'engagea fortement dans Caritas et le travail social.
38. Le 13 janvier, Edith Stein fit, devant le groupe social de l'Association des universitaires catholiques, la conférence : « Le mystère de Noël. Incarnation et humanité ». Elle fut publiée dans la revue *Die katholische Schweizerin*, éditée par l'Union des femmes catholiques suisses, 23<sup>e</sup> année, n° 3, 5 décembre 1935 et le n° 4, 15 janvier 1936 (Einsiedeln). Ensuite, dans *ESW* XII. À Ludwigshafen, Edith Stein rencontra la philosophe Ernst Bloch (1885-1977) chez le chirurgien Max Hirschler, dont l'épouse Helene, originaire de Breslau, était une amie d'Edith Stein. Selon le fils Eric Hirschler, Edith Stein et Ernst Bloch avaient longuement discuté ensemble, après la conférence du 13 janvier (voir : W. Herbstrith (éd.), *Erinnere Dich - Vergiss es nicht* (*Souviens-toi, n'oublie pas*), Annweiler, Essen, p. 365).
39. Edith Stein rendit visite à Fribourg à Edmund Husserl et aux bénédictines de Sainte-Lioba.
40. *ESGA* 2, Lettre n° 128 (= *Correspondance* I, trad. par C. Rastoin, p. 487 *sq.*).

## Edith Stein à sœur Callista Brenzing[41]

Sainte-Madeleine, 18 janvier 1931

Pax !

Chère Sœur Callista,

Je viens d'écrire un petit mot d'encouragement à votre sœur homonyme[42] à Wurzbourg[43]. Maintenant c'est votre tour. J'ai reçu votre gentille lettre alors que j'étais encore dans mon cher Beuron. Mon cœur y est toujours et n'en reviendra que s'il le faut vraiment ; en général, il attend là-bas que j'y retourne, probablement pour la semaine sainte. Je dois passer la semaine de Pâques à Munich. Ensuite vous n'y serez plus.

Vous ne devez pas imaginer le sort de sœur Agnella en des couleurs trop sombres. La longue maladie de son père a assurément été lourde à porter, sa mort a été une délivrance. Pendant quelque temps encore, elle n'a pas à craindre d'être nommée directrice. Elle a été tranquillisée au printemps à ce propos quand, à Gemünd[44], on (La Révérende Mère[45]) lui a assuré qu'elle ne recevrait naturellement pas immédiatement la charge. Si cela arrive, elle s'y résignera et cela sera aussi — pour tout l'établissement — une situation meilleure que l'état actuel provisoire qui perdure. Sa situation n'est pas facile mais elle a la force intérieure pour l'affronter et peut être sûre, ce qui est un soutien puissant, que la Révérende Mère est parfaitement accordée à nos vues et que, avec sœur Callista et sœur Reinhildis [Ferber], les futures alliées ne vont pas tarder à arriver.

---

41. Voir *Lettre* n° 70, note 1.
42. Sœur Callista Kopf op, qui étudiait à l'époque à Wurzbourg.
43. Voir *Lettre* n° 48, note 1.
44. Les dominicaines avaient une maison à Gemünd, Sainte Catherine. Fondée en 1926, elle abritait une école d'arts ménagers avec un internat. Cette institution fut réquisitionnée par la Wehrmacht en 1944, détruite en décembre de la même année par les bombardements et ne fut pas reconstruite ensuite.
45. La Révérende Mère est sœur Ambrosia Hessler, op (Voir *Lettre* n° 119, note 6).

Sœur Reinhildis[46] a toujours été le souci de son père à cause de sa santé fragile et le sera toujours au couvent. J'espère cependant que son intelligence qui travaille avec une aisance et une rapidité exceptionnelles compensera en grande partie le manque de force physique. Je me réjouis de savoir que vous pouvez l'avoir encore quelques mois à Munich. Peut-être pourrai-je lui rendre visite encore une fois plus tard.

Si on accepte officiellement de mettre Newman[47] parmi les philosophes, il est naturellement bien meilleur que Hume[48]. C'est donc un heureux malentendu. Tous mes vœux pour l'achèvement de votre travail, cordialement.

Votre E. St.[49]

Si vous voyez sœur R[einhildis] ou le père P[rzywara][50] ces prochains jours, merci de leur transmettre mes amitiés et de dire au père qu'on lui a préparé ses quartiers à Sainte-Madeleine.

---

46. Reinhildis Ferber (Voir *Lettre* n° 88, note 5).
47. John Henry Newman, né le 21 février 1801 à Londres et décédé le 11 août 1890 à Birmingham. Newman fut d'abord anglican et une figure de proue dans le mouvement d'Oxford. Il se convertit en 1845 à l'Église romaine catholique, reçut l'ordination sacerdotale, devint recteur de l'université catholique à Lubin, fut créé cardinal en 1879. Il introduisit l'Oratorium de saint Philippe Neri en Angleterre et en fit lui-même partie.
48. David Hume (Voir *Lettre* n° 49, note 3). Callista Brenzing avait demandé conseil (peut-être auprès d'Edith Stein elle-même) sur le choix du philosophe qu'elle étudierait particulièrement pour son examen d'État. On lui avait répondu Hume mais elle avait compris Newman.
49. *ESGA 2, Lettre* n° 134 (= *Correspondance* I, trad. par C. Rastoin, p. 494 *sq.*).
50. Voir *Lettre* n° 69 note 2.

## Edith Stein à Anneliese Lichtenberger[51]

29 avril 1931
Breslau X, Michaelistr. 38

Pax !

Chère Anneliese,

Tu as étudié avec plus d'attention que moi les peintures de l'église de Beuron. La peinture du plafond doit représenter la légende de la fondation : comment la Mère de Dieu apparaît au duc Rupertus[52] et lui montre où le couvent doit être édifié. Je ne sais pas de quels oiseaux représentés sur l'autel tu parles. Sainte Scolastique[53] et sainte Gertrude[54] ont, pour autant que je me souvienne, des colombes. Tu sais bien ce qu'elles signifient, n'est-ce pas ? Dans la représentation du Bon Pasteur, il y a un oiseau de proie qui voudrait fondre sur un agnelet. Cela, tu le comprends aussi. Je ne me souviens de rien d'autre. Le stage d'enseignement s'est-il bien passé ? Naturellement ce devrait être du calcul pour que tu y apprennes quelque chose ! Je te souhaite une bonne continuation !

Ton Edith Stein[55]

---

51. Voir *Lettre* n° 131, note 1.
52. Edith Stein semble s'être trompée : le fondateur du monastère est un comte Peregrin von Hosskrich (d'après Werner Feger osb de Beuron).
53. Sainte Scolastique, une des sœurs de saint Benoît selon la tradition, bénédictine et abbesse, vécut de 480 à 550 environ à proximité du monastère du Mont-Cassin.
54. Sainte Gertrude d'Helfta (1256-1302), cistercienne, fut une des mystiques les plus renommées de son temps, auteur de plusieurs ouvrages qui eurent une profonde influence par la suite.
55. *ESGA* 2, *Lettre* n° 151 (= *Correspondance* I, trad. par C. Rastoin, p. 513 *sq.*).

**Edith Stein à Callista Brenzing**[56]

Münster-en-W, 5 mai 1932
Collège Marianum

Chère Sœur Callista,

Votre bonne lettre de Pâques m'a rejointe à Beuron[57]. La radio bavaroise m'avait donné l'occasion de traverser toute l'Allemagne et j'ai pu ainsi être encore une fois un moine heureux pendant près de deux semaines. Du reste, je le suis ici aussi, avec seulement une répartition un peu différente entre *Ora* et *Labora*[58]. Je suis très reconnaissante à tous ceux qui ont contribué par la prière à me trouver cette nouvelle activité[59] mais ils doivent maintenant continuer de m'aider à remplir toutes mes tâches. Le 18, je dois parler au congrès de l'Association des enseignantes cath[oliques] allemandes[60], et le 26 juin à Saint-Dominique à Ludwigshafen[61].

---

56. Voir *Lettre* n° 70, note 1.
57. Edith Stein séjourna durant la semaine sainte et les jours de Pâques à Beuron (Voir *Lettre* 191, note 3).
58. La devise de l'ordre bénédictin est « *ora et labora* », « prie et travaille ».
59. Comme maître de conférences à l'institut de Münster-en-W. — Edith Stein tint un cours magistral le semestre d'été 1932 sur « Les problèmes de l'éducation féminine ». Ce cours fut publié dans la *Revue mensuelle bénédictine*, année XIV, fascicule 1-2 et fascicule 3-4, 1932 (1re partie du cours magistral) et année XV, fascicule 1-2 et fascicule 3-4, 1933 (partie II et III du cours magistral). Reproduction ultérieure des parties IV et V dans *ESW* V, pp. 93-187, *ESGA* 13 (Voir la traduction française de M.-D. Richard dans le volume intitulé *La Femme*, pp. 247-385).
60. Il s'agissait du 47e Congrès général de l'Association des enseignantes catholiques allemandes, durant la semaine de Pentecôte (18-20 mai 1932) à Essen, qui était organisé sur le thème de « L'enseignante catholique et la détresse du peuple ». L'assemblée se réunit dans la grande salle des fêtes de la ville. Edith Stein y fit sa conférence le 18 mai sur « Détresse et formation ». La revue *Formation féminine d'inspiration chrétienne* en fit un court compte rendu le 5 juin 1932 (cahier 11, 28e année). Le livre du colloque en donna de larges extraits (Schöningh, Paderborn, 1932). Le journal *Zeit und Schule* publia en juin 1932 les résolutions adoptées à la suite des délibérations. Une partie de la conférence d'Edith Stein (probablement son brouillon) fut publié dans *ESW* XII, puis *ESGA* 16. Le texte complet n'a pas été retrouvé.
61. Voir *Lettre* n° 196 et *Lettre* n° 197.

Vous savez certainement que trois de mes grandes filles[62] sont maintenant à des postes de direction à Spire (sœur Immolata, directrice de lycée) — à Ludwigshafen (sous-prieure) et à Mannheim. Avec toutes mes amitiés,

Votre Edith Stein[63]

---

62. Edith Stein désigne ainsi les trois jeunes dominicaines à la formation desquelles elle a participé (heures de cours personnelles, conseil et prière) : Immolata Matheis, Agnella Stadtmüller et Callista Kopf. Sœur Immolata est devenue directrice du lycée Sainte-Madeleine à Spire, sœur Agnella sous-prieure à la communauté Saint-Dominique de Ludwigshafen, sœur Callista était à Mannheim, au couvent du Sacré-Cœur fondé par les dominicaines en 1923 et à l'école de filles, qui s'appelait l'Institut Louise.
63. *ESGA* 2, *Lettre* n° 198 (= *Correspondance* I, trad. C. Rastoin, p. 587).

**Edith Stein à Maria Mayer**[64]

J+M
Pax Christi !

Cologne-Lindenthal
22 avril 1937

Chère Mademoiselle,

J'ai reçu la nouvelle du décès de votre chère mère et je voudrais vous dire combien je prends part à votre peine. Je n'ai pu vous écrire plus tôt car j'étais en retraite jusqu'à ce matin. J'unis ma prière à la vôtre. Puis-je vous demander d'exprimer aussi à Madame Caecilia[65] mes condoléances, à l'occasion ? Comme vous allez vous sentir seule désormais dans la charmante maisonnée près du pont de bois ! Mais vous y resterez, n'est-ce pas ? Peut-être vous a-t-on dit que j'ai moi aussi perdu ma chère mère l'an dernier. Elle avait presque quatre-vingt-sept ans et était restée étonnamment vaillante et vigoureuse jusqu'à sa dernière année. Mais elle a ensuite beaucoup souffert les derniers mois.

Je vous remercie vivement pour le beau livre que vous m'avez envoyé. J'ai été très étonnée de recevoir un tel présent.

Vous devez bien penser que je n'ai pas oublié Beuron. Mais je n'en ai pas la nostalgie. Celle-ci cesse quand on a atteint sa vraie patrie.

Dans l'amour du Christ,
Votre sœur Thérèse-Bénédicte de la Croix, ocd[66].

---

64. Maria Mayer (1885-1965) tenait avec sa mère la pension près du pont de bois qui menait à l'abbaye de Beuron. Edith Stein y avait souvent séjourné (voir *Correspondance* I), Maria Mayer resta à Beuron jusqu'à sa mort.
65. « Madame » était la manière alors usuelle d'appeler les bénédictines. La sœur de Maria Mayer, Teresia Mechtild (1886-1938) était entrée très jeune à l'abbaye des bénédictines de Prague, dont elle suivit le déménagement à l'abbaye Saint-Gabriel de Bertholdstein (Fehringen/Steiermark). Elle avait reçu le nom de religieuse de Caecilia en raison de son talent musical.
66. ESGA 3, *Lettre* n° 506 (= *Correspondance* II, trad. par C. Rastoin, p. 327).

## Dom Raphael Walzer à Edith Stein

Carte postale avec vue de Jérusalem (intérieur du Saint-Sépulcre)
Cachet de la poste : France, lieu et date illisibles

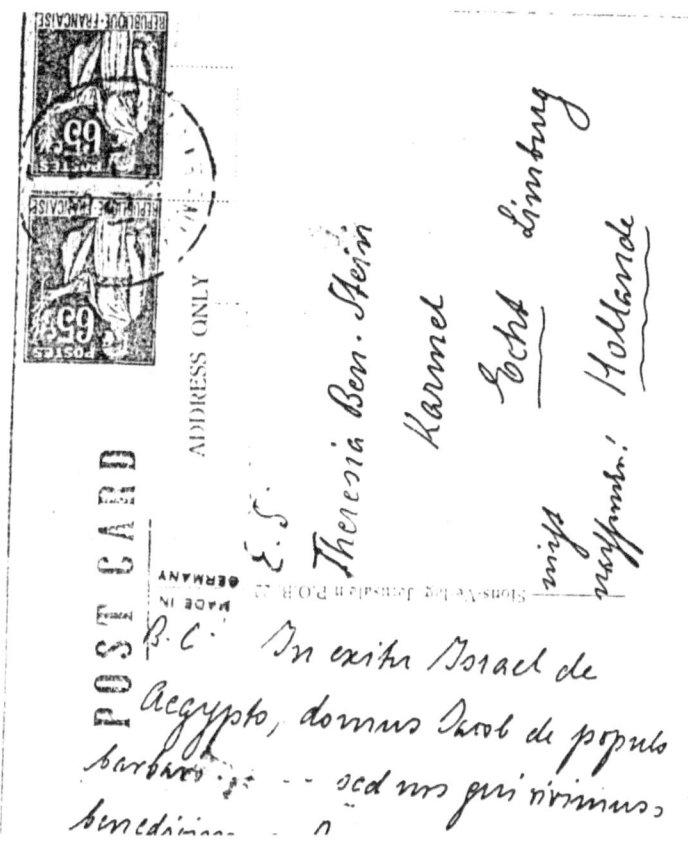

R[évérende] s[œur] Thérèse Bén[édicte] Stein
Carmel
Echt (Limburg)
Hollande

Ne pas renvoyer !

B[enedicta] C[lara][67],

*In exitu Israel de Aegypto, domus Iacob de populo barbaro... sed nos qui vivimus, benedictimus Domino, ex hoc nunc et usque in saeculum*[68]. Je n'ai guère besoin d'en dire plus, tout est dans le Ps[aume] 113.
Je reste vôtre,

R[aphael],<br>Meudon S[eine] et O[ise], 12 janvier 1939[69]

---

67. En latin : Chère Bénédicte.
68. En latin : « Israël sortit d'Égypte, Jacob de chez un peuple étranger... mais nous qui vivons, bénissons le Seigneur, maintenant et toujours. » Extrait de psaume qui permet à dom Raphael Walzer de dire qu'il est sorti d'Allemagne, passé par Jérusalem avant de trouver refuge en France, à Meudon.
69. *ESGA* 3, *Lettre* n° 590 ; fac-similé de la carte postale, archives Edith Stein au carmel de Cologne (= *Correspondance* II, trad. par C. Rastoin, p. 442).

## Dom Raphael Walzer[70] à Edith Stein

Meudon, le 12 avril 1939

B[enedicta] C[lara][71],

Pour ce qui est des affaires en cours[72], je ne peux que me ranger à votre point de vue. C'est la seule issue. C'est déjà bien triste que l'on en soit réduit à de telles issues. On n'aurait jamais dû voir rien de semblable dans l'histoire mondiale.

Il est heureux que vous puissiez vivre dans une atmosphère si ouverte. La misère des personnes touchées est indescriptible. Le carmel où vous êtes doit certainement avoir une bénédiction spéciale pour vous laisser aussi libre de vous occuper de votre famille.

L'angoisse de la guerre a de nouveau surgi ici. On comprend qu'un peuple aussi brave, droit et intelligent que le peuple français veuille tout sauf la guerre. Une véritable guerre causerait une telle misère de masse ! Que Dieu nous prenne en grâce.

Vous savez depuis longtemps les vœux de Pâques que je formule pour vous. *Pax Christi exultet in cordibus nostris*[73] !

Bien à vous comme toujours,

R[aphael][74]

---

70. *Lettre* n° 310, note 7 (= *Correspondance* II, trad. par C. Rastoin, p. 478).
71. En latin : Chère Bénédicte.
72. La publication du livre de sœur Bénédicte que l'on essayait de réaliser à l'étranger, en dehors de la sphère des interdictions nazies.
73. Que la paix du Christ règne dans nos cœurs (Col 3, 15).
74. *ESGA 3, Lettre* n° 611 (= *Correspondance* II, trad. par C. Rastoin, p. 478).

## Edith Stein à Petra Brüning[75]

J+M
Pax Xi !

Carmel d'Echt,
Le 16 avril 1939

Chère Révérende Mère,

Vous auriez dû recevoir un remerciement à Pâques pour votre si gentille lettre à l'occasion de la fête de mon saint patron [saint Benoît]. Seulement, j'ai attendu jusqu'à aujourd'hui un renseignement venant du carmel de Cologne à propos d'un sujet dont j'aurais éventuellement dû traiter dans cette lettre. Ce n'est maintenant plus nécessaire. J'ai entre-temps porté mes souhaits devant le Seigneur. De toute façon, tout ce qui vous concerne est toujours inclus dans mes intentions de prière. Je vous souhaite toutes les bénédictions du temps pascal, chère mère Petra. Toute paix et consolation dont parle la merveilleuse liturgie entre Pâques et Pentecôte ! Cela me causerait une grande joie si vous veniez un jour ici. Vous prendriez en affection le carmel d'Echt aussi rapidement que celui de Cologne. Et les sœurs auraient plaisir à vous parler de mère Paula[76] qui a été une petite mère tant aimée. Comme petite joie pascale, j'ai la permission de vous envoyer les photos. Je vous remercie pour la sainte messe et pour l'offrande faite à Cologne.

L'impression est de nouveau au point mort, et tout semble de nouveau remis en question. Je suis naturellement en lien avec mes frères et sœurs, j'ai le projet que Rosa aille en Belgique chez une tertiaire de notre ordre. J'aimerais tout vous raconter de vive voix. J'ai maintenant un moyen facile et rapide de communiquer avec le p[ère] R[aphael] W[alzer][77], je n'ai plus besoin de passer par

---
75. Voir *Lettre* n° 292, note 1 (= *Correspondance* II, trad. par C. Rastoin, p. 482 *sq*.).
76. Voir *Lettre* n° 601, note 2.
77. Dom Raphael Walzer osb vivait à l'époque à Meudon. Aussi longtemps que les

Beuron ou Rome. À en juger par ses brèves missives, il est en paix et content, il vit en simple moine et se rend utile où il peut. Il a donc beaucoup de travail. On a probablement très peu de nouvelles de lui à G[erleve], et même à B[euron].

Ma disposition foncière depuis que je suis ici est la reconnaissance. Je rends grâce de pouvoir être ici, et que la maison soit ce qu'elle est. À côté de cela, il y a toujours en moi la pensée que nous n'avons pas ici-bas de demeure permanente. Mon seul désir est que la volonté de Dieu s'accomplisse en moi et par moi. C'est lui qui sait combien de temps il me laissera ici et ce qui arrivera ensuite. *In manibus tuis sortes meae*[78]. Tout est ainsi en de bonnes mains. Je n'ai nul besoin de me faire du souci. Mais il est nécessaire de beaucoup prier pour rester fidèle en toutes circonstances. C'est vrai en premier lieu pour les nombreuses personnes qui ont à porter un fardeau bien plus dur que le mien et ne sont pas aussi ancrées dans l'éternité. C'est pourquoi je suis reconnaissante à tous ceux qui m'aident.

J'ai bien connu Helene Lieb[79]. Nous avons été tout le temps ensemble au Marianum. Elle était à ma prise d'habit et à ma prise de voile, et assez souvent pour une courte visite, elle a aussi fait sa demande d'entrée au postulat il y a déjà longtemps. Notre chère mère Teresia Renata de Cologne l'a fait venir peu de temps avant mon départ pour qu'elle puisse me dire au revoir. Nous lui avons alors donné à entendre qu'elle entrerait bientôt. J'ai déjà reçu la nouvelle qu'elle est arrivée le mardi de Pâques. Elle me succède donc.

Avec tous mes vœux dans l'amour du Ressuscité,
Et avec ma reconnaissance,

Sœur Thérèse Bénédicte de la Croix ocd[80].

---

envahisseurs allemands n'occupèrent pas les pays de l'Ouest, la liaison avec la France ne posait aucun problème. Sur dom Walzer et ses activités en France, voir Kaffanke/ Köhler, *Mehr nützen als Herrschen !*, LIT Verlag, 2008.
78. *Mon sort est dans tes mains* (Ps 31, 16).
79. Voir *Lettre* n° 301, note 2.
80. ESGA 3, *Lettre* n° 614 (= *Correspondance* II, trad.. par C. Rastoin, p. 482 *sq.*).

*L'archiabbé dom Raphael Walzer en 1938 à Meudon près de Paris*

## Dom Raphael Walzer[81] à Edith Stein

M[eudon], le 21 février [1940]

B[enedicta] C[lara][82]

Auriez-vous l'amabilité de transmettre que je n'ai malheureusement plus en ma possession l'adresse des sœurs, je n'ai ici aucun carnet d'adresses. En cas de grande nécessité, il faudrait joindre le r[évérend] p[ère] Lambert Nolle[83], un vieux père de Weingarten (en lui disant que c'est de ma part) : Besford Court, Worchester, Tel. Pershore 74. Je ne sais s'il y est encore.

Quelle idée avez-vous donc ? Les titres ne jouent aucun rôle. Depuis mon départ, je ne porte plus aucun insigne[84] et je vis donc

---

81. *Lettre* n° 310, note 7 (= *Correspondance* II, trad. par C. Rastoin, p. 533).
82. En latin : Chère Bénédicte.
83. Père Lambert Nolle (1864-1950), moine de l'abbaye Saint-Martin de Weingarten. Il fit ses vœux monastiques en 1890 et fut ordonné prêtre en 1894. On ne sait rien sur son séjour en Angleterre.
84. Les insignes de sa qualité d'abbé : anneau, croix pectorale et crosse.

en tout comme un simple *monachus* [moine]. Je donne pas mal de conférences chez les bénédictines de Vanves et chez les p[ères] de l'abbaye d'ici [La Source[85]]. Il ne manque donc rien de monastique... jusque dans le manque de temps... [Je vous souhaite un] Carême béni !

Votre R[aphael[86]]

---

85. Nom du monastère des bénédictins de Paris.
86. *ESGA* 3, *Lettre* n° 656 (= *Correspondance* II, trad. par C. Rastoin, p. 533).

# VI.
# Les voix de Beuron sur Edith Stein
*Introduction de Jakobus Kaffanke*

# VI.
## Les voix de Beuron sur Edith Stein
*Introduction de Jakobus Kaffanke*

*L'archiabbé dom Raphael Walzer vers 1933.*

# Les voix de Beuron sur Edith Stein
## Introduction

*Jakobus Kaffanke*

En juin 1933, l'archiabbé dom Raphael Walzer écrit une lettre à Cologne-Lindenthal. On peut inférer de son contenu que le carmel qui se trouvait à cet endroit l'avait prié de prendre position sur la demande d'Edith Stein d'entrer au carmel[1]. Dans sa brève recommandation, il fait allusion à deux difficultés : les réserves de la mère âgée qui, en tant que juive, ne peut que difficilement comprendre la démarche de sa plus jeune fille, et l'activité d'Edith Stein dans la sphère publique catholique, dans le mouvement féministe notamment.

Le deuxième document de la plume de l'archiabbé[2] a été écrit après 1945, lorsque dom Raphael Walzer effectua un voyage à travers les U.S.A. Il recueillait des dons auprès de ses amis américains en vue de la fondation en Afrique du Nord. Le carmel de Cologne lui avait de nouveau écrit pour l'inviter à consigner par écrit ses impressions lors de ses rencontres avec Edith Stein pour une publication sur sa vie[3]. Il faut laisser agir sur soi ce texte qui est rédigé dans un style plutôt sobre et retenu pour pouvoir appréhender les contours des traits de caractère d'Edith Stein, que cette dernière avait laissés dans l'âme de dom Raphael Walzer. Il faut également songer aux événements accablants et menaçants qui avaient atteint depuis 1935 l'archiabbé beuronois de multiples façons, mais aussi la discrétion qui caractérisait son attitude en tant que directeur de conscience. Les difficiles années de son émigration en France et en Algérie ainsi que les expériences qui conduisirent à sa résignation en tant qu'archiabbé

---

1. Edith Stein, « Wie ich in den Kölner Karmel kam », avec des explications et des compléments par Maria Amata Neyer, Würzburg-Echter, 1994, p. 33 (« Comment je vins au Carmel de Cologne », p. 495, dans : *Vie d'une famille juive*, trad. par C. et J. Rastoin).
2. Source : archives Edith Stein au carmel de Cologne.
3. Le livre de Sœur Renata Posselt ocd parut dès 1948 chez Glock et Lutz à Nuremberg sous le titre : *Edith Stein. Lebensbild einer Philosophin und Karmelitin.*

de Beuron[4], l'avaient encore davantage fait entrer dans le silence en tant que moyen ascétique de l'imitation du Christ.

Sa troisième prise de position[5] date de la même époque et a pareillement été rédigée aux U.S.A. Le texte original, tapé par l'archiabbé lui-même à la machine à écrire, est conçu en anglais[6]. À peine arrivé à New York, on le prie de parler d'Edith Stein et de sa mort[7]. Ici aussi ce ne sont pas des données et des événements biographiques que dom Raphael Walzer met au premier plan, mais il esquisse l'image d'une âme qu'il veut mettre à la portée de ses auditeurs américains pour leur édification. À la fin de ses expositions, il pose d'ores et déjà la question pleine d'espoir relative à la canonisation d'Edith Stein[8].

Un dernier document est de la plume du père Dr Daniel Feuling osb[9]. En tant que co-éditeur[10] des œuvres complètes du cardinal John Henry Newman, il fut l'instigateur de la collaboration d'Edith Stein qui traduisit en 1928 les lettres de Newman. En 1932, Edith Stein fit personnellement la connaissance du père Daniel au monastère de Neubourg[11] à Heidelberg et le rencontra quelques jours plus tard lors d'un congrès thomiste important à Juvisy près de Paris, auquel

---

4. Un livre consacré à l'archiabbé dom Raphael Walzer est paru en 2008, LIT Verlag, Munich.
5. Source : archives Edith Stein au carmel de Cologne.
6. C'est Mme Wangerer, une parente de l'archiabbé, à qui je dois le texte anglais. Tous nos remerciements vont à Mme Wangerer qui a fait avancer de diverses manières les travaux sur les documents personnels de dom Raphael Walzer après sa mort.
7. « I was invited as urgently as decided, in the midst of Manhattan's business section : talk to us of Edith Stein. »
8. « Will she be elevated on the altars of the Church one day or only enter into history as an ideal personality ? »
9. Né le 25 août 1882 à Lobenfeld, décédé le 17 novembre 1947 à Beuron, entré au monastère à Beuron en 1901. Ordination sacerdotale : 1908 ; maître de conférences à l'école supérieure de l'Ordre à Beuron, à partir de 1924 professeur de philosophie à Salzbourg ; nombreuses publications sur des sujets philosophiques.
10. Le titre de la collection de l'édition de Newman de 1928 était le suivant : *John Henry Kardinal Newman. Gesammelte Werke*, im Auftrag des Verbandes der Vereine Katholischer Akademiker zur Pflege der Katholischen Weltanschauung, éd. par P. Daniel Feuling osb, P. Erich Przywara sj, M. le professeur P. Simon, 1er volume, Theatiner Verlag, Munich, 1928. Selon *ESGA* 22, page XVI.
11. Voir à ce sujet : J. Schaber, « Zwischen Theologie und Seelsorge. Der Beuroner Benediktinerpater Daniel Feuling (1882-1947) » dans : *Erbe und Auftrag*, 79, 2003, pp. 206-223.

participa également entre autres le père beuronois Aloys Mager. Ici se manifestèrent les capacités d'Edith Stein à s'exprimer en français également sur des thèmes philosophiques complexes. Dans le texte présenté ici, le père Daniel rend hommage à sa dernière rencontre avec Edith Stein, qui se trouvait déjà au carmel de Cologne. Il parle plusieurs fois de l'harmonie entre l'entendement et le sentiment, qu'il avait observée chez la moniale et qui l'avait fortement impressionné.

## 1. Lettre envoyée depuis l'abbaye de Saint Anselme, U.S.A. par dom Raphael Walzer osb

U.S.A.  Saint Anselm's Abbey
en ce moment  MANCHESTER, NEW HAMPSHIRE

le 2 décembre 1946

Vénérable sœur Aloisia,

Je reçois à l'instant vos deux lettres en date du 28 septembre et du 3 octobre. Vous comprendrez maintenant pourquoi la réponse s'est fait attendre si longtemps. Parmi de telles requêtes et demandes qui m'ont été réexpédiées ici, je n'en trouve pas de plus aimables et de plus bienvenues que la vôtre.

J'ai reçu dans l'année 1940 la dernière nouvelle de notre chère, défunte martyre, lorsque j'ai fui la France. J'ai rarement rencontré une âme réunissant tant de qualités si élevées en un seul esprit. Elle était en même temps la modestie et la simplicité en personne. Dotée d'une grâce mystique au vrai sens du terme, elle ne donnait pas une impression d'affectation ou de supériorité. Elle était restée totalement femme, avec une sensibilité délicate, voire maternelle sans vouloir materner quiconque. À l'instar de sa mère très âgée demeurée juive, Edith pouvait par exemple rester une journée entière le Vendredi saint dans l'église de Beuron, dans une paix silencieuse et dans la contemplation bienheureuse des mystères sacrés. De même qu'il ne lui était pas difficile d'être simple avec les gens simples, savante avec les savants sans aucune prétention, chercheuse avec ceux qui cherchent, j'aimerais presque ajouter pécheresse avec les pécheurs, elle n'a jamais éprouvé la moindre difficulté à partager le même banc au carmel avec les sœurs converses. Je ne voudrais pas poursuivre

## 1. Brief aus der Saint Anselm's Abbey, USA
*D. Walzer OSB\**

USA
z. Zeit

**Saint Anselm's Abbey**
MANCHESTER, NEW HAMPSHIRE

den 2. Dezember 46

Ehrwürdige Schwester Maria Aloisia,

Soeben erhalte ich Ihre beiden Briefe vom 28. September und 3. Oktober. Sie werden nun verstehen, warum die Antwort so lange auf sich warten ließ. Unter so manchen Bittgesuchen und Nachfragen, die mir hierher nachgesandt worden sind, finde ich keine liebere, willkommenere als die Ihrige.

Die letzte Nachricht unserer lieben seligen Märtyrin habe ich wohl noch im Jahre 40, vor meiner Flucht aus Frankreich bekommen. Leider habe ich keine Briefe aufbewahrt. Mit ihr ist eine der größten deutschen Frauen unserer Zeit heimgegangen. Selten habe ich eine Seele getroffen, die so viele und hohe Eigenschaften in einem Geist vereinigt hatte. Dabei war sie die Einfachheit und Natürlichkeit in Person. Mystisch begnadet im wahren Sinn des Wortes, hat sie nicht den Schein des Gesuchten oder Überlegenen an sich getragen. Sie war ganz Frau geblieben, mit zartem, ja mütterlichem Empfinden, ohne irgendjemand bemuttern zu wollen. Wie ihre jüdisch gebliebene hochbetagte Mutter noch die strengen Fasten hielt, so konnte Edith z. B. einen vollen Tag am heiligen Karfreitag in der Beuroner Kirche verweilen, in lautloser Stille und seliger Beschauung der heiligen Geheimnisse. Wie es ihr nicht schwer fiel, mit einfachen Menschen schlicht zu sein, mit Gelehrten gelehrt ohne alle Überhebung, mit Suchenden eine suchende, beinahe möchte ich hinzufügen mit Sündern eine Sünderin, so hat sie nie die geringste Schwierigkeit empfunden, mit Laienschwestern zusammen an der selben Schulbank des Karmels zu sitzen.

Ich möchte nicht weiterfahren in meinem Canticum, Ich denke, RP Przywara S. J. wird sich der Biographie als erster Experte annehmen, Er hat sie seiner Zeit an mich gewiesen. Er lebt wohl irgendwo in Deutschland und ist erreichbar. Ich werde vor Jahresfrist nicht nach Frankreich zurückkehren. Guten Mut in dieser schweren Zeit. Bitte auch Herrn Professor Peterson wieder zu grüßen.
Mit besten Segenswünschen,

*R Walzer*

\* Brief von Erzabt Raphael Walzer

*Lettre envoyée depuis l'abbaye de Saint Anselme, U.S.A., par dom Raphael Walzer osb*

plus avant mon chant de louange. Je pense que P. Przywara sj entreprendra la biographie en tant que le premier expert[1]. C'est lui qui l'avait adressée à moi en son temps. Il vit quelque part en Allemagne et est joignable. Je ne retournerai pas en France avant un délai d'un an. Bon courage en ce temps difficile. Je vous prie aussi de saluer de nouveau Monsieur le professeur Peterson. »

## 2. Prise de position de l'archiabbé Raphael Walzer osb sur Edith Stein[*]

Ma surprise ne fut pas très grande lorsque durant ces jours-là, au milieu du quartier d'affaires à Manhattan, tout juste introduit, on m'adressa cette prière aussi pressante que déterminée : parlez nous d'Edith Stein.

Je ne trouve pas cette nostalgie américaine pour ce qui est mystique et tout à fait profond frappante ou étonnante. Elle se manifeste comme en France dans l'attrait ardent pour le trappisme et pour la vie contemplative en général. Ne vouloir y voir qu'un effet rétrospectif de l'activisme nord-américain sans pareil est à tout le moins superficiel sinon injuste. Dans ce pays où la technique née des expériences de tous les pays et de toutes les époques a atteint un très haut développement sur le sol américain, la vie de l'esprit naturelle et surnaturelle a aussi les meilleures chances de se déployer pleinement. Ainsi s'explique que, dans la vie de la carmélite Stein, ce ne soit pas tant précisément une vocation et une conversion uniques en son genre, une carrière scientifique remarquable, un martyre prestigieux qui nous rappelle le *kalon to dynai* d'un évêque tel qu'Ignace d'Antioche[2], mais bien davantage encore l'âme de cette vie spirituelle comblée par la grâce qui puisse être l'objet de la sainte curiosité de nos amis américains.

---

[*] Archives Edith Stein au carmel de Cologne. — Traduction légèrement retouchée à partir de l'anglais.
[1] Le premier ouvrage sur Edith Stein parut alors en 1948 chez Glock et Lutz à Nuremberg sous le titre suivant : *Edith Stein. Lebensbild einer Philosophin und Karmelitin*. — L'auteure était la prieure d'alors des carmélites de Cologne, Renata Posselt ocd.
[2] « Saluez les sœurs... je suis en route pour l'Est ». Sa dernière parole connue doit faire songer à ce saint qui, dans sa route vers l'Ouest, la mort devant les yeux, trouvait si merveilleux de disparaître avec le Christ Soleil pour ressusciter un jour avec Lui.

Je devais certes être appelé à témoigner au moins pour les dernières années de la disparue. Mais je ne peux m'empêcher d'émettre la remarque à quel point il m'est difficile de donner des réponses ultimes à de telles questions. Tout d'abord, ce n'est pas abonder dans le sens de cette femme modeste que de dévoiler les secrets les plus intimes de son cœur. À cela vient s'ajouter le fait que nous n'avons guère échangé ou laissé une correspondance ayant trait à des choses dignes d'être mentionnées. Sa vie intérieure était également sans problème et si simple qu'il ne m'est resté en souvenir de nos tête-à-tête que l'image d'une âme tout à fait pure et mature : *fuit et quietus* ; le repos et l'équilibre étaient chez elle aussi, comme l'hymne de ceux qui se confessent le chante dans le bréviaire monastique, à la place ultime et suprême. Malgré toutes ces entraves, je pense être en mesure de mieux élucider dans ce qui suit quelques traits de son caractère.

Lorsque Edith Stein vint la première fois à Beuron, elle n'était certainement plus une novice. Elle apportait avec elle tant de choses précieuses qu'elle découvrit aussitôt dans l'atmosphère monastique de ce coin caché du Danube sa véritable patrie, mais n'eut nul besoin de faire l'expérience d'une transformation intérieure ou d'apprendre quelque chose de radicalement nouveau. Le temps était venu en quelque sorte de moissonner ce que d'autres avaient semé et ce qu'elle s'était elle-même employée à faire lever dans le meilleur terreau[3]. » Ce fait peut être traité dans chaque biographie comme l'un des mieux attestés, sans que la vérité historique en soit tronquée. Mais en quoi résidait la véritable force d'attraction qu'exerçaient sur elle Beuron et ses offices ? Certainement pas dans leur durée. L'endurance d'Edith n'avait certes pas de limites. Elle parvenait par exemple à passer dans l'église de l'abbaye tout le Vendredi saint depuis très tôt le matin jusque tard dans la nuit. Fidèle réplique de sa mère juive rigoureusement ascète, elle n'y voyait aucun « exploit ». L'exploit dans la piété lui était étranger comme la commodité et la recherche sans sacrifice d'un gain de grâces et de joies intérieures. Elle n'avait ni ne cherchait ce faisant des élévations

---

3. Six ans avant sa première venue à Beuron, Edith Stein, de confession juive, s'était convertie au catholicisme (le 1er janvier 1922 à Bergzabern).

ou des ravissements extraordinaires. Ni son entendement ni ses sens ne s'y prêtaient. Elle voulait simplement être auprès de Dieu, avoir pour ainsi dire sous les yeux les grands mystères, ce que la libre nature à l'extérieur en dehors du lieu saint clos ou bien une cellule silencieuse ne pouvaient lui donner. Je ne pense pas que dans sa méditation et dans sa prière, elle ait recouru à de nombreux textes de l'Écriture, voire qu'elle ait pratiqué l'exégèse biblique ou qu'elle ait conçu des conférences intellectuelles auxquelles elle ne cessa d'être appelée. Il est certain que d'innombrables idées envahissaient son esprit, montant et descendant, comme sur une échelle de Jacob, animées par les messagers du ciel ; des souhaits ardents et de nobles projets s'y associaient. Mais à l'instar de son attitude extérieure presque figée, elle demeurait au plus profond d'elle-même dans le repos que procurent une contemplation bienheureuse et la joie de se tenir devant Dieu. Convertie emplie de gratitude et heureuse d'être chez elle dans le giron de l'Église, elle reconnaissait la grande Église orante devant le chœur des moines, auquel elle pouvait pleinement s'intégrer avec ses connaissances liturgiques et dogmatiques. De même qu'en priant de manière ininterrompue devant le Père, Edith voyait dans le Christ la tête divine du Corps mystique, de même la vie surnaturelle consistait pour elle au premier chef dans la prière officielle de l'Église, dans la réalisation du « priez sans cesse ». Elle acceptait cet ordre dans toute sa profondeur, et elle ne trouvait aucun office trop long, aucun effort trop grand ou simplement comme un sacrifice précieux : il allait de soi dans sa foi de se mettre au diapason de la *laus perennis* et de s'y immerger. La rigoureuse forme hautement liturgique, dans sa longueur et dans sa brièveté, était certainement tout pour elle et à certains égards indispensable. Pourtant, lorsqu'il s'agit plus tard de son entrée définitive au Carmel, elle n'éprouva aucune difficulté à renoncer à l'interprétation bénédictine ainsi qu'à la possibilité d'appartenir à l'Église orante (*Ecclesia orans*). Je ne tentai pas non plus de lui suggérer l'entrée dans une abbaye de bénédictines dépendante de l'archiabbé de Beuron. Sous un angle humain, elle aurait été une brillante fille de saint Benoît. Elle s'est bornée à choisir le nom du patriarche comme second nom d'ordre.

Des âmes qui, comme elle, ont saisi l'esprit du tout, peuvent se permettre de continuer à soigner et à approfondir ce même esprit, y compris dans des formes de vie religieuse plus spécialisées. Même la seule beauté de la rigoureuse liturgie n'était pas capitale pour son esprit et pour son cœur. Certes la forme — qu'il s'agît de la langue, de la contemplation et du faire — occupait une place privilégiée. De même qu'elle suscitait presque l'impression de vouloir être remarquée par la simplicité de sa tenue et de son apparence, de même que son visage rond et régulier trahissait un sens prononcé pour l'harmonie et pour l'art véritable, de même elle éprouvait certainement dans les prières ecclésiastiques et les rites officiels un rare plaisir. Mais rien d'humain ne pouvait la déranger ce faisant, ni les formes en partie malheureuses de l'église du monastère de Beuron, ni d'autres imperfections qui ne lui échappaient nullement, compte tenu des connaissances polyvalentes qui étaient les siennes. L'aspect esthétique unilatéral ne corrompit jamais ni sa pensée ni sa prière. Nous ne parlâmes guère des questions qui étaient pourtant discutées alors et qui avaient été soulevées par une orientation intellectuelle esthétisante. Edith n'était pas partante pour ces problèmes. Elle s'en tenait éloignée et ne s'employait ni à les critiquer ni à les combattre. Pour ces raisons également, il ne lui fut pas difficile d'opter pour le Carmel. Personne ne voyait plus clairement qu'elle-même qu'elle aurait à s'adapter à la pauvreté et à la simplicité qui y étaient de rigueur et, partant, à diverses formes qui s'opposeraient immanquablement à son goût formé. Je n'eus pas non plus besoin de l'y préparer de la façon dont le maître des novices, au cinquante-huitième chapitre de la règle, doit mettre sous les yeux du postulant tout ce qui est difficile et contraire afin de mettre sa vocation à l'épreuve. Elle courut simplement vers le Carmel, avec joie et en chantant, comme un enfant court se jeter dans les bras de sa mère, sans regretter plus tard ne serait-ce qu'une minute ce zèle presque aveugle. Un peu de la façon dont saint Benoît décrit une fois cette démarche : « Nous devons accourir maintenant et mettre en œuvre tout ce qui aura de la valeur pour l'éternité. » Je peux maintenant encore assurer expressément qu'Edith n'a nullement privilégié par rigorisme ascétique la forme globale peut-être moins attrayante du Carmel d'un point de vue liturgique pour se mortifier pour ainsi dire — sous un angle humain — par des conditions existentielles difficiles —, une idée que l'on pourrait être tenté de supposer chez elle. Non, elle n'a pas du tout mis de temps à soupeser et à choisir. Le Carmel était depuis longtemps sa prédilection et son rêve le plus cher. Or, étant donné que je ne pouvais plus lui refuser l'entrée au Carmel eu égard aux circonstances dans le Troisième Reich, elle voulut réaliser son rêve tout simplement. Elle écoute la voix du Très-Haut, lui obéit et ne se demande pas longtemps où le chemin la conduit. (Aujourd'hui, dix-sept années riches en événements après notre dernière rencontre, je trouverais certainement chez Edith une pleine compréhension pour un idéal de beauté de la vie religieuse, idéal ayant continué à croître, à mon sens, et auquel ont conduit ce qu'il est convenu d'appeler mon exil ainsi que les années de guerre, mais surtout les trois années heureuses que je pus passer dans l'esprit de la règle au sein d'une communauté tout à fait unique, composée de soixante prêtres, gens de robe et séminaristes prisonniers de guerre allemands en Afrique du Nord. Même cette forme n'aurait guère étouffé chez Edith l'appel du Carmel, mais elle s'en serait réjouie, et cette forme l'aurait édifiée comme personne d'autre). Avec son sens prononcé pour la simplicité, détachée de tout ce qui est pompeux, avec son sens prononcé pour l'entièrement vrai, libre de l'apparence du compromis, avec son sens prononcé pour tout ce qui est silencieux et non affecté, se cachant de toute reconnaissance humaine — elle avait un sens maternel pour le devenir des grandes choses dans le Royaume de Dieu.

Il me parut presque être de mon devoir de préparer la future carmélite à une dernière difficulté qui pouvait se présenter à elle. Mais je m'aperçus très vite à quel point elle s'en souciait peu également. Même là tout lui paraissait aller de soi. Il n'était pas nécessaire d'y revenir une seconde fois. Si quelqu'un pouvait l'être, alors Edith pouvait à bon droit et au sens véritable du terme être qualifiée d'intellectuelle. Elle-même aurait considéré comme une prétention et un orgueil de l'esprit d'être rangée dans cette catégorie.

La grande Thérèse ne connaît qu'une seule classe de sœurs qui — habituellement pas plus de vingt et une — vivent ensemble dans une sorte de mise au pas. Edith ne rechercha certainement pas le couvent de Cologne dans l'espoir d'y rencontrer une prieure ayant suivi une formation universitaire ou de se mouvoir dans un cercle de sœurs égalant son niveau intellectuel. Pour autant que je sache, elle était la seule intellectuelle parmi ces dernières. Quant à la question de savoir si on l'autoriserait à long terme à avoir une activité ou la favoriserait ou si on la lui imposerait dans l'obéissance, elle ne se mit martel en tête ni à propos de cette question ni à propos d'autres analogues, et ne chercha d'aucune façon à s'en assurer. Aucun ami sur le plan scientifique n'était en droit d'intervenir à cet égard directement ou indirectement en faveur de l'ancienne assistante de Husserl et de l'ancienne directrice de l'Institut allemand de pédagogie scientifique à Münster auprès des autorités ecclésiastiques sur ce qui allait advenir d'elle. Pas l'ombre d'une arrière-pensée n'obscurcit sa noble intention. Mais ce que cela signifiait pour un esprit qui avait si soif d'apprendre et de faire des recherches, il n'est pas difficile de le comprendre. De fait, déjà la vie commune quotidienne dans un couvent à la clôture rigoureuse, très à l'étroit du point de vue de l'espace, situé au milieu de la ville parmi des sœurs converses qui n'étaient apparemment pas des intellectuelles — tout cela me semblait être par trop audacieux même pour une âme aussi héroïque que celle d'Edith Stein. Je me trompais complètement. Même là elle précéda[4] mon propre développement. Je dois faire ici un aveu : je n'ai pas aujourd'hui de souhait plus ardent que le retour à une famille religieuse unique sans système de seconde classe de moines de chœur et des frères convers, des moniales de chœur et des sœurs converses. Ce qui me parut être encore une difficulté avant l'entrée d'Edith Stein au Carmel, ce dont je ne pouvais me forger à l'époque une idée très précise encore, c'est ce que me montrèrent lentement les années suivantes riches en événements : pourquoi ne délivrons-nous pas une seule et même formation religieuse et complète aux

---

4. Annotation de la traductrice inconnue : « Le reste du mot est illisible, mais il signifie "précéda". »

jeunes personnes des deux sexes, qui veulent accéder aux sphères les plus élevées, de telle sorte que tous les jeunes professeurs, par exemple, soient au fil du temps en mesure de participer à un seul et même office divin ? Pourquoi n'en revenons-nous pas dans ce domaine si familier à la lettre de la règle de saint Benoît ? Il s'ouvrirait alors une voie d'autant plus libre et plus brillante pour une répartition du travail au sens de prêtrise, d'artisanat et d'art. Notre carmélite a déjà agi à son époque, avec humilité et efficacité, anticipant avec audace une évolution que l'on n'approuve guère de nos jours encore. Je voudrais avoir de nouveau Edith quelques heures devant moi pour connaître sa vie au carmel, de la façon dont nous pouvons relater à nos contemporains la vie monastique alors non divisée. Ce n'est pas le lieu ici de nous pencher sur le comment et sur les nombreuses questions qui s'y rattachent. Mais il s'agit ici de rendre grâce au Très-Haut d'avoir révélé à sa carmélite comment nous devrions tous être véritablement unis. Elle chercha et trouva cette unité idéale des humbles chercheurs de Dieu. Lorsque après les festivités liées à sa prise d'habit, je pus la voir et lui parler seul avec elle — ce fut la dernière fois — je la priai de me donner une réponse tout à fait précise et sans user de diplomatie à la question de savoir comment elle s'était insérée dans sa communauté de vie avec les sœurs sous une direction spirituelle. Comme je devais m'y attendre, j'eus la confirmation qu'elle se trouvait chez elle en cœur et en esprit, voilà ce qu'elle me donna pour réponse avec toute sa vivacité propre à une nature ardente. On n'était pas même tenté de songer à un miracle particulier de la grâce. Tout semblait être le fruit d'une évolution naturelle à l'intérieur de sa maturation surnaturelle. Aussi je ne me représentais pas non plus son amour de la Croix et son désir du martyre comme une attitude intellectuelle par trop consciente, lesquels se seraient exprimés dans des souhaits définis et dans des intentions de prière, mais je me les représentais plutôt comme une disposition profondément ancrée au fond de son âme à suivre partout le Seigneur. Je ne pense pas qu'elle se soit volontairement abstenue de tenter d'organiser à temps une fuite en Suisse pour échapper à une mort cruelle. Elle aurait accepté une telle solution dans une humble obéissance[5]. D'un autre côté, cependant, elle ne se soucia pas de mener à bien ce projet, toujours portée par une absence de désir et par une soumission saintes à la volonté du Très-Haut.

Nous ne savons pas ce que la providence divine a prévu pour la disparue. Sera-t-elle un jour élevée sur les autels de l'Église ou n'entrera-t-elle dans l'histoire que comme une personnalité idéale ? Je ne serais pas étonné si c'est la seconde alternative qui devait prévaloir. Une chose sera toujours vraie : son image, sa prière et son travail, son silence et sa souffrance, son dernier voyage vers l'Est ne pourront pas facilement être effacés de la mémoire des générations futures et irradieront toujours de la force et susciteront le désir d'une profondeur de foi, d'espérance et d'amour.

Dom Raphael Walzer, osb<br>archiabbé de Beuron

---

5. Note de l'éditeur de cet ouvrage : s'agissant des tentatives d'Edith Stein pour obtenir un visa pour la Suisse, voir *supra* l'article de Katharina Oost : « Un moine heureux », p. 127, note 1.

*L'archiabbé dom Raphael Walzer vers 1950, alors abbé du monastère bénédictin Saint-Benoît à Tlemcen dans l'Ouest de l'Algérie.*

## 3. Quelques souvenirs d'Edith Stein sœur Bénédicte[*]

Daniel Feuling osb

### I.

*P. Daniel Feuling osb vers 1930*

La vie ne m'a mis en rapport avec sœur Bénédicte que deux fois : la première fois, c'était en septembre 1932, et puis, quelques années plus tard, en 1937, au carmel de Cologne. La première rencontre fut curieuse. J'étais rentré le 5 septembre, un lundi matin, de Forêt-Noire où j'avais parlé avec le professeur Martin Heidegger de la conférence que je devais prononcer sur la phénoménologie. Nous avions ce faisant également parlé d'Edith Stein que je ne connaissais cependant pas encore personnellement, bien que son nom me soit très familier. Ma conférence soulevait de grandes difficultés du point de vue de la langue. Tant Husserl, le fondateur de la phénoménologie et l'ancien maître d'Edith Stein que Heidegger écrivaient d'une manière très particulière, et ce n'était pas facile de traduire dans un français compréhensible les modes d'expression allemands. Lorsque j'en parlai à Heidegger, ce dernier me dit que le professeur russe Koyré, qui avait été l'assistant de Husserl à l'instar de Heidegger et

---

[*] Archives Edith Stein au carmel de Cologne.

d'Edith Stein, avait édité quelques-uns de ses travaux en français. Comme Heidegger n'avait pas les fascicules avec lui à la montagne, il pensa que je pouvais peut-être me rendre auprès de Koyré à Paris pour apprendre sa façon de traduire. Comment m'y prendre, je ne le savais cependant pas, car je ne devais pas habiter à Paris, mais dans le lointain Juvisy chez les dominicains où le congrès devait se tenir. C'est avec cette question que je revins donc à l'abbaye de Neubourg.

L'après-midi de ce lundi, j'avais à aller chercher quelque chose à la porte du monastère. Le frère portier me tendit une carte de visite. Il pensait que c'était quelque chose de particulier et pouvait me concerner. À ma grande surprise, je lus : Dr Edith Stein ! Bien entendu, je demandai aussitôt : « Est-elle là ? Je dois lui parler. » Elle était là, venue de Heidelberg avec son amie, Dr Conrad-Martius, pour saluer un père ami, Petrus Jans. Madame le Dr Conrad-Martius avait été alitée à Heidelberg et Edith Stein lui avait rendu visite. Notre joie fut grande, car, comme un philosophe de Glasgow me dit un jour : « The philosophers are all brethren. » Les philosophes sont tous frères. Et nous nous entretînmes un bon moment sur des choses qui nous concernaient tous. Je lui posai vite aussi la question de savoir si elle savait où l'on pouvait trouver Koyré à Paris, et je lui parlai de ce que Heidegger m'avait dit à propos des traductions. Edith Stein me répondit alors : « Je pars dès mercredi à Paris et j'habiterai chez le Professeur Koyré. » Et elle promit de m'apporter les documents à Juvisy. Je partis moi-même le samedi à Paris et je me rendis à Juvisy situé à quarante kilomètres de là. Lorsque je fis l'après-midi un tour dans la grande cour de la maison des dominicains, je vis une dame venir vers moi — c'était Edith Stein qui était venue avec le train pour m'apporter les documents souhaités. J'eus ainsi encore la possibilité de comparer le dimanche mes traductions avec celles de Koyré.

Le lundi, le jour du congrès, je rencontrai et je parlai de nouveau avec Edith Stein avec laquelle Koyré était venu également. Et le mardi j'étais avec les deux tout l'après-midi pour des entretiens philosophiques. Nous restâmes des heures ensemble. Puis Koyré nous emmena au Sacré-Cœur à Montmartre où nous priâmes un moment. Sur le chemin du retour, nous parlâmes de choses et d'autres, en particulier des philosophes juifs — Husserl avait en effet du sang juif, de même Henri Bergson et Meyerson à Paris. « Lui aussi est des nôtres », disait-on à diverses reprises. La façon dont Koyré et Edith Stein disaient simplement « nous » en parlant des juifs et de la judaïté m'amusait un peu. — J'éprouvai fortement la communauté de sang qui était si vivace chez Edith Stein également, comme jadis chez saint Paul qui disait avec fierté et insistance : *Hebraei sunt — et ego !* (Ils sont juifs — je le suis aussi !). Je me fis alors un peu méchant et demandai sur un ton sérieux : « Oui, mais dans quelle catégorie me rangez-vous, *moi* ? Ils me regardèrent complètement interloqués et me demandèrent : « Êtes-vous donc des nôtres ? » jusqu'à ce que je les rassure et leur réponde par la négative. — Vers le soir, le professeur Koyré nous emmena encore à l'autre bout de Paris chez le philosophe Meyerson dont le nom a déjà été évoqué. Là-bas aussi nous discutâmes en prenant le thé. Edith Stein eut à assumer l'entretien et à faire face aux discours et aux réponses ; j'étais moi-même si fatigué par les efforts fournis pour la conférence que je ne fus plus en mesure d'avoir la moindre idée à cette heure vespérale. Plus tard nous dînâmes encore ensemble, puis nous nous séparâmes et je partis tard pour Juvisy. Des années après je vis sœur Bénédicte une seconde et dernière fois au carmel de Cologne : pour une petite heure. Ce furent de joyeuses retrouvailles pour nous deux. Elle me dit qu'elle était satisfaite et heureuse. Nous parlâmes de nos connaissances communes. Nous nous entretînmes de sujets philosophiques, et elle me fit savoir qu'elle avait l'autorisation de poursuivre ses investigations dans son domaine de recherche et que c'est ce qu'elle faisait. Elle voulait rédiger un compte rendu pour mon ouvrage philosophique intitulé *Hauptfragen der Metaphysik* (*Questions principales de métaphysique*) et ce, pour la revue thomiste qui paraissait dans le Sud de la France. J'ai gardé un souvenir bien vivant de cette visite. Plus tard, j'appris à mon profond regret que sœur Bénédicte avait été obligée de quitter le carmel de Cologne pour chercher refuge en Hollande. Lorsque l'invasion se produisit en Hollande, je me fis beaucoup de souci pour elle, mais j'entendis dire par la suite qu'elle avait été accueillie par un carmel au sud de la France. Puis je reçus la nouvelle qu'on était allé la chercher là-bas et que l'on ne savait plus rien d'elle. Mais j'eus encore ouï dire par la suite — par la mère prieure du carmel de Linz — que sœur Bénédicte vivait encore, mais qu'elle avait été déportée à l'Est. Ce fut la dernière nouvelle que j'eus à son sujet. L'espoir qu'elle reviendrait n'a cessé de s'amenuiser ensuite — je craignais depuis des années que ce ne fût un vain espoir.

## II.

Je veux dire aussi bien que je le peux compte tenu de ce court moment passé avec sœur Bénédicte ce que fut mon image intérieure d'elle et qui subsista en moi. Sœur Bénédicte en tant qu'être humain, en tant que philosophe, en tant que religieuse au carmel.

Sa façon d'être en tant qu'*être humain*. Ce qui est particulier dans la manière d'être de sœur Bénédicte, c'est son large regard spirituel ainsi que le désir et le sentir qui résultent de son "affect" (*Gemüt*). Le désir d'accéder au sens profond de la vie et de l'existence humaines vibrait au plus intime d'elle-même ; ce désir poussa sœur Bénédicte à chercher avec un regard constant — dans la vie comme dans la science — les grandes connexions de l'existence dans l'humanité et dans la totalité du monde et de l'être. Cela façonna sa pensée et sa sensibilité ainsi que la finalité globale de son activité vis-à-vis des êtres humains — en tant qu'enseignante d'écoles supérieures et en tant que conférencière sur des questions relatives à l'être humain, à la femme et à la religion pour de larges cercles dans le public catholique. Elle unissait de manière inhabituelle deux choses : l'entendement clair et pénétrant et l'agilité vivante du sentiment. C'est surtout par cette union du concept et de l'"affect" qu'elle exerça une influence sur les jeunes filles assez mûres ainsi que sur le monde des personnes cultivées, des femmes réfléchies notamment. Et cette union lui ouvrit la voie à la vérité plus grande dans les questions ayant trait à la religion : elle conduisit sa faculté de connaître et d'aimer de l'ombre de l'Ancien Testament à la lumière de l'Évangile de Jésus et dans le giron de l'Église du Christ[1].

Dans la manière foncière de son caractère humain, que nous venons de décrire, se trouvait un trait profondément enraciné dans l'élément philosophique. La philosophie est en effet en tant qu'amour de la sagesse de la fin ultime rien d'autre que la quête de vérité, de l'être, de la vie dans ces connexions profondes qui se font connaître à l'être humain dans un concept élucidé et élargi, quand il cherche à appréhender avec persévérance et de manière conséquente tout ce qu'il rencontre dans sa vie et dans son agir. Cette aspiration philosophique était devenue chez la jeune Edith Stein comme une seconde nature. Elle la conduisit à entreprendre avec succès de véritables études de philosophie auprès du fondateur de la phénoménologie, Edmund Husserl. À l'instar de Martin Heidegger et de Koyré, elle fit partie des assistants de Husserl, qui resta en bons termes avec sa disciple d'alors et en rapport intellectuel avec elle jusqu'à l'époque du carmel et jusqu'à sa mort à lui. Edith Stein resta sa vie durant fidèle à ses études philosophiques. Un fruit majeur de son travail s'y rapportant fut la traduction allemande de l'une des plus importantes œuvres de saint Thomas d'Aquin, des *Quaestiones disputatae de veritate*, des « Investigations sur la vérité ». Son ambition dans ce travail difficile et réussi dans sa majeure partie était de s'immerger profondément dans le monde conceptuel de l'Aquinate et d'accéder par là à une discussion philosophique avec le grand maître ainsi qu'à un élargissement de sa propre connaissance philosophique. La considération dont Edith Stein jouissait même par-delà les frontières de la sphère linguistique allemande, comme

---

1. [Note de la traductrice : le père D. Feuling osb se trompe ici, car Edith Stein n'a jamais renié l'Ancien Testament, elle qui s'est penchée sur ses grandes figures féminines telles que Esther. Edith Stein avait fort bien compris que Jésus n'était pas venu abolir la loi, mais l'accomplir, ainsi qu'Il le dit lui-même. ]

sa connaissance de la doctrine de Husserl et d'autres représentants du mode conceptuel et des investigations phénoménologiques, eurent pour effet que la direction de la Société thomiste l'invita à participer aux discussions de chercheurs et de savants choisis parmi les philosophes, lesquelles se tinrent en septembre 1932 à Juvisy près de Paris. Mlle le Dr Edith Stein prit part de manière remarquable aux discussions qui eurent lieu après les deux conférences de cette journée d'études ; à la différence d'autres participants allemands, elle s'exprima dans un français irréprochable, d'une manière totalement libre, étant donné que son propos devait être déterminé par ce qui avait été exposé et dit dans la discussion et devait répondre aux questions posées. Ses interventions réitérées eurent un grand succès dans cette réunion d'hommes importants pour la plupart. Lorsque Edith Stein était par la suite entrée au carmel de Cologne, elle éprouva comme un bienfait que la mère prieure, qui voyait loin, l'autorisât volontiers à poursuivre son étude de la science philosophique dans le cadre de la vie conventuelle. Même en tant que carmélite elle demeura philosophe.

Comme je l'ai déjà dit, je n'ai vu la carmélite sœur Bénédicte qu'une seule fois — je devrais plutôt dire : « entendu », étant donné que selon la règle du Carmel, elle était voilée de noir. Si j'avais pu deviner alors que l'on me demanderait un jour de livrer mes souvenirs sur sœur Bénédicte, j'aurais certes demandé une dispense pour cette règle, afin d'imprimer en moi l'expression de son visage et surtout de son regard, et afin de pouvoir en parler à présent. Mais je suis ainsi limité à deux choses : à sa parole et au timbre révélateur de sa voix. Les deux ensemble m'autorisent à dire la chose suivante : sœur Bénédicte me parut avoir mûri par rapport à son ancienne manière d'être à trois égards : en tant que femme, en tant qu'être humain bien ancré dans le spirituel et le religieux, et en tant que personnalité véritablement consacrée à Dieu et appartenant à Dieu. En tant que femme, sœur Bénédicte me parut avoir grandi, me parut s'être élevée dans sa nature féminine. Je veux dire par là deux choses : je veux d'abord dire que sœur Bénédicte était parvenue au carmel à accéder à une union encore plus harmonieuse entre l'affectif et l'intellectif, qu'elle avait dépassé l'union de ces deux aspects que l'on pouvait auparavant remarquer chez elle. Je veux dire ensuite que ce trait féminin qui lui était propre — le fait de se plier aux exigences de la vie ainsi que le fait d'être guidé par la vie, y compris par la connaissance plus profonde comme par le sentiment éclairé sur le plan spirituel — s'était manifesté en elle bien plus fortement qu'à l'époque où je la rencontrai pour la première fois. Je trouvai ensuite sœur Bénédicte plus mûre dans son *ancrage spirituel et religieux* : si elle avait été jusque-là la combattante sur le plan spirituel, celle qui co-luttait dans le grand combat de l'esprit à notre époque pour accéder à la clarté de la connaissance et du fondement de la connaissance, elle était à présent passée à un nouveau mode de vie de la vérité, elle était passée à l'assurance fondée sur l'expérience que confèrent les certitudes décisives de nature philosophique ainsi que de nature religieuse et orientées vers la foi. Elle était pour ainsi dire passée de l'autre côté, elle voyait déjà les réalités et les vérités davantage à partir de la foi divine qu'avec la raison philosophique et théologique, elle détenait à un degré élevé cette *cognitio affectiva experimentalis*, cette connaissance de la vérité, laquelle puisait à l'expérience et au sentiment, et que saint Thomas d'Aquin relie aux dons de l'Esprit saint. Cela conduit cependant à une troisième chose que je ressentis lors de ma visite au carmel de Cologne : au *caractère* profondément *religieux* de la vie intérieure de notre sœur Bénédicte en tant qu'épouse de Dieu dans un don total de soi au Seigneur, en tant qu'épouse de Dieu entièrement consacrée au Seigneur. Si la grande Thérèse d'Avila s'était fixé comme but principal pour ses carmélites la vie contemplative, c'est-à-dire, au bout du compte, la vie mystique à proprement parler dans la consécration de l'amour — il est certain, à mon sens, que sœur Bénédicte était en chemin vers cela. Je sentis qu'elle était tout à fait à sa place dans la vie cachée du carmel. Je sentis qu'elle disait vrai quand elle m'assura être heureuse et joyeuse de pouvoir être carmélite à présent. Et lorsque je pris congé d'elle, je le fis dans la joyeuse certitude qu'elle avait choisi grand en entrant dans la rigoureuse clôture du carmel et en s'unissant là-bas à Dieu par les vœux saints. Lorsqu'elle dut ensuite quitter son cher carmel de Cologne pour d'autres maisons de son ordre, quand elle fut finalement arrachée par une puissance humaine hostile à Dieu à son silence saint et eut à parcourir un aride et sombre chemin de souffrance, je ne doute pas que, selon la volonté aimante de Dieu, sœur Bénédicte ne soit encore davantage devenue grâce à cela précisément ce qu'elle voulait être complètement en esprit, avec son cœur et avec sa volonté : la consacrée à Dieu, la totalement unie à Dieu, une vraie carmélite.

# Index des noms d'auteurs

**Jakobus Kaffanke osb**
Diplômé en théologie, archiabbaye S$^t$ Martin, D-88631 Beuron

**Maria Amata Neyer ocd**
Directrice des archives Edith Stein au carmel de Cologne, Karmel « Maria Vom Frieden », Vor den Siebenburgern 6, D-50676 Köln.

**Katharina Oost**
Diplômée en psychologie, auteur, Wagensteigenstraße 4, D-79274 S$^t$ Märgen

**Bruno H. Reifenrath**
Dr phil. habil., professeur, Klostenberg 56, D-53804 Much

**Martin Zielinski**
Dr phil., Chargé d'enseignement, Buschhovenerstraße 20, D-53347 Alfter-Witterschlick

# Index des noms de personnes

## A

Agnella (Sœur), (Stadtmüller), 132, 251, 259, 263.
Agnès de Méran (sœur de la reine Gertrude), 72.
Alkofer ocd, Aloys, 172.
Aloisia (Maria) ocd, (Sœur), 38, 228, 279.
Ambrosius (Père), (Ludwig Würth), 253.
Anselme de Canterbury, 200.
Augustin (saint), 61, 79.

## B

Bach, Jean-Sébastien, 182.
Bahr, Hermann, 131, 135.
Bannwart, 214.
Barck Dr, Christophorus, 231.
Baur osb, Benoît (Père), xiv.
Benoît (saint), x xix, 28, 81, 82, 83, 85, 261, 268, 283, 284, 287, 289.
Bergson, Henri, 292.
Biemel, W, 206.
Bienias, M, 147.
Bihlmeyer osb, Pius, xiii.
Bloch, Ernst, 258.
Bolz, Eugen, 24.
Bonifacius (imprimeur), 44, 145.
Borgmeyer, Franz (éditeur), 256.
Borgmeyer, Otto (éditeur, libraire), 21,
Brenzing ocist, Callista (Sœur), 19, 251, 259, 260, 262.
Brigitte, sainte, 54.
Brüning, Petra (Mère prieure), 268.
Burger (Mgr), 15, 253.

## C

Caecilia (Sœur), (Teresia Mechtild Mayer), 264.
Casel osb, Odo, 159.
Català, Genia, 120.
Catherine de Sienne, sainte, 54.
Clement, O, 194, 196.
Cohen (éditeur), 249.
Comte de Galen (Cardinal), 151.
Conrad de Marbourg (Maître, prêtre séculier, directeur spirituel de sainte Élisabeth de Thuringe), 63, 69, 74, 76, 77.
Conrad-Martius, Hedwig, 28, 136, 185, 186, 216, 217, 291,
Coolidge, Calvin, 5.

## D

Damasus (Père), (Joseph Zähringer), 254.
Danner, H, 205.
Denzinger, 214.
Derbolav, J, 202.
Dobhan, Dr, Ulrich, 222.
Duns, Scot, 217
Dursy, Elly, 138.

## E

Elders, L (éditeur), 187, 196.
Élisabeth de Thuringe (sainte), 63, 64, 65, 66, 67, 69, 71, 72, 73, 74, 75, 76, 77, 78,
Élisabeth de la Sainte Trinité, (Sœur), 60, 129.
Else (Gordon, sœur d'Edith, épouse de Max), 181.
Emmerich (saint), 15, 253.

Endres, Élisabeth, 6, 130, 143.
Enomiya-Lassalle, Hugo (Père), 223.

# F

Feger osb, Werner (moine de Beuron), 261.
Ferber, Reinhildis (Sœur), 259, 260.
Fink, E, 207.
Föhrenbach Elisabeth, (Mère Maria Benedicta), 254.
François (saint), 74.
Freiin von Bodmann, Uta, 138.
Feuling osb, Daniel (Père), xi, 44, 278, 290–297.
Frère Roger (Roger Schutz, fondateur de Taizé), 195.
Frings, M. S. (éditeur), 208.
Fürstenberg de (princes), 240.

# G

Gelber, Dr, L, 196, 198, 199, 200, 203, 210, 213, 215, 218.
Gerl, H.-B, (Gerl-Falkowitz), 139, 201, 221.
Gertrude (reine), 65, 72,
Gertrude d'Helfta (sainte), 261.
Gertrude Le Fort, 131.
Geuser de, Marie-Antoinette (Marie de la Trinité), 58, 59.
Glatzer, N, 47.
Glock (éditeur), 38, 277, 281.
Gordan osb, Paulus Père, 43.
Göring, Hermann, 26.
Graef, H, 209, 211.
Gröbers, Conrad, 25.
Gögler osb, Sebastian (Père), 158, 159.
Golay ocd, Didier-Marie (Père), 61, 79.
Grabmann, Martin, 210, 250.
Grégoire IX, 77.
Grégoire le Grand, 81.
Gröber, Dr, Conrad, (chanoine), 25.
Guardini, 153.
Guéranger osb, Prosper (Père), 158.

# H

Häger, P, 238.
Häubling, Angelus (Père), 159.
Hegel, 220.
Hermann de Thuringe, (landgrave), 65, 66, 72.
Heidegger, Martin, 21, 24, 25, 199, 290, 291, 294.
Herbstrith ocd, Waltraud. (Sœur), 127, 129, 201, 203, 209, 225, 258.
Herder (éditeur), 12, 17, 131, 139, 167, 196, 247, 249.
Herwegen, Ildefons (Père), 16, 159.
Hessler, Ambrosia (Sœur), 259.
Hirschler, Helene, 258.
Hirschler, Max, 258
Hirschler, Eric, 258
Hirschmann SJ, Johannes (Professeur), 185.
Hitler, Adolf, 13, 14, 22, 24, 25, 26, 27, 141.
Hildebrand, Dietrich von, (éditeur), 4, 170.
Hildebrand (von, Professeur), 16.
Himmler, 13.
Hindenburg, 24, 25, 26.
Hirschberger, J, 211.
Hogg osb, Theodor (Père), ix, x, xv.
Honecker, Martin, 21.
Hugo von Hofsmannstahl, 13.
Husse, Ludwig (Père), 18, 107, 131, 258.
Husserl, Edmund, ix, 13, 16, 21, 37, 183, 184, 205, 206, 207, 209, 211, 212, 213, 214, 217, 252, 257, 258, 286, 290, 292, 294, 295.

# I

Ignace d'Antioche, 281.
Immolata, (Sœur), (Matheis), 263.
Ingarden, Roman, 8, 9, 10, 23, 131, 133, 135, 249, 256.

# J

Jaegerschmid osb, Adelgundis (Sœur), xi, 7, 14, 16, 88, 169, 252.

Jean Chrysostome (Saint), 61.
Jean de la Croix (Saint), 37.

# K

Kaffanke osb, Jakobus, 237, 273, 275, 277.
Kaas Dr, Ludwig, (prélat), 238, 240, 241, 243.
Kant, I, 199, 200.
Kleist von, Heinrich, 72.
Klingsor (magicien), 65.
Koch, Irmgard, 253.
Köhler, Joachim, xvii, 138, 143, 237, 238, 252, 269.
Konrad, comte de Preysing (évêque)
Konrad Konrad-Martius, Hedwig p 127
Kopf op, Callista (Sœur), 153, 177, 259, 263.
Koyré, 257, 290, 291, 292, 294.
Krabbel, Gerta, 153.
Kraus, Karl, 8.
Krebs, Engelbert, 16, 17.
Kuhlkamp osb, Placidus (Père), xiii, xviii.

# L

Labre, Benedikt-Josef (Saint), 164.
Lassalle, Hugo (Père), 223.
Laubhardt osb, Placida (Sœur), xi, 16.
Leuven, R, 196, 198, 199, 203, 210, 215, 218.
Lieb, Helene, 269.
Lichtenberger, Anneliese, 261.
Linssen, M, 200, 213,

Lutz (éditeur), 38, 277, 281.

# M

Maria Teresia Renata a Spiritu Sancto, 269.
Maccise ocd, C, 61, 79.
Mager osb, Aloys, 16, 30, 156, 278.
Mann, Golo, 4,
Mann, Thomas, 13.
Manz osb, Anton (Frère), 133.
Maria Aloisia ocd, (Sœur), 38, 228.
Marie de la Trinité (Antoinette de Geuser), 58, 59.

Max (Gordon, beau-frère d'Edith Stein), 181.
Mayer (Famille), 6, 18, 131, 248,
Mayer, Maria, 132, 264.
Meisner (Cardinal), 222.
Memling, Hans, xix.
Metis, Eduard, 182.
Metzinger, Adalbert (Père), 133.
Meyerson (Professeur), 292.
Michels, Thomas, 156.
Müller, A. U, 4, 11, 20, 24, 25, 28, 37.
Münch, Franz Xaver, 153.
Mussolini, 4.

# N

Neyer ocd, Amata (Sœur), v, vii, viii, xi, xv, 4, 13, 20, 24, 25, 28, 37, 43, 125, 134, 136, 138, 149–179, 184, 186, 187, 194, 196, 221, 222, 224, 228, 230, 233, 277, 299, 301.
Newmann, John Henry, 4.
Niemeyer (imprimeur), 10, 249.
Nolle, Lambert (Père), 270.
Nota, J.-H (Père), 141, 225.

# O

Österreicher, J. M, 209.
Oost, Katharina, xiii, xvii, 3–39, 43, 63, 81, 87, 107, 125, 127–143.

# P

Pacelli, Eugenio, xiii, xvii, xviii, 10, 11, 31, 125, 221, 223, 224, 226, 228, 230, 237, 238, 239, 240, 242, 243.
Papen von, Franz, 25, 26.
Parsch, Pius, 159.
Paul (Saint), 11, 238, 239, 242, 256, 292.
Paula (Mère), 268.
Paulus, Martha, 44, 210.
Peil, Rudolf, 101.
Peregrin von Husskrich (comte), 261.
Peterson, Erik, (Professeur de théologie), 39.
Pfänder, A, 217.
Pie XI, 14, 31, 32, 221, 222, 225, 226, 237, 241.

Pierre (saint), 18, 22, 23, 54, 155.
Placida (Sœur), xi, 254.
Platon, 24.
Posselt ocd, Renata, (Sœur Maria Teresia Renata a Spiritu Sancto), 38, 180, 185, 186, 187, 196, 201, 277, 281.
Przywara, Erich (Père), xii, 4, 38, 127, 168, 278, 280.

# R

Raddaz, F, 226.
Rahner, Karl, 167, 196, 215.
Raspe, Henri, 75.
Rastoin osb, cécile (Sœur), 3, 6, 8, 10, 14, 15, 16, 21, 23, 24, 28, 30, 31, 32, 33, 34, 35, 37, 61, 79, 88, 107, 135, 141, 142, 149, 151, 153, 160, 162, 165, 170, 177, 180, 181, 182, 183, 184, 185, 186, 187, 203, 208, 225, 247, 248, 250, 251, 252, 253, 254, 255, 257, 258, 260, 261, 263.
Rastoin, Jacqueline, 30, 34, 35, 141, 142, 149, 151, 162, 180, 181, 182, 183, 184, 185, 186, 187, 203, 208, 225.
Reifenrath, Bruno H, 125, 197–220, 299.
Reinach, Adolf, 184, 209.
Reinach, Anna, 184, 185.
Reinach, Pauline, 185.
Reis, Alice, 257.
Remarque, Erich Maria, 13.
Richard, Marie-Dominique, 9, 16, 85, 87, 106, 135, 164, 170, 176, 177, 188, 262.
Rodiger (Frère franciscain), 74.
Rodinger (Frère franciscain), 74.
Rosa (Stein, sœur d'Edith Stein), 137, 143, 165, 268.
Rothenfels, 153.
Rupertus, (duc), 261.
Rüger osb, Dustan, 160.

# S

Sartory, P. Thomas, 146.
Schaber, J, 278.
Schäfer, Cyrill, 238.
Scheler, Max, 183, 207, 208, 213, 219.
Schiller, 205.
Schischkoff, Georgi, 224.
Schleicher, 26.
Schmitz Maria, 153.
Schnell (éditeur), 44.
Schnitzler, Arthur, 8.
Schott, Anselm, xii, xiii, 7, 129, 158, 159.
Schwarz, Balduin, 155.
Sebastian, Dr (évêque de Spire), 186.
Secrétan, Philibert, 120.
Simon, P. (Professeur), 278.
Simon Thomas Fernandez ocd (Père), 222.
Stallmach, J, 216.
Stein, Augusta née Courant, 35, 163, 179.
Steiner (éditeur), 44.
Stock, Franz, xiv.
Schwind, Joseph, xii.
Schurr, Mauritius (Père), 7, 129, 134.
Schutz, R. (Frère Roger, fondateur de Taizé), 195, 196.
Struve, 12.
Sudbrack, J, 192, 196.

# T

Thérèse d'Avila, Thérèse de Jésus, (sainte), viii, 35, 37, 145, 171, 172, 179, 185, 209, 296.
Thérèse de Lisieux, (sainte), 104.
Teresia Renata a Spiritu Sancto, 82, 157.
Thomas d'Aquin, saint, 4, 7, 21, 64, 125, 129, 192, 210, 211, 212, 213, 214, 215, 216, 256, 294, 296.

# V

Vandeur osb, Eugène (dom), 60.
Verkade osb, (Père Willibrord), 8.
Vogel osb, Placidus (Père), 161.
Vorgrimler, H. (éditeur), 215.

# W

Walzer osb, Joseph (dom Raphael Walzer), viii, ix, x, xi, xii, xv, xvii,

3-39, 125, 127, 130, 132, 134, 136, 138, 140, 141, 142, 143, 149, 177, 178, 186, 221, 223, 224, 225, 226, 227, 228, 229, 230, 237, 238, 240, 243, 247, 248, 252, 253, 255, 265, 266, 267, 268, 269, 270, 275, 277, 278, 279, 280, 281-289.
Wangerer, Mme (parente de dom Raphael Walzer), 278.
Weber, Helene, 153.
Wenzel, Paul, 238.
Wintrath osb, Petrus, 159.
Wolf, Hubert, xvii, 237.
Wolker, Ludwig, 153.
Wolter osb, Rudolf, (Père Maurus), 11,
Wolter osb, Ernst, (Père Placidus), 11, 238.
Würth, Ludwig (Père Ambrosius), 253.
Wust, Peter, 36, 151, 216.

# Z

Zähringer, Joseph (Père Damasus), 254.
Ziegemann, A, 187.
Ziegenhaus, A, 196.
Zielinski, Martin, 125, 179-196, 299.
Zilles, Heinrich, 13.
Zweig, Stefan, 8

# TABLE DES MATIÈRES

Préfaces — ix

Avant-propos à la 1ʳᵉ édition (2003) — xiii

Avant-propos à la 2ᵉ édition augmentée et complétée — xvii

**I. IN CARITATE DEI —**
   **Dom Raphael Walzer et Edith Stein** — 1
   *Katharina Oost*

**II. Contributions d'Edith Stein** — 41
   *Introductions de Katharina Oost*

   1. La prière de l'Église — 43
   2. L'organisation de la vie dans l'esprit de sainte Élisabeth — 63
   3. Sancta Discretio — 81
   4. L'intégration de la femme dans le Corps mystique du Christ — 87
   5. Le mystère de Noël — 107

**III. Contributions sur Edith Stein** — 123
   *Introduction de Katharina Oost* — 125

   1. « Un moine heureux » — Edith Stein à Beuron — 127
      *Katharina Oost*

   2. En mémoire d'Edith Stein — 145
      *Paulus Gordan osb*

   3. Edith Stein et la prière de l'Église — 149
      *Maria Amata Neyer ocd*

4. « Dieu seul suffit »                                      179
   *Martin Zielinski*

5. Les voies intellectuelles d'Edith Stein                   197
   *Bruno H. Reifenrath*

6 « Ceux qui se taisent sont pareillement responsables »     221
   *Katharina Oost*

**IV. Eugenio Pacelli et Beuron**                            235
   « … avec tous mes vœux pour toute l'abbaye »
   *Frère Jakobus Kaffanke osb*

**V. Lettres d'Edith Stein**                                 245
   *Introduction de Katharina Oost*

**VI. Les voix de Beuron sur Edith Stein**                   275
   *Introduction de Frère Jakobus Kaffanke osb*

**Index des noms d'auteurs**                                 299
**Index des noms de personnes**                              301

www.ingramcontent.com/pod-product-compliance
Lightning Source LLC
Chambersburg PA
CBHW031757220426
43662CB00007B/434